令和6年版

高齢社会白書

 内閣府

高齢社会白書の刊行に当たって

内閣府特命担当大臣

加藤 鮎子

　高齢社会白書は、平成7年に施行された「高齢社会対策基本法」に基づき、毎年国会に提出している年次報告です。今回は平成8年から数え、29回目となります。

　我が国の65歳以上の人口は、令和5年時点で3,623万人となり、総人口に占める割合は29.1％と世界で最も高い水準にあるとともに、今後更なる高齢化の進展が見込まれています。

　そのような中で、健康寿命や平均寿命は延伸しており、65歳以上の就業者や社会活動へ参加している方が増加するなど、年齢にかかわらず生き生きと活躍される方が増えています。

　一方で、単身高齢者の増加や、加齢に伴う身体・認知機能の変化等を踏まえ、個々人の生活上の課題やニーズに応じたきめ細やかな施策を講じていくことも必要となっています。

　こうした様々な変化に伴う社会課題に適切に対処し、持続可能な経済社会を構築するため、現在、新たな高齢社会対策大綱の策定に取り組んでいるところです。国民一人一人が年齢にかかわらず、意欲と能力に応じて力を発揮でき、地域において安心・安全に暮らし、互いに支え合う共生・共助社会の構築に向けて力を尽くしてまいります。

　また、今回の白書では、コロナ禍や地方の過疎化、自然災害の激甚化・頻発化等、私たちの暮らしを取り巻く状況の変化を踏まえ、特集として「高齢者の住宅と生活環境をめぐる動向」について取り上げています。

　本白書が、国民の皆様に広く活用され、高齢社会対策に対する理解と関心を一層深めていただく一助となれば幸いです。

令和6年8月

令和5年度　高齢化の状況及び高齢社会対策の実施状況

第1章　高齢化の状況

第2章　令和5年度高齢社会対策の実施の状況

令和6年度　高齢社会対策

第3章　令和6年度高齢社会対策

資料 目次

第1章　高齢化の状況

第2章　令和5年度高齢社会対策の実施の状況

令和5年度

高齢化の状況及び
高齢社会対策の実施状況

令和5年度

高齢化の状況及び高齢社会対策の実施状況

第1章　高齢化の状況

高齢化の状況

第1節 高齢化の状況

1 高齢化の現状と将来像

（1）高齢化率は29.1%

我が国の総人口は、令和5年10月1日現在、1億2,435万人となっている。

65歳以上人口は、3,623万人となり、総人口に占める割合（高齢化率）も29.1%となった。

65歳以上人口を男女別に見ると、男性は1,571万人、女性は2,051万人で、性比（女性人口100人に対する男性人口）は76.6であり、男性対女性の比は約3対4となっている。

65歳以上人口のうち、「65～74歳人口」は1,615万人（男性773万人、女性842万人）で総人口に占める割合は13.0%となっている。また、「75歳以上人口」は2,008万人（男性799万人、女性1,209万人）で、総人口に占める割合は16.1%であり、65～74歳人口を上回っている（表1-1-1）。

表1-1-1 高齢化の現状

単位：万人（人口）、%（構成比）

		令和5年10月1日		
		総数	男	女
人口	総人口	12,435	6,049	6,386
		(性比)	94.7	
	65歳以上人口	3,623	1,571	2,051
		(性比)	76.6	
	65～74歳人口	1,615	773	842
		(性比)	91.8	
	75歳以上人口	2,008	799	1,209
		(性比)	66.0	
	75～84歳人口	1,337	582	755
		(性比)	77.2	
	85～94歳人口	602	203	399
		(性比)	50.9	
	95歳以上人口	68	13	55
		(性比)	23.6	
	15～64歳人口	7,395	3,752	3,643
		(性比)	103.0	
	15歳未満人口	1,417	726	691
		(性比)	105.0	
構成比	総人口	100.0	100.0	100.0
	65歳以上人口（高齢化率）	29.1	26.0	32.1
	65～74歳人口	13.0	12.8	13.2
	75歳以上人口	16.1	13.2	18.9
	75～84歳人口	10.8	9.6	11.8
	85～94歳人口	4.8	3.4	6.3
	95歳以上人口	0.6	0.2	0.9
	15～64歳人口	59.5	62.0	57.1
	15歳未満人口	11.4	12.0	10.8

資料：総務省「人口推計」令和5年10月1日（確定値）
（注1）「性比」は、女性人口100人に対する男性人口
（注2）四捨五入の関係で、足し合わせても100.0%にならない場合又は総数と一致しない場合がある。

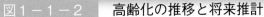

　我が国の65歳以上人口は、昭和25年には総人口の５％に満たなかったが、昭和45年に７％を超え、さらに、平成６年には14％を超えた。高齢化率はその後も上昇を続け、令和５年10月１日現在、29.1％に達している。

　また、15〜64歳人口は、平成７年に8,716万人でピークを迎え、その後減少に転じ、令和５年には7,395万人と、総人口の59.5％となった（図１−１−２）。

（2）将来推計人口で見る令和52（2070）年の日本

　令和５年４月に国立社会保障・人口問題研究所が公表した「日本の将来推計人口」における出生中位・死亡中位仮定による推計結果（以下本節においては全てこの仮定に基づく推計結果）を概観する。将来推計人口とは、全国の将来の出生、死亡及び国際人口移動について仮定を設け、これらに基づいて我が国の将来の人口規模並びに年齢構成等の人口構造の推移につい

図１−１−２　高齢化の推移と将来推計

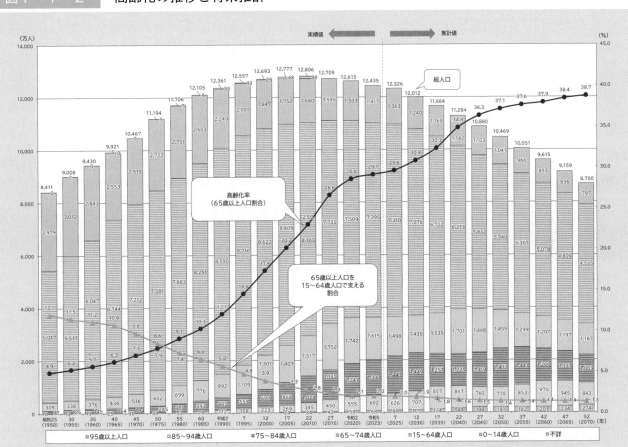

資料：棒グラフと実線の高齢化率については、2020年までは総務省「国勢調査」（2015年及び2020年は不詳補完値による。）、2023年は総務省「人口推計」（令和５年10月１日現在（確定値））、2025年以降は国立社会保障・人口問題研究所「日本の将来推計人口（令和５年推計）」の出生中位・死亡中位仮定による推計結果。

（注1）2015年及び2020年の年齢階級別人口は不詳補完値によるため、年齢不詳は存在しない。2023年の年齢階級別人口は、総務省統計局「令和２年国勢調査」（不詳補完値）の人口に基づいて算出されていることから、年齢不詳は存在しない。2025年以降の年齢階級別人口は、総務省統計局「令和２年国勢調査　参考表：不詳補完結果」による年齢不詳をあん分した人口に基づいて算出されていることから、年齢不詳は存在しない。なお、1950年〜2010年の高齢化率の算出には分母から年齢不詳を除いている。ただし、1950年及び1955年において割合を算出する際には、（注2）における沖縄県の一部の人口を不詳には含めないものとする。

（注2）沖縄県の昭和25年70歳以上の外国人136人（男55人、女81人）及び昭和30年70歳以上23,328人（男8,090人、女15,238人）は65歳以上の人口から除き、不詳に含めている。

（注3）将来人口推計とは、基準時点までに得られた人口学的データに基づき、それまでの傾向、趨勢を将来に向けて投影するものである。基準時点以降の構造的な変化等により、推計以降に得られる実績や新たな将来推計との間には乖離が生じうるものであり、将来推計人口はこのような実績等を踏まえて定期的に見直すこととしている。

（注4）平成12年までは、85歳以上はまとめて「85歳以上」の区分としている。

（注5）四捨五入のため合計は必ずしも一致しない。

て推計したものである。

ア　9,000万人を割り込む総人口

　我が国の総人口は、長期の減少過程に入っており、令和13年に人口1億2,000万人を下回った後も減少を続け、令和38年には1億人を割って9,965万人となり、令和52年には8,700万人になると推計されている（図1-1-2）。

イ　2.6人に1人が65歳以上、約4人に1人が75歳以上

　65歳以上人口は、「団塊の世代」が65歳以上となった平成27年に3,379万人となり、「団塊の世代」が75歳以上となる令和7年には3,653万人に達すると見込まれている。

　その後も65歳以上人口は増加傾向が続き、令和25年に3,953万人でピークを迎え、その後は減少に転じると推計されている。

　総人口が減少する中で65歳以上の者が増加することにより高齢化率は上昇を続け、令和19年に33.3％となり、国民の3人に1人が65歳以上の者となると見込まれている。令和25年以降は65歳以上人口が減少に転じても高齢

化率は上昇を続け、令和52年には38.7％に達して、国民の2.6人に1人が65歳以上の者となる社会が到来すると推計されている。総人口に占める75歳以上人口の割合は、令和52年には25.1％となり、約4人に1人が75歳以上の者となると推計されている。

　65歳以上人口のうち、65〜74歳人口は「団塊の世代」が高齢期に入った後に平成28年の1,767万人でピークを迎えた。その後は、増減を繰り返し、令和23年の1,736万人に至った後、減少に転じると推計されている。

　一方、75歳以上人口は、増減しつつ令和37年にピークを迎え、その後減少に転じると見込まれている（図1-1-2）。

ウ　現役世代1.3人で1人の65歳以上の者を支える社会の到来

　65歳以上人口と15〜64歳人口の比率を見ると、昭和25年には65歳以上の者1人に対して現役世代（15〜64歳の者）12.1人がいたのに対して、令和5年には65歳以上の者1人に対して現役世代2.0人になっている。今後、高齢化率は上昇し、現役世代の割合は低下し、令和

コラム　　「高齢者」とは

　高齢者の用語は文脈や制度ごとに対象が異なり、一律の定義がない。「高齢社会対策大綱」（平成30年2月16日閣議決定）では、便宜上、一般通念上の「高齢者」を広く指す語として用いている。本白書においても、各種の統計や制度の定義に従う場合のほかは、一般通念上の「高齢者」を広く指す語として用いることとする。

　なお、高齢者の定義と区分に関しては、日本老年学会・日本老年医学会「高齢者に関する定義検討ワーキンググループ報告書」（平成29年3月）において、近年の高齢者の心身の老化現象に関する種々のデータの経年的変化を検討した結果、特に65〜74歳では心身の健康が保たれており、活発な社会活動が可能な人が大多数を占めていることや、各種の意識調査で従来の65歳以上を高齢者とすることに否定的な意見が強くなっていることから、75歳以上を高齢者の新たな定義とすることが提案されている。

　また、「高齢社会対策大綱」においても、「65歳以上を一律に『高齢者』と見る一般的な傾向は、現状に照らせばもはや現実的なものではなくなりつつある。」とされている。

52年には、65歳以上の者1人に対して現役世代1.3人という比率になると見込まれている（図1−1−2）。

エ　死亡数は令和22年にかけて増加傾向、その後減少傾向

出生数は減少を続け、令和52年には45万人になると推計されている。

65歳以上人口の増大により死亡数は平成18年から令和22年まで増加傾向にあり、その後令和52年にかけて減少傾向となる。死亡率（人口1,000人当たりの死亡数）は令和7年以降上昇傾向となり、令和52年には19.0になると推計されている（図1−1−3）。

図1−1−3　　出生数及び死亡数の将来推計

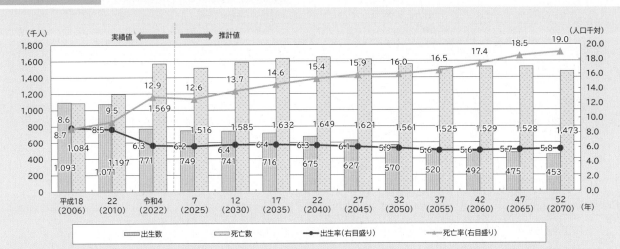

資料：2006年、2010年、2022年は厚生労働省「人口動態統計」による出生数及び死亡数。2025年以降は国立社会保障・人口問題研究所「日本の将来推計人口（令和5年推計）」の出生中位・死亡中位仮定による推計結果。いずれも日本における日本人について。

オ　将来の平均寿命は男性85.89年、女性91.94年

　我が国の平均寿命は、令和4年現在、男性81.05年、女性87.09年となった。今後、男女とも平均寿命は延びて、令和52年には、男性85.89年、女性91.94年となり、女性は90年を超えると見込まれている（図1－1－4）。

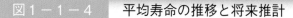

| 図1－1－4 | 平均寿命の推移と将来推計 |

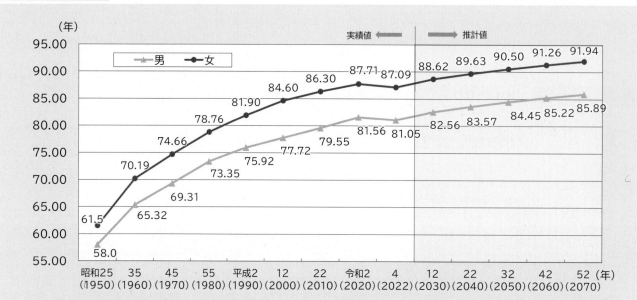

資料：1950年、2022年は厚生労働省「簡易生命表」、1960年から2020年までは厚生労働省「完全生命表」、2030年以降は、国立社会保障・人口問題研究所「日本の将来推計人口（令和5年推計）」の死亡中位仮定による推計結果
（注）1970年以前は沖縄県を除く値である。0歳時点における平均余命が「平均寿命」である。

② 高齢化の国際的動向

（1）世界の高齢化は急速に進展

　令和2（2020）年の世界の総人口は78億4,095万人であり、令和42（2060）年には100億6,773万人になると見込まれている。

　世界の総人口に占める65歳以上の者の割合（高齢化率）は、昭和25（1950）年の5.1％から令和2（2020）年には9.4％に上昇しているが、さらに令和42（2060）年には18.7％にまで上昇するものと見込まれており、今後40年で高齢化が急速に進展することになる。地域別に高齢化率の今後の推計を見ると、これまで高齢化が進行してきた先進地域はもとより、開発途上地域においても、高齢化が急速に進展すると見込まれている（表1-1-5）。

| 表1-1-5 | 世界人口の動向等 |

	昭和25（1950）年	令和2（2020）年	令和42（2060）年※中位推計
総　人　口	2,499,322 千人	7,840,953 千人	10,067,734 千人
65歳以上人口	128,208 千人	739,478 千人	1,882,275 千人
先進地域	61,795 千人	245,874 千人	366,123 千人
開発途上地域	66,413 千人	493,603 千人	1,516,152 千人
75歳以上人口	38,432 千人	277,839 千人	928,050 千人
先進地域	19,365 千人	111,153 千人	214,057 千人
開発途上地域	19,067 千人	166,686 千人	713,993 千人
85歳以上人口	5,121 千人	66,695 千人	303,022 千人
先進地域	2,671 千人	32,868 千人	85,862 千人
開発途上地域	2,450 千人	33,828 千人	217,160 千人
65歳以上人口比率	5.1 ％	9.4 ％	18.7 ％
先進地域	7.7 ％	19.3 ％	29.5 ％
開発途上地域	3.9 ％	7.5 ％	17.2 ％
75歳以上人口比率	1.5 ％	3.5 ％	9.2 ％
先進地域	2.4 ％	8.7 ％	17.2 ％
開発途上地域	1.1 ％	2.5 ％	8.1 ％
85歳以上人口比率	0.2 ％	0.9 ％	3.0 ％
先進地域	0.3 ％	2.6 ％	6.9 ％
開発途上地域	0.1 ％	0.5 ％	2.5 ％
平均寿命（男性）	44.6 年	69.4 年	75.9 年
同　　　（女性）	48.4 年	74.8 年	80.8 年
合計特殊出生率	4.86	2.35	2.06

資料：UN, World Population Prospects：The 2022 Revision
（注）先進地域とは、ヨーロッパ、北部アメリカ、日本、オーストラリア及びニュージーランドからなる地域をいう。
　　　開発途上地域とは、アフリカ、アジア（日本を除く）、中南米、メラネシア、ミクロネシア及びポリネシアからなる地域をいう。

（2）我が国は世界で最も高い高齢化率である

　我が国と欧米諸国の高齢化率を比較して見ると、我が国の65歳以上人口は平成2（1990）年までは下位であったが、平成17（2005）年には最も高い水準となり、今後も高水準が続くと見込まれている（図1-1-6）。

　高齢化の速度について、高齢化率が7％を超えてからその倍の14％に達するまでの所要年数（倍加年数）によって比較すると、フランスが115年、スウェーデンが85年、アメリカが72年、比較的短いイギリスが46年、ドイツが40年であるのに対し、我が国は、昭和45（1970）年に7％を超えると、その24年後の平成6（1994）年には14％に達した。一方、アジア諸国に目を移すと、韓国が18年、シンガポールが15年など、今後、一部の国でも我が国を上回るスピードで高齢化が進むことが考えられる（図1-1-7）。

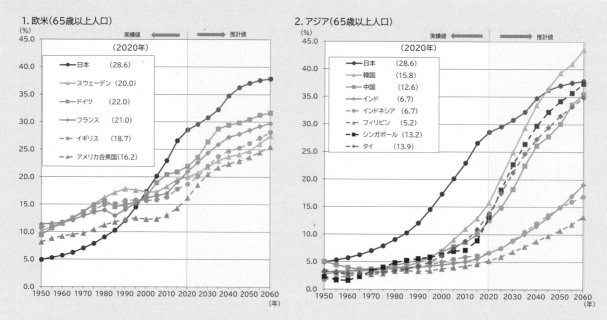

1. 欧米（65歳以上人口）

（2020年）
日本	（28.6）
スウェーデン	（20.0）
ドイツ	（22.0）
フランス	（21.0）
イギリス	（18.7）
アメリカ合衆国	（16.2）

2. アジア（65歳以上人口）

（2020年）
日本	（28.6）
韓国	（15.8）
中国	（12.6）
インド	（6.7）
インドネシア	（6.7）
フィリピン	（5.2）
シンガポール	（13.2）
タイ	（13.9）

資料：UN, World Population Prospects：The 2022 Revision
ただし日本は、2020年までは総務省「国勢調査」、2025年以降は国立社会保障・人口問題研究所「日本の将来推計人口（令和5年推計）」の出生中位・死亡中位仮定による推計結果による。

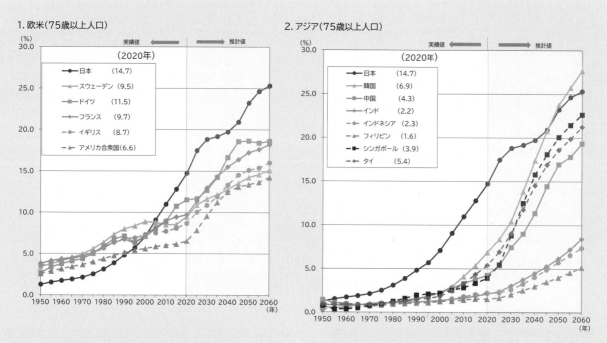

1. 欧米（75歳以上人口）

（2020年）
日本	（14.7）
スウェーデン	（9.5）
ドイツ	（11.5）
フランス	（9.7）
イギリス	（8.7）
アメリカ合衆国	（6.6）

2. アジア（75歳以上人口）

（2020年）
日本	（14.7）
韓国	（6.9）
中国	（4.3）
インド	（2.2）
インドネシア	（2.3）
フィリピン	（1.6）
シンガポール	（3.9）
タイ	（5.4）

資料：UN, World Population Prospects：The 2022 Revision
ただし日本は、2020年までは総務省「国勢調査」、2025年以降は国立社会保障・人口問題研究所「日本の将来推計人口（令和5年推計）」の出生中位・死亡中位仮定による推計結果による。

図1－1－6	世界の各年代別高齢者の割合及び推移（続き）

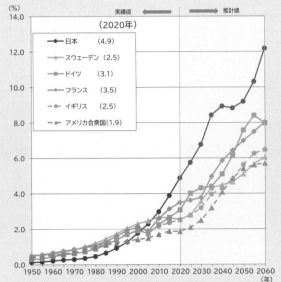

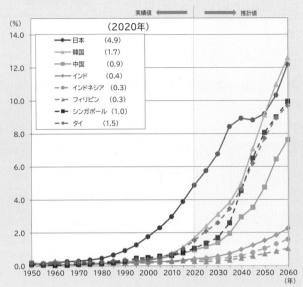

資料：UN，World Population Prospects：The 2022 Revision
　　　ただし日本は、2020年までは総務省「国勢調査」、2025年以降は国立社会保障・人口問題研究所「日本の将来推計人口（令和５年推計）」
　　　の出生中位・死亡中位仮定による推計結果による。

図1－1－7	主要国における高齢化率が７％から14％へ達するまでの所要年数

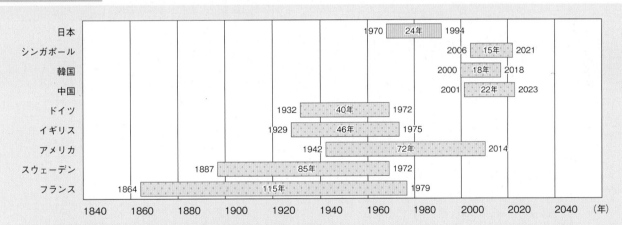

資料：国立社会保障・人口問題研究所「人口統計資料集」（2023）改訂版
（注）1950年以前はUN, The Aging of Population and Its Economic and Social Implications（Population Studies, No.26, 1956）および
　　　Demographic Yearbook、1950年以降はUN, World Population Prospects：The 2022（中位推計）による。ただし、日本は総務省統計局
　　　『国勢調査報告』および国立社会保障・人口問題研究所『日本の将来推計人口』（令和５年推計）による（［出生中位（死亡中位）］推計値）。
　　　1950年以前は既知年次のデータを基に補間推計したものによる。

③ 家族と世帯

（1）65歳以上の者のいる世帯は全世帯の約半数

65歳以上の者のいる世帯について見ると、令和4年現在、世帯数は2,747万4千世帯と、全世帯（5,431万世帯）の50.6％を占めている。

昭和55年では世帯構造の中で三世代世帯の割合が一番多く、全体の半数を占めていたが、令和4年では夫婦のみの世帯及び単独世帯がそれぞれ約3割を占めている（図1－1－8）。

図1－1－8　65歳以上の者のいる世帯数及び構成割合（世帯構造別）と全世帯に占める65歳以上の者がいる世帯の割合

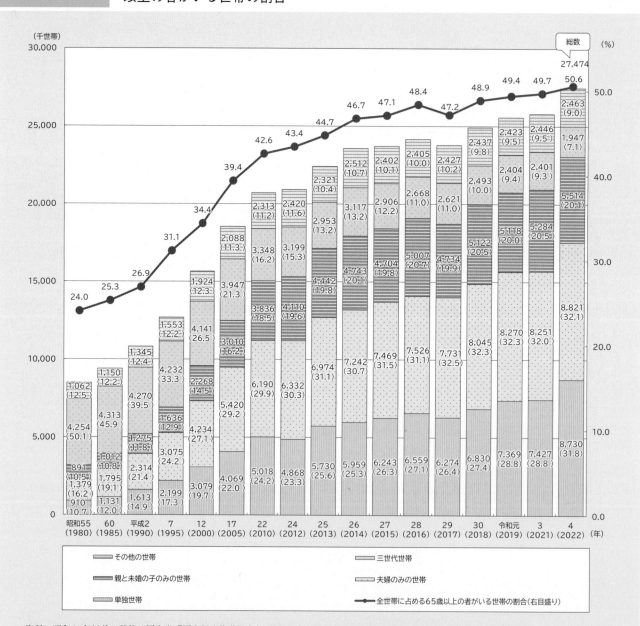

資料：昭和60年以前の数値は厚生省「厚生行政基礎調査」、昭和61年以降の数値は厚生労働省「国民生活基礎調査」による。
（注1）平成7年の数値は兵庫県を除いたもの、平成23年の数値は岩手県、宮城県及び福島県を除いたもの、平成24年の数値は福島県を除いたもの、平成28年の数値は熊本県を除いたものである。
（注2）（　）内の数字は、65歳以上の者のいる世帯総数に占める割合（％）
（注3）四捨五入のため合計は必ずしも一致しない。
（注4）令和2年は調査中止。

（2）65歳以上の一人暮らしの者が増加傾向

65歳以上の一人暮らしの者は男女ともに増加傾向にあり、昭和55年には65歳以上の男女それぞれの人口に占める割合は男性4.3%、女性11.2%であったが、令和2年には男性15.0%、女性22.1%となり、令和32年には男性26.1%、女性29.3%となると見込まれている（図1-1-9）。

図1-1-9　65歳以上の一人暮らしの者の動向

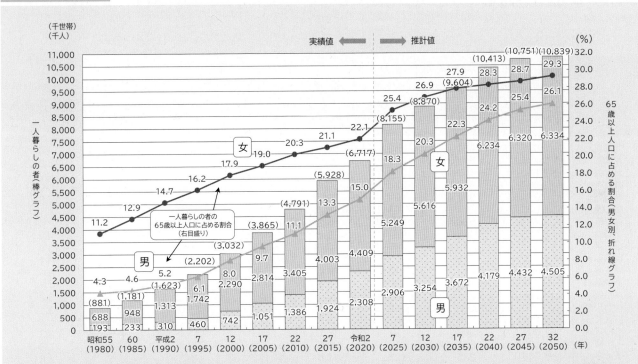

資料：令和2年までは総務省「国勢調査」による人数、令和7年以降は国立社会保障・人口問題研究所「日本の世帯数の将来推計（全国推計）」
　　　（令和6（2024）年推計）による世帯数
（注1）「一人暮らし」とは、上記の調査・推計における「単独世帯」又は「一般世帯（1人）」のことを指す。
（注2）棒グラフ上の（　）内は65歳以上の一人暮らしの者の男女計
（注3）四捨五入のため合計は必ずしも一致しない。

4 地域別に見た高齢化

　令和5年現在の高齢化率は、最も高い秋田県で39.0%、最も低い東京都で22.8%となっている。今後、高齢化率は、全ての都道府県で上昇し、令和32年には、最も高い秋田県では49.9%となり、最も低い東京都でも、29.6%に達すると見込まれている。また、首都圏を見ると、令和32年には、埼玉県の高齢化率は、令和5年の27.4%から8.1ポイント上昇し35.5%に、同じく神奈川県では25.9%から9.1ポイント上昇し35.0%になると見込まれるなど、今後、我が国の高齢化は、大都市圏を含めて全国的な広がりを見ることとなる（表1－1－10）。

| 表1－1－10 | 都道府県別高齢化率の推移 | | | | | | |

	令和5年（2023）					令和32年（2050）		高齢化率の伸び（ポイント）
	総人口（千人）	65歳以上人口（千人）	75歳以上人口（千人）	65歳以上人口割合（%）	75歳以上人口割合（%）	65歳以上人口割合（%）	75歳以上人口割合（%）	
北海道	5,092	1,681	915	33.0	18.0	42.6	27.2	9.6
青森県	1,184	417	221	35.2	18.7	48.4	31.1	13.2
岩手県	1,163	407	221	35.0	19.0	45.9	29.1	10.9
宮城県	2,264	662	344	29.2	15.2	39.4	24.0	10.2
秋田県	914	357	194	39.0	21.2	49.9	32.2	10.9
山形県	1,026	361	194	35.2	18.9	44.3	28.1	9.1
福島県	1,767	586	303	33.2	17.2	44.2	27.8	11.0
茨城県	2,825	865	460	30.6	16.3	40.0	25.2	9.4
栃木県	1,897	573	297	30.2	15.6	39.6	24.8	9.4
群馬県	1,902	589	322	30.9	16.9	40.0	25.5	9.1
埼玉県	7,331	2,012	1,116	27.4	15.2	35.5	22.1	8.1
千葉県	6,257	1,756	980	28.1	15.7	35.5	22.0	7.4
東京都	14,086	3,205	1,823	22.8	12.9	29.6	17.5	6.8
神奈川県	9,229	2,390	1,358	25.9	14.7	35.0	22.1	9.1
新潟県	2,126	720	391	33.8	18.4	43.2	27.3	9.4
富山県	1,007	333	191	33.1	19.0	41.4	26.6	8.3
石川県	1,109	338	189	30.5	17.1	38.3	24.5	7.8
福井県	744	235	128	31.5	17.3	40.3	25.5	8.8
山梨県	796	253	138	31.7	17.4	41.7	27.2	10.0
長野県	2,004	655	374	32.7	18.7	41.6	26.9	8.9
岐阜県	1,931	603	335	31.2	17.4	40.6	25.9	9.4
静岡県	3,555	1,101	609	31.0	17.1	39.6	25.2	8.6
愛知県	7,477	1,923	1,078	25.7	14.4	34.5	21.4	8.8
三重県	1,727	529	296	30.6	17.1	39.6	25.3	9.0
滋賀県	1,407	380	205	27.0	14.6	36.7	22.8	9.7
京都府	2,535	753	436	29.7	17.2	38.5	24.6	8.8
大阪府	8,763	2,424	1,407	27.7	16.1	36.6	23.2	8.9
兵庫県	5,370	1,609	906	30.0	16.9	39.5	25.3	9.5
奈良県	1,296	423	239	32.6	18.5	43.3	28.6	10.7
和歌山県	892	305	172	34.2	19.3	43.7	28.5	9.5
鳥取県	537	179	97	33.3	18.1	40.9	25.6	7.6
島根県	650	227	128	35.0	19.7	39.7	24.8	4.7
岡山県	1,847	573	327	31.0	17.7	37.8	23.8	6.8
広島県	2,738	825	465	30.1	17.0	37.4	23.6	7.3
山口県	1,298	459	260	35.3	20.0	42.3	27.0	7.0
徳島県	695	246	134	35.3	19.3	44.8	28.8	9.5
香川県	926	301	169	32.6	18.2	39.7	24.9	7.1
愛媛県	1,291	441	244	34.2	18.9	43.0	27.4	8.8
高知県	666	242	138	36.3	20.7	45.6	29.5	9.3
福岡県	5,103	1,452	778	28.5	15.2	35.1	21.3	6.6
佐賀県	795	252	132	31.7	16.6	39.3	24.4	7.6
長崎県	1,267	435	231	34.3	18.2	43.4	27.9	9.1
熊本県	1,709	552	298	32.3	17.4	38.8	24.3	6.5
大分県	1,096	375	206	34.2	18.8	40.5	25.5	6.3
宮崎県	1,042	351	188	33.7	18.0	40.8	25.6	7.1
鹿児島県	1,549	524	275	33.8	17.8	41.2	25.8	7.4
沖縄県	1,468	350	166	23.8	11.3	33.6	20.4	9.8

資料：令和5年は総務省「人口推計」、令和32年は国立社会保障・人口問題研究所「日本の地域別将来推計人口（令和5（2023）年推計）」

さらに、令和２年を基準年として、都市規模別に65歳以上人口の推移を見ると、人口５万人未満の都市以外では65歳以上人口は増加し、令和27年以降、大都市以外で減少する見込みとなっている。また、75歳以上人口の推移を見ると、人口５万人未満の都市以外では上昇傾向となっている（図１－１－11）。

図１－１－11 都市規模別にみた65歳以上人口指数（令和２（2020）年＝100）の推移

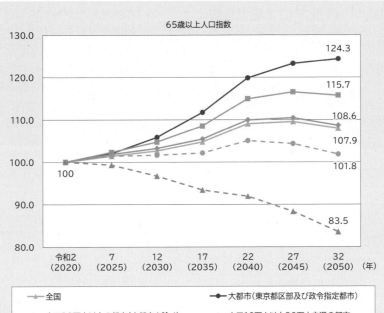

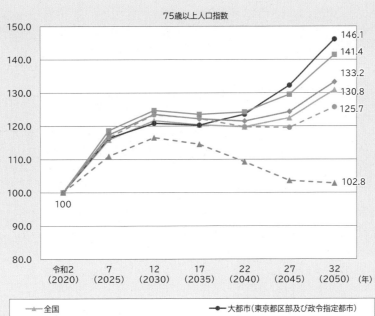

資料：国立社会保障・人口問題研究所「日本の地域別将来推計人口（令和５（2023）年推計）」をもとに作成.
（注1）各カテゴリーごとに総計を求め、令和２（2020）年の人口を100とし、各年の人口を指数化した。
（注2）福島県「浜通り地域」（いわき市、相馬市、南相馬市、広野町、楢葉町、富岡町、川内村、大熊町、双葉町、浪江町、葛尾村、新地町、飯舘村の13市町村を含む地域）のデータは含まれていない。

5 高齢化の要因

　高齢化の要因は大きく分けて、①年齢調整死亡率の低下による65歳以上人口の増加、②少子化の進行による若年人口の減少、の2つである。

（1）年齢調整死亡率^(注1)の低下による65歳以上人口の増加

　65歳以上人口の増加に伴い、死亡者の実数は増加傾向にあるが、人口の年齢構成に変化がないと仮定した場合の年齢調整死亡率は低下傾向にある。戦後、我が国では、生活環境や食生活・栄養状態の改善、医療技術の進歩等により、年齢調整死亡率が大幅に低下し、昭和25年の男性42.2、女性32.8から、令和4年には男性14.4、女性7.9になった（図1－1－12）。

（注1）死亡数を人口で除した通常の死亡率（以下「粗死亡率」という。）は、高齢者の多い集団では高くなる。人口の年齢構成は毎年変化するので、粗死亡率は年次比較には適さない。そこで、人口の年齢構成が毎年一定であると仮定して（これを「基準人口」という。）死亡率を算出したのが、年齢調整死亡率である。計算方法は以下のとおり。
年齢調整死亡率＝｜［観察集団の各年齢（年齢階級）の死亡率］×［基準人口集団のその年齢（年齢階級）の人口］｜の各年齢（年齢階級）の総和／基準人口集団の総数（通例人口千人当たりで表示）

図1－1－12　死亡数及び年齢調整死亡率の推移

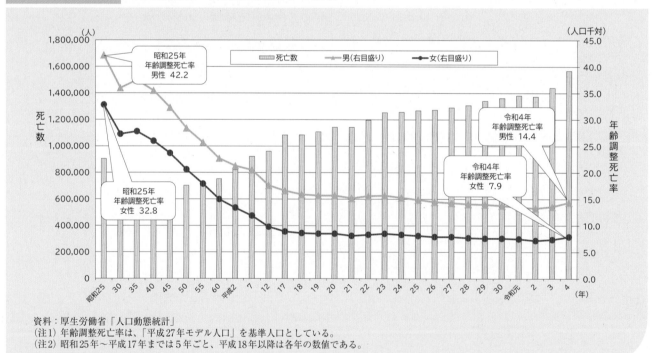

資料：厚生労働省「人口動態統計」
（注1）年齢調整死亡率は、「平成27年モデル人口」を基準人口としている。
（注2）昭和25年～平成17年までは5年ごと、平成18年以降は各年の数値である。

（2）少子化の進行による若年人口の減少

我が国の戦後の出生状況の推移を見ると、出生数は、第1次ベビーブーム（昭和22～24年。この間の出生数805万7,054人）、第2次ベビーブーム（昭和46～49年。この間の出生数816万1,627人）の2つのピークの後は減少傾向にある。令和4年の出生数は77万759人、出生率（人口1,000人当たりの出生数）は6.3となり、出生数は前年の81万1,622人より4万863人減少した。

また、合計特殊出生率（その年次の15歳から49歳までの女性の年齢別出生率を合計したもので、1人の女性が仮にその年次の年齢別出生率で一生の間に生むとしたときの子供の数に相当する。）は、第1次ベビーブーム以降急速に低下し、昭和31年に2.22となった後、しばらくは人口置換水準[注2]前後で推移してきたが、昭和50年に1.91と2.00を下回り、平成5年に1.46と1.50を下回った。その後も低下傾向は続いたが、平成18年以降いったん上昇傾向となり、平成27年には1.45となった。それ以降再び低下傾向となり、令和4年は1.26と過去最低を記録した。（図1－1－13）

（注2）人口を長期的に維持するために必要な水準で近年は2.06～2.07で推移している。

| 図1－1－13 | 出生数及び合計特殊出生率の推移 |

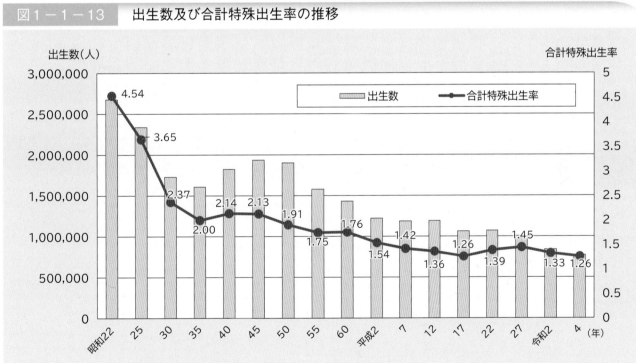

資料：厚生労働省「人口動態統計」より内閣府作成

6 高齢化の社会保障給付費に対する影響

　社会保障給付費（年金・医療・福祉その他を合わせた額）全体について見ると、令和3年度は138兆7,433億円となり過去最高の水準となった。また、国民所得に占める割合は35.04％（前年度比0.18ポイント減）となった。社会保障給付費のうち、高齢者関係給付費（年金保険給付費等、高齢者医療給付費、老人福祉サービス給付費及び高年齢雇用継続給付費を合わせた額）について見ると、令和3年度は83兆4,322億円となり、前年度の83兆1,535億円から2,787億円増加した。なお、社会保障給付費に占める割合は60.1％で、前年度から2.8ポイント減少となっている（図1−1−14）。

図1−1−14　社会保障給付費の推移

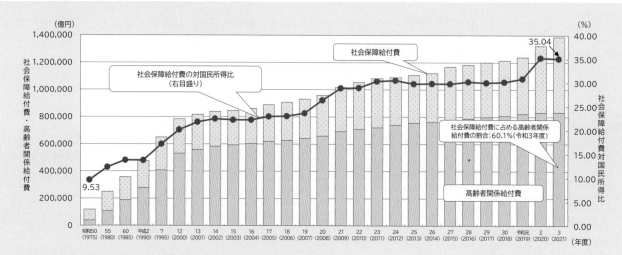

資料：国立社会保障・人口問題研究所「令和3年度社会保障費用統計」
(注1) 高齢者関係給付費とは、年金保険給付費等、高齢者医療給付費、老人福祉サービス給付費及び高年齢雇用継続給付費を合わせたもので昭和48年度から集計
(注2) 高齢者医療給付費は、平成19年度までは旧老人保健制度からの医療給付額、平成20年度から平成29年度は後期高齢者医療制度からの医療給付費及び旧老人保健制度からの医療給付額、平成30年度は後期高齢者医療制度からの医療給付額が含まれている。

第2節 高齢期の暮らしの動向

1 就業・所得

（1）労働力人口に占める65歳以上の者の比率は上昇傾向

　令和5年の労働力人口は、6,925万人であった。労働力人口のうち65～69歳の者は394万人、70歳以上の者は537万人であり、労働力人口総数に占める65歳以上の者の割合は13.4％と長期的には上昇傾向にある（図1－2－1－1）。

　また、令和5年の労働力人口比率（人口に占める労働力人口の割合）を見ると、65～69歳

では53.5％、70～74歳では34.5％となっており、いずれも上昇傾向である。75歳以上は11.5％となり、平成27年以降上昇している（図1－2－1－2）。

　雇用情勢について、完全失業率を見ると、60～64歳では、平成23年以降低下傾向にあったが、令和3年は、前年からの新型コロナウイルス感染症の影響により、3.1％に上昇し、令和5年は2.6％へ低下した。また、65～69歳では、令和3年の2.7％から令和5年は2.5％へ、70歳以上では、令和3年の1.2％から令和5年は1.1％へそれぞれ低下した。（図1－2－1－3）。

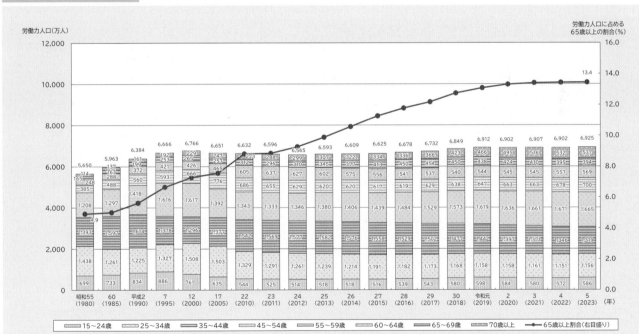

図1－2－1－1　労働力人口の推移

資料：総務省「労働力調査」
（注1）年平均の値
（注2）「労働力人口」とは、15歳以上人口のうち、就業者と完全失業者を合わせたものをいう。
（注3）平成23年は岩手県、宮城県及び福島県において調査実施が一時困難となったため、補完的に推計した値を用いている。
（注4）四捨五入のため合計は必ずしも一致しない。

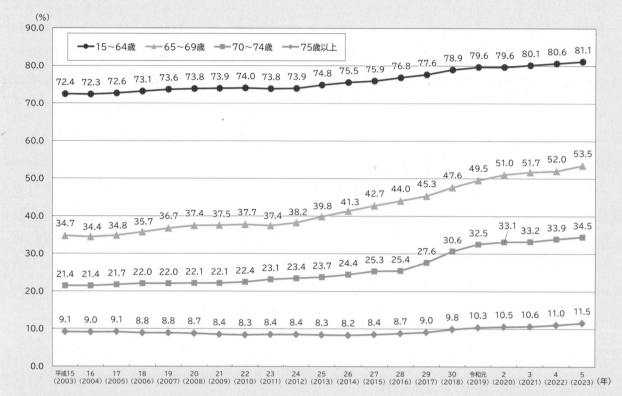

図1-2-1-2　労働力人口比率の推移

資料：総務省「労働力調査」
（注1）年平均の値
（注2）「労働力人口」とは、15歳以上人口のうち、就業者と完全失業者を合わせたものをいう。
　　　　「労働力人口比率」とは、15歳以上人口に占める「労働力人口」の割合。
（注3）平成23年は、岩手県、宮城県及び福島県において調査実施が一時困難となったため、15～64歳及び65～69歳については補完的に推計した値を、70～74歳及び75歳以上については、3県を除いた値を用いている。

図1-2-1-3　完全失業率の推移

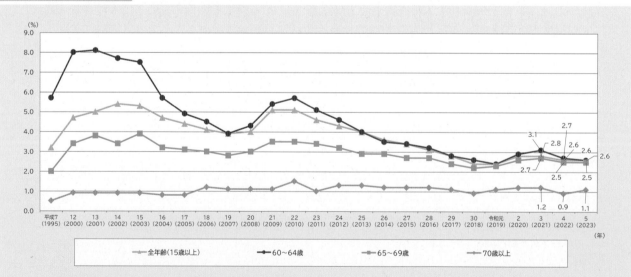

資料：総務省「労働力調査」
（注1）年平均の値
（注2）平成23年は岩手県、宮城県及び福島県において調査実施が一時困難となったため、補完的に推計した値を用いている。

18

（2）就業状況

ア　就業者数及び就業率は上昇している

　65歳以上の就業者数及び就業率は上昇傾向であり、特に65歳以上の就業者数を見ると20年連続で前年を上回っている。また、就業率については10年前の平成25年と比較して65～69歳で13.3ポイント、70～74歳で10.7ポイント、75歳以上で3.2ポイントそれぞれ伸びている（図1-2-1-4）。

イ　「医療，福祉」の65歳以上の就業者は10年前の約2.4倍に増加

　令和5年における65歳以上の就業者を主な産業別に見ると、「卸売業，小売業」が132万人と最も多く、次いで「医療，福祉」が107万人、「サービス業（他に分類されないもの）」が104万人、「農業，林業」が99万人などとなっている。

　令和5年における産業別の65歳以上の就業者を10年前と比較すると、「医療，福祉」が63万人増加し、10年前の約2.4倍となっている。

次いで「サービス業（他に分類されないもの）」が38万人、「卸売業，小売業」が31万人と、それぞれ増加している。

　また、令和5年における各産業の就業者に占める65歳以上の就業者の割合を見ると、「農業，林業」が52.9％と最も高く、次いで「不動産業，物品賃貸業」26.6％、「サービス業（他に分類されないもの）」が22.7％、「生活関連サービス業，娯楽業」が19.6％などとなっている（図1-2-1-5）。

ウ　60代後半の男性の6割以上、女性の4割以上が就業している

　男女別に就業状況を見ると、男性の場合、就業者の割合は、60～64歳で84.4％、65～69歳で61.6％となっており、65歳を過ぎても、多くの人が就業している。また、女性の就業者の割合は、60～64歳で63.8％、65～69歳で43.1％となっている。さらに、70～74歳では、男性の就業者の割合は42.6％、女性の就業者の割合は26.4％となっている（図1-2-1-6）。

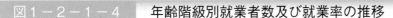

図1-2-1-4　年齢階級別就業者数及び就業率の推移

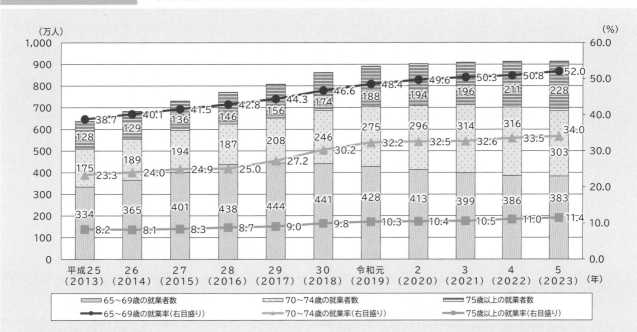

資料：総務省「労働力調査」
（注1）年平均の値
（注2）「就業率」とは、15歳以上人口に占める就業者の割合をいう。

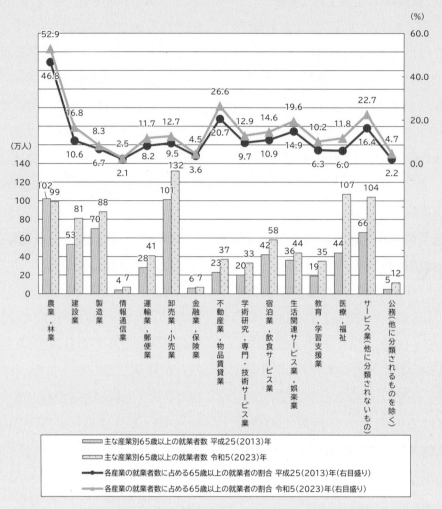

資料：総務省「労働力調査」

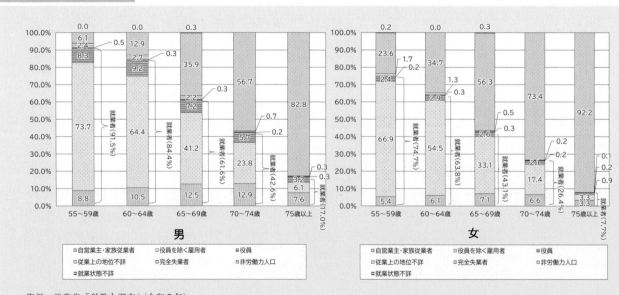

資料：総務省「労働力調査」（令和５年）
（注）四捨五入の関係で、足し合わせても100.0％にならない場合がある。

エ 60歳以降に非正規の職員・従業員の比率は上昇

役員を除く雇用者のうち非正規の職員・従業員の比率を男女別に見ると、男性の場合、55〜59歳で11.2%であるが、60〜64歳で44.4%、65〜69歳で67.6%と、60歳を境に大幅に上昇している。また、女性の場合も、55〜59歳で58.5%、60〜64歳で73.3%、65〜69歳で84.8%となっており、男性と比較して、60歳以降においても非正規の職員・従業員の比率はおおむね高い割合となっている（図1−2−1−7）。

オ 現在収入のある仕事をしている60歳以上の者のうち、「働けるうちはいつまでも」働きたいと回答した者が約4割

現在収入のある仕事をしている60歳以上の者については約4割が「働けるうちはいつまでも」働きたいと回答しており、70歳くらいまで又はそれ以上との回答と合計すれば、約9割が高齢期にも高い就業意欲を持っている様子がうかがえる（図1−2−1−8）。

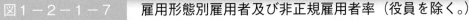

図1−2−1−7　雇用形態別雇用者及び非正規雇用者率（役員を除く。）

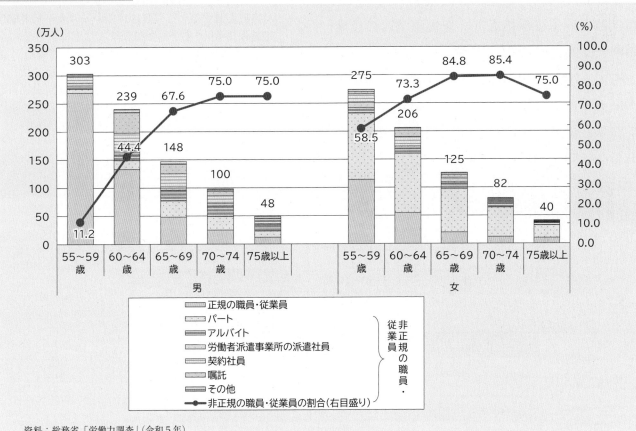

資料：総務省「労働力調査」（令和5年）
（注）年平均の値

| 図1−2−1−8 | あなたは、何歳ごろまで収入を伴う仕事をしたいですか（択一回答） |

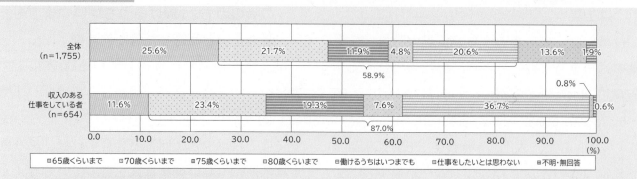

資料：内閣府「高齢者の経済生活に関する調査」（令和元年度）
(注1) 調査対象は、全国の60歳以上の男女
(注2) 四捨五入の関係で、足し合わせても100.0％にならない場合がある。

カ 70歳までの高年齢者就業確保措置を実施している企業は約3割

　従業員21人以上の企業23万7,006社のうち、高年齢者雇用確保措置^(注3)を実施済みの企業の割合は99.9％（23万6,815社）となっている。一方で、70歳までの高年齢者就業確保措置を実施済みの企業は29.7％（7万443社）となっており、従業員301人以上の企業では22.8％と低くなっている（図1−2−1−9）。

(注3)「高年齢者等の雇用の安定等に関する法律」（昭和46年法律第68号）では65歳までの安定した雇用を確保するため、企業に「定年制の廃止」、「定年の引上げ」、「継続雇用制度の導入」のいずれかの措置を講ずるよう義務付けている（高年齢者雇用確保措置）。また、令和3年4月1日からは70歳までを対象として、従来の雇用による措置や、「継続的に業務委託を締結する制度」、「継続的に社会貢献事業に従事できる制度」という雇用によらない措置のいずれかの措置を講ずるように努めることを義務付けている（高年齢者就業確保措置）。

| 図1−2−1−9 | 70歳までの高年齢者就業確保措置を実施済みの企業の内訳 |

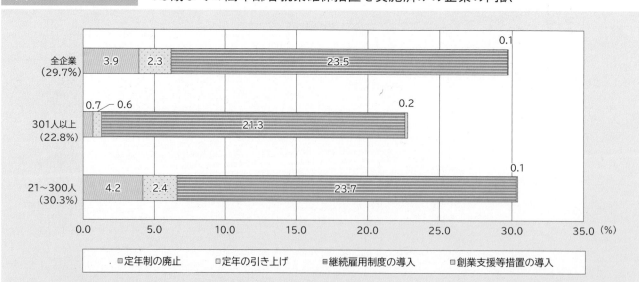

資料：厚生労働省「令和5年『高年齢者雇用状況等報告』」より内閣府作成
(注1)「創業支援等措置の導入」とは、高年齢者等の雇用の安定等に関する法律第10条の2に基づく、70歳まで継続的に業務委託契約を締結する制度及び70歳まで継続的に社会貢献事業（事業主が自ら実施する事業又は事業主が委託、出資（資金提供）等する団体が行う事業）に従事できる制度の導入を指す。
(注2) 本集計は、原則小数点第2位以下を四捨五入しているが、「創業支援等措置の導入」については、小数点第2位以下を切り上げとしている。

（3）経済的な暮らし向きについて心配がない と感じている65歳以上の者は68.5%

内閣府の調査では、経済的な暮らし向きについて「心配がない」（「家計にゆとりがあり、まったく心配なく暮らしている」と「家計にあまりゆとりはないが、それほど心配なく暮らしている」の計）と感じている者の割合は全体で68.5%となっている（図1－2－1－10）。

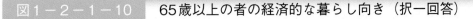

図1－2－1－10　65歳以上の者の経済的な暮らし向き（択一回答）

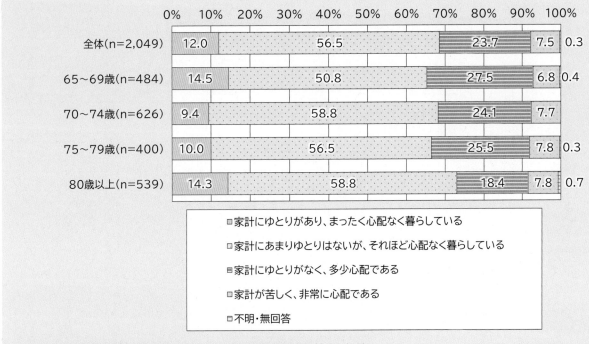

	家計にゆとりがあり、まったく心配なく暮らしている	家計にあまりゆとりはないが、それほど心配なく暮らしている	家計にゆとりがなく、多少心配である	家計が苦しく、非常に心配である	不明・無回答
全体(n=2,049)	12.0	56.5	23.7	7.5	0.3
65～69歳(n=484)	14.5	50.8	27.5	6.8	0.4
70～74歳(n=626)	9.4	58.8	24.1	7.7	
75～79歳(n=400)	10.0	56.5	25.5	7.8	0.3
80歳以上(n=539)	14.3	58.8	18.4	7.8	0.7

資料：内閣府「高齢者の日常生活・地域社会への参加に関する調査」（令和3年度）
（注1）四捨五入の関係で、足し合わせても100.0%にならない場合がある。
（注2）調査は60歳以上の男女を対象としているが、本白書では、65歳以上の男女の集計結果を紹介する。

（4）高齢者世帯の所得はその他の世帯平均と 比べて低い

高齢者世帯（65歳以上の者のみで構成するか、又はこれに18歳未満の未婚の者が加わった世帯）の平均所得金額（令和3年の1年間の所得）は318.3万円で、その他の世帯（669.5万円）の約5割となっている。

なお、等価可処分所得（注4）を平均金額で見ると、高齢者世帯は226万円となっており、その他の世帯（327.7万円）の約7割となっている（表1－2－1－11）。

（注4）等価可処分所得とは、世帯人員数の違いを調整するため、世帯の可処分所得を世帯人員の平方根で割った所得。生活水準を考えた場合、世帯人員数が少ない方が、生活コストが割高になることを考慮したもの。なお、世帯の可処分所得とは、世帯収入から税金・社会保険料等を除いたいわゆる手取り収入である。

表1－2－1－11　高齢者世帯の所得

区分	平均所得金額（平均世帯人員）	平均等価可処分所得金額
高齢者世帯	318.3万円（1.54）	226.0万円
その他の世帯	669.5万円（2.73）	327.7万円
全世帯	545.7万円（2.32）	299.9万円

資料：厚生労働省「国民生活基礎調査」（令和4年）（同調査における令和3（2021）年1年間の所得）
（注1）高齢者世帯とは、65歳以上の者のみで構成するか、又はこれに18歳未満の未婚の者が加わった世帯をいう。
（注2）その他の世帯とは、全世帯から高齢者世帯と母子世帯を除いた世帯をいう。

また、高齢者世帯の所得階層別分布を見ると、200～250万円が最も多くなっている（図1-2-1-12）。

さらに、公的年金・恩給を受給している高齢者世帯について、公的年金・恩給の総所得に占める割合別世帯数の構成割合を見ると、公的年金・恩給が家計収入の全てとなっている世帯が44.0％となっている（図1-2-1-13）。

図1-2-1-12　高齢者世帯の所得階層別分布

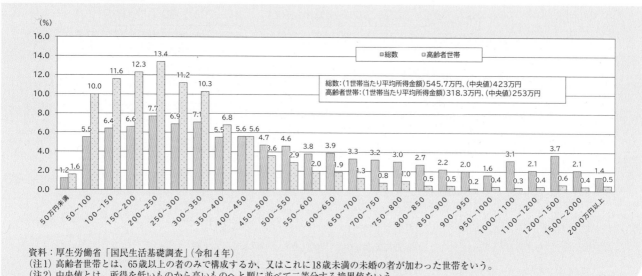

資料：厚生労働省「国民生活基礎調査」（令和4年）
（注1）高齢者世帯とは、65歳以上の者のみで構成するか、又はこれに18歳未満の未婚の者が加わった世帯をいう。
（注2）中央値とは、所得を低いものから高いものへと順に並べて二等分する境界値をいう。

図1-2-1-13　公的年金・恩給を受給している高齢者世帯における公的年金・恩給の総所得に占める割合別世帯数の構成割合

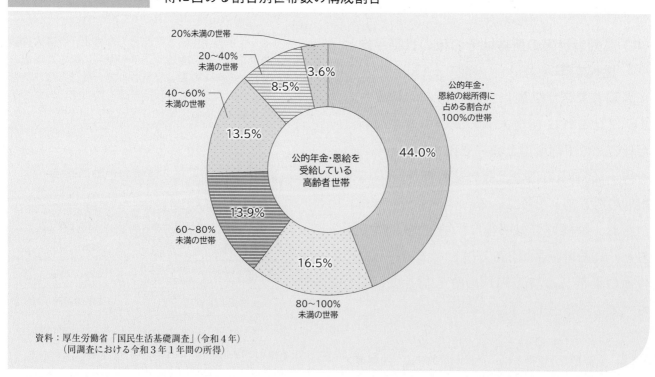

資料：厚生労働省「国民生活基礎調査」（令和4年）
　　　（同調査における令和3年1年間の所得）

（5）世帯主が65歳以上の世帯の貯蓄現在高の中央値は全世帯の1.4倍

資産の状況を二人以上の世帯について見ると、世帯主の年齢階級別の家計の貯蓄・負債の全般的状況は、世帯主の年齢階級が高くなるにつれて、1世帯当たりの純貯蓄（貯蓄から負債を差し引いた額）はおおむね増加し、世帯主が60～69歳の世帯及び70歳以上の世帯では、他の年齢階級に比べて大きな純貯蓄を有している。年齢階級が高くなるほど、貯蓄額と持家率がおおむね増加する一方、世帯主が30～39歳の世帯をピークに負債額は減少していく（図1－2－1－14）。

また、二人以上の世帯の貯蓄現在高について、世帯主の年齢が65歳以上の世帯と全世帯の中央値を比較すると、前者は1,677万円と、後者の1,168万円の約1.4倍となっている。二人以上の世帯の貯蓄現在高階級別の世帯分布を見ると、世帯主の年齢が65歳以上の世帯では、4,000万円以上の貯蓄を有する世帯が17.9%であり、全世帯（12.5%）と比べて高い水準となっている（図1－2－1－15）。

さらに、金融資産の分布状況を世帯主の世代別に見ると、世帯主の年齢が60歳以上の世帯が占める割合が令和元年には63.5%となっている（図1－2－1－16）。

世帯主が65歳以上の金融資産の保有割合を世代別にみると、いずれの世代も「預貯金」が最も多く、次いで、「生命保険など」、「株式」などとなっている（図1－2－1－17）。

図1－2－1－14　世帯主の年齢階級別1世帯当たりの貯蓄・負債現在高、年間収入、持家率

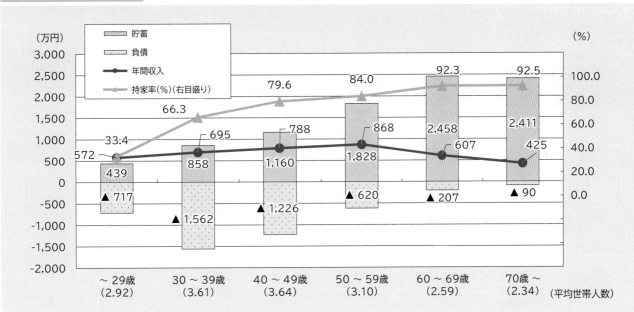

資料：総務省「家計調査（二人以上の世帯）」（令和4年）

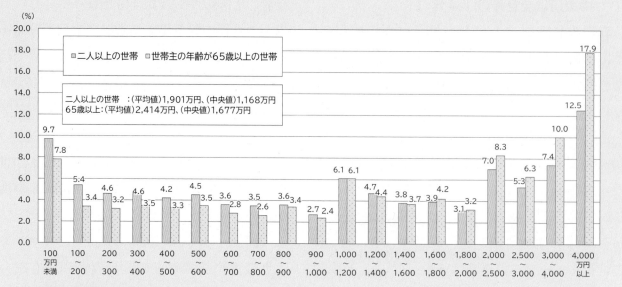

図1−2−1−15　貯蓄現在高階級別世帯分布

凡例：
■ 二人以上の世帯　▨ 世帯主の年齢が65歳以上の世帯

二人以上の世帯　：（平均値）1,901万円、（中央値）1,168万円
65歳以上：（平均値）2,414万円、（中央値）1,677万円

階級	二人以上の世帯	65歳以上
100万円未満	9.7	7.8
100〜200	5.4	3.4
200〜300	4.6	3.2
300〜400	4.6	3.5
400〜500	4.2	3.3
500〜600	4.5	3.5
600〜700	3.6	2.8
700〜800	3.5	2.6
800〜900	3.6	3.4
900〜1,000	2.7	2.4
1,000〜1,200	6.1	6.1
1,200〜1,400	4.7	4.4
1,400〜1,600	3.8	3.7
1,600〜1,800	3.9	4.2
1,800〜2,000	3.1	3.2
2,000〜2,500	7.0	8.3
2,500〜3,000	5.3	6.3
3,000〜4,000	7.4	10.0
4,000万円以上	12.5	17.9

資料：総務省「家計調査（二人以上の世帯）」（令和4年）
（注1）単身世帯は対象外
（注2）ゆうちょ銀行、郵便貯金簡易生命保険管理・郵便局ネットワーク支援機構、銀行及びその他の金融機関（普通銀行等）への預貯金、生命保険及び積立型損害保険の掛金（加入してからの掛金の払込総額）並びに株式、債券、投資信託、金銭信託などの有価証券（株式及び投資信託については調査時点の時価、債券及び貸付信託・金銭信託については額面）といった金融機関への貯蓄と、社内預金、勤め先の共済組合などの金融機関外への貯蓄の合計
（注3）中央値とは、貯蓄現在高が「0」の世帯を除いた世帯を貯蓄現在高の低い方から順番に並べたときに、ちょうど中央に位置する世帯の貯蓄現在高をいう。

図1−2−1−16　世代別金融資産分布状況

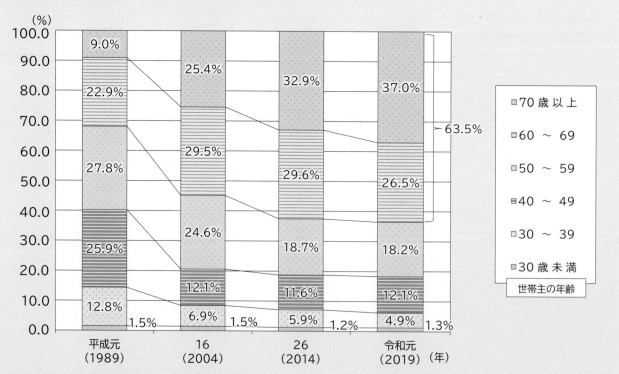

世帯主の年齢	平成元（1989）	16（2004）	26（2014）	令和元（2019）
70歳以上	9.0%	25.4%	32.9%	37.0%
60〜69	22.9%	29.5%	29.6%	26.5%
50〜59	27.8%	24.6%	18.7%	18.2%
40〜49	25.9%	12.1%	11.6%	12.1%
30〜39	12.8%	6.9%	5.9%	4.9%
30歳未満	1.5%	1.5%	1.2%	1.3%

（令和元：60歳以上 63.5%）

資料：総務省「全国家計構造調査」より内閣府作成
（注1）このグラフでいう金融資産とは、貯蓄現在高のことを指す。
（注2）四捨五入の関係で、足し合わせても100.0％にならない場合がある。
（注3）平成26年以前は「全国消費実態調査」として実施しており、集計方法等が異なる。平成26年及び平成16年については令和元年と同様の集計方法による遡及集計を施しているが、平成元年の結果についてはこの限りではないので、比較する際には注意が必要。

図1−2−1−17　金融資産の保有割合

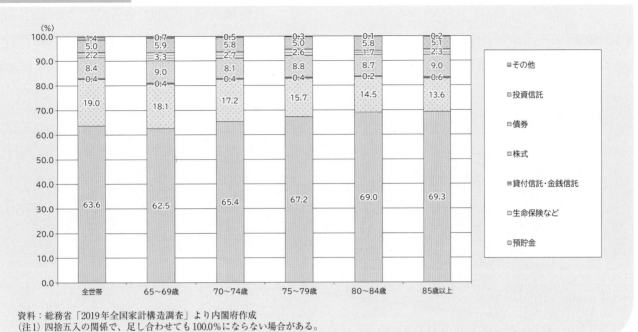

資料：総務省「2019年全国家計構造調査」より内閣府作成
(注1) 四捨五入の関係で、足し合わせても100.0%にならない場合がある。

（6）65歳以上の生活保護受給者の人数（被保護人員）はほぼ横ばい

　生活保護受給者の人数の推移を見ると、令和4年における被保護人員数の総数は前年から減少した一方、65歳以上の生活保護受給者は105万人で、前年と比べて横ばいになっている。また、年代別人口に占める生活保護受給者の割合を見ると、65〜69歳では2.42%で、前年と比べて減少し、70歳以上では3.03%で、前年と比べて横ばいとなっている（図1−2−1−18）。

図1−2−1−18　被保護人員の推移

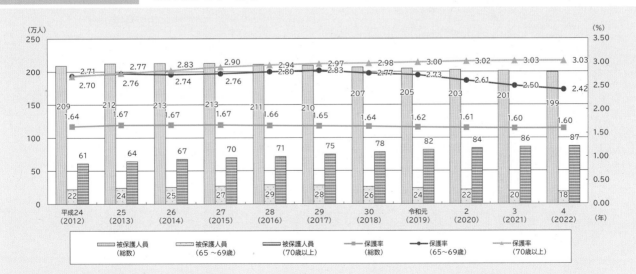

資料：厚生労働省「被保護者調査 年次調査」

② 健康・福祉

（1）健康
ア　65歳以上の者の新体力テストの合計点は向上傾向

　令和4年度の65〜69歳、70〜74歳及び75〜

79歳の男女の新体力テスト（握力、上体起こし、長座体前屈、開眼片足立ち、10m障害物歩行、6分間歩行）の合計点は、男性はおおむね横ばいとなっている。女性は平成16年以降向上している（図1−2−2−1）。

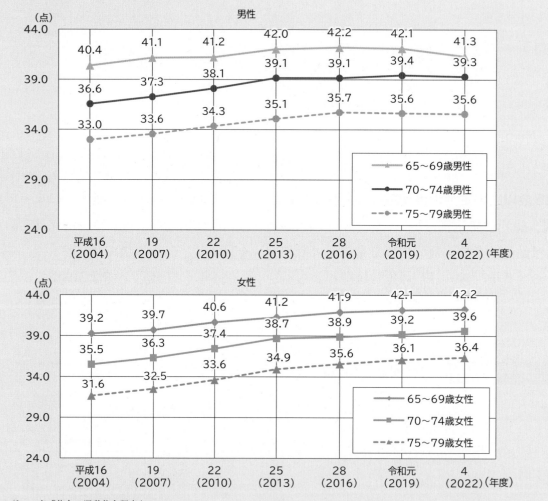

図1−2−2−1　　新体力テストの合計点

資料：スポーツ庁「体力・運動能力調査」
（注1）図は、3点移動平均法を用いて平滑化してある。
（注2）合計点は、新体力テスト実施要項の「項目別得点表」による。得点基準は、男女により異なる。
（注3）令和2年度は新型コロナウイルス感染症のため実施時期や標本数等が異なる。

イ 健康寿命は延伸し、平均寿命と比較しても延びが大きい

健康上の問題で日常生活に制限のない期間（健康寿命）は、令和元年時点で男性が72.68年、女性が75.38年となっており、それぞれ平成22年と比べて延びている（平成22年→令和元年：男性2.26年、女性1.76年）。さらに、同期間における健康寿命の延びは、平均寿命の延び（平成22年→令和元年：男性1.86年、女性1.15年）を上回っている（図1-2-2-2）。

図1-2-2-2 健康寿命と平均寿命の推移

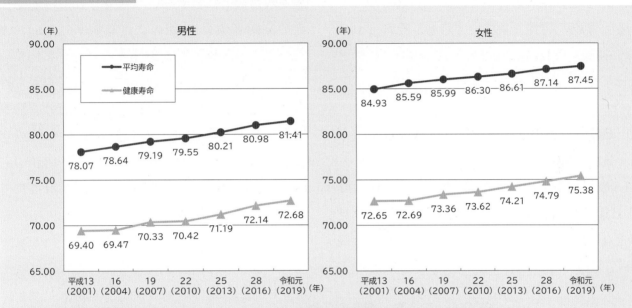

資料：平均寿命：平成13・16・19・25・28年・令和元年は、厚生労働省「簡易生命表」、平成22年は「完全生命表」
　　　健康寿命：厚生労働省「第16回健康日本21（第二次）推進専門委員会資料」

コラム 「健康寿命」とは

健康寿命とは、健康上の問題で日常生活に制限のない期間の平均であり、国民生活基礎調査（大規模調査）の健康票における「あなたは現在、健康上の問題で日常生活に何か影響がありますか」という質問に「ない」という回答であれば「健康」とし、「ある」という回答を「不健康」として、サリバン法（※）により算出している。

※毎年必ず10万人が誕生する状況を仮定し、そこに年齢別の死亡率と年齢別の「健康・不健康」の割合を与えることで、「健康状態にある生存期間の合計値」（「健康な人の定常人口」）を求め、これを10万で除して健康寿命を求めている。

ウ　75歳以上の運動習慣のある者の割合は、男性46.9%、女性37.8%で、男性の割合が高い

　運動習慣のある者の割合（令和元年）を見ると、65～74歳で男性38.0%、女性31.1%、75歳以上で男性46.9%、女性37.8%と、75歳以上において特に運動習慣のある者の割合が高く、性別で見ると男性の割合が女性よりも高くなっている。また、男性、女性いずれも、それぞれの20～64歳の23.5%、16.9%と比べ高い水準となっている（図1－2－2－3）。

エ　65歳以上の者の死因は「悪性新生物（がん）」が最も多い

　65歳以上の者の死因別の死亡率（令和4年の65歳以上人口10万人当たりの死亡数）を見ると、「悪性新生物（がん）」が945.3と最も高

くなっている。また近年、「老衰」が大きく上昇している（図1－2－2－4）。

オ　認知症高齢者数等の推計

　65歳以上の認知症及び軽度認知障害（MCI）の高齢者数並びにそれぞれの有病率の将来推計について見ると、令和4年から5年にかけて実施された調査によれば、令和4年における認知症の高齢者数は443.2万人（有病率12.3%）、また、MCIの高齢者数は558.5万人（有病率15.5%）と推計されている。その上で、この調査から得られた性年齢階級別の認知症及びMCIの有病率が令和7年以降も一定と仮定すると、令和22年には、それぞれ584.2万人（有病率14.9%）、612.8万人（有病率15.6%）になると推計されている。（図1－2－2－5）。

図1－2－2－3　65歳以上の運動習慣者の割合

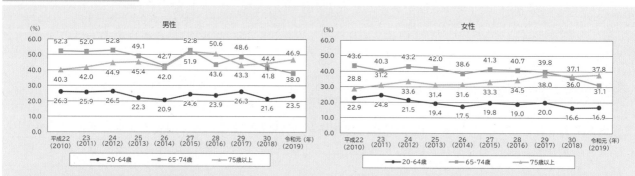

資料：厚生労働省「国民健康・栄養調査」
（注1）調査対象は、全国の20歳以上の男女。
（注2）身体状況調査の問診において「医師等からの運動禁止の有無」に「無」と回答し、「運動習慣」の全ての質問に回答した者を集計対象とした。
（注3）「運動習慣者」とは、1回30分以上の運動を週2回以上実施し、1年以上継続していると回答した者。

図1-2-2-4　主な死因別死亡率の推移（65歳以上の者）

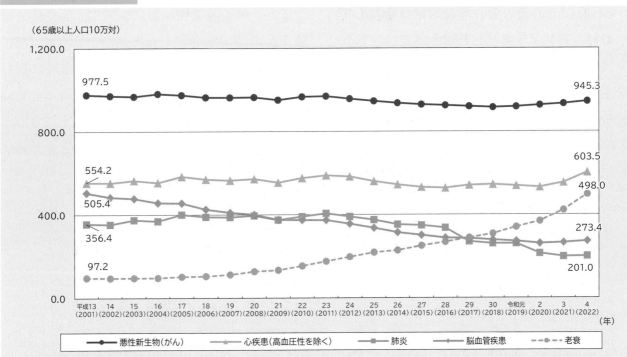

資料：厚生労働省「人口動態統計」

図1-2-2-5　認知症及びMCIの高齢者数と有病率の将来推計

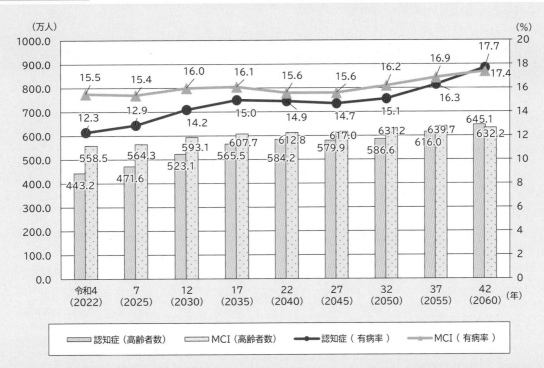

資料：「認知症及び軽度認知障害の有病率調査並びに将来推計に関する研究」（令和5年度老人保健事業推進費等補助金（老人保健健康増進等事業分）：九州大学大学院医学研究院二宮利治教授）より内閣府作成。（令和6年5月8日（水）に開催された認知症施策推進関係者会議（第2回）の配布資料より）
（注1）MCI：軽度認知障害
（注2）2022年の4地域（久山町、中島町、中山町、海士町）から得られた認知症及びMCIの性年齢階級別有病率が2025年以降も一定と仮定して推計した。
（注3）2025年以降の性年齢5歳階級別人口分布の出典：国立社会保障・人口問題研究所、日本の将来推計人口：性年齢5歳階級別人口分布・出生中位（死亡中位）推計

（2）65歳以上の者の介護

ア　65歳以上の者の要介護者等数は増加しており、特に75歳以上で割合が高い

　介護保険制度における要介護又は要支援の認定を受けた人（以下「要介護者等」という。）は、令和3年度で676.6万人となっており、平成23年度（515.0万人）から161.6万人増加している（図1-2-2-6）。また、要介護者等は、第1号被保険者の18.9%を占めている。

　また、第1号被保険者について、要支援又は要介護の認定を受けた人の割合を見ると、65〜74歳ではそれぞれ1.4%、3.0%であるのに対して、75〜84歳では6.2%、12.1%、85歳以上では13.9%、44.9%となっており、75歳以上になると要介護の認定を受ける人の割合が大きく上昇する（表1-2-2-7）。

図1-2-2-6　第1号被保険者（65歳以上）の要介護度別認定者数の推移

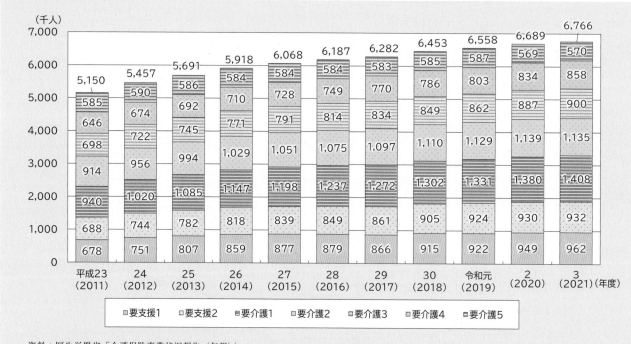

資料：厚生労働省「介護保険事業状況報告（年報）」
（注）四捨五入のため合計は必ずしも一致しない。

表1-2-2-7　第1号被保険者（65歳以上）の要介護等認定の状況

単位：千人、（　）内は%

65〜74歳		75〜84歳		85歳以上	
要支援	要介護	要支援	要介護	要支援	要介護
237	516	767	1,488	891	2,867
(1.4)	(3.0)	(6.2)	(12.1)	(13.9)	(44.9)

資料：厚生労働省「介護保険事業状況報告（年報）」（令和3年度）より算出
（注）（）内は、各年齢層の被保険者に占める割合

イ 主に家族（とりわけ女性）が介護者となっており、「老老介護」も相当数存在

要介護者等から見た主な介護者の続柄を見ると、同居している人が45.9%となっている。その主な内訳を見ると、配偶者が22.9%、子が16.2%、子の配偶者が5.4%となっており、性別については、男性が31.1%、女性が68.9%と女性が多くなっている。

要介護者等と同居している主な介護者の年齢について見ると、男性では75.0%、女性では76.5%が60歳以上であり、いわゆる「老老介護」のケースも相当数存在していることが分かる（図1－2－2－8）。

ウ 要介護度別に見ると、要介護4の人の介護者のうち41.2%、要介護5の人の介護者のうち63.1%がほとんど終日介護を行っている

令和4年の同居している主な介護者が1日のうち介護に要している時間を見ると、「必要なときに手をかす程度」が45.0%と最も多い一方で、「ほとんど終日」も19.0%となっている。要介護度別に見ると、要支援1から要介護2までは「必要なときに手をかす程度」が最も多くなっているが、要介護3以上では「ほとんど終日」が最も多くなり、要介護4の人の介護者のうち41.2%、要介護5の人の介護者のうち63.1%はほとんど終日介護を行っている。令和元年と比較すると、令和4年には「ほとんど終日」が0.3ポイント低下している（図1－2－2－9）。

エ 介護や看護の理由により離職する人は女性が多い

家族の介護や看護を理由とした離職者数は令和3年10月から令和4年9月までの1年間で約10.6万人であった。とりわけ、女性の離職者数は約8万人で、全体の75.3%を占めている（図1－2－2－10）。

図1－2－2－8　要介護者等からみた主な介護者の続柄

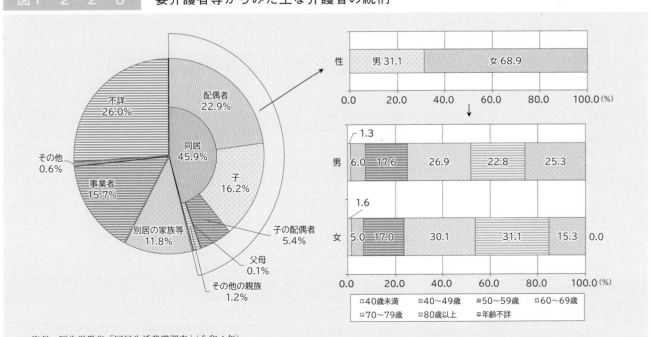

資料：厚生労働省「国民生活基礎調査」（令和4年）
（注1）2022（令和4）年調査では、男の「同居の主な介護者」の年齢不詳はない。
（注2）四捨五入の関係で、足し合わせても100.0%にならない場合がある。

図1－2－2－9　同居している主な介護者の介護時間（要介護者の要介護度別）

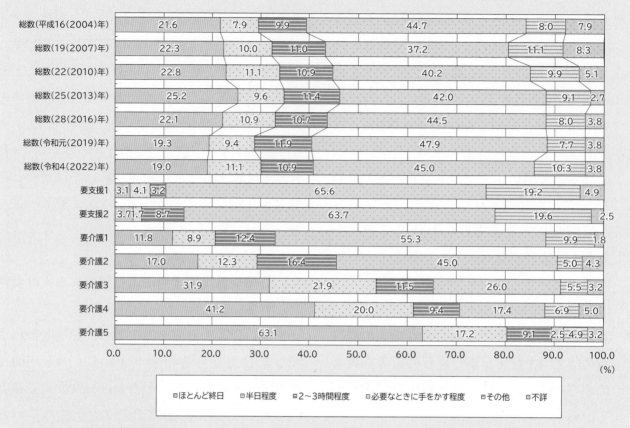

資料：厚生労働省「国民生活基礎調査」
（注1）「総数」には要介護度不詳を含む。
（注2）平成28年の数値は、熊本県を除いたものである。
（注3）四捨五入の関係で、足し合わせても100.0％にならない場合がある。

図1－2－2－10　介護・看護により離職した人数

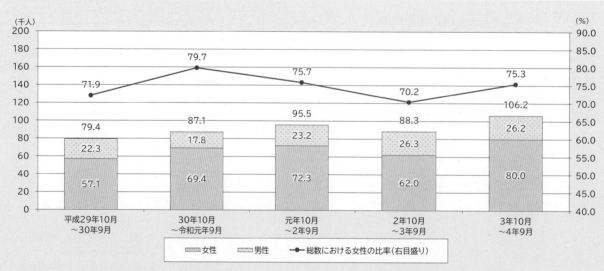

資料：総務省「就業構造基本調査」
（注）四捨五入のため合計は必ずしも一致しない。

オ 介護施設等の定員数はおおむね増加傾向で、特に有料老人ホームの定員が増加

介護施設等の定員数は、おおむね増加傾向にある。施設別に見ると、令和4年では、有料老人ホーム（66万1,490人）、介護老人福祉施設（特養）（59万2,754人）、介護老人保健施設（老健）（37万739人）等の定員数が多い。また、近年は有料老人ホームの定員数が特に増えている（図1−2−2−11）。

カ 介護に従事する職員数は増加

要介護（要支援）認定者数の増加に伴い、介護に従事する職員数は増加しており、令和4年度は、215.4万人となっている（図1−2−2−12）。

図1−2−2−11 介護施設等の定員数（病床数）の推移

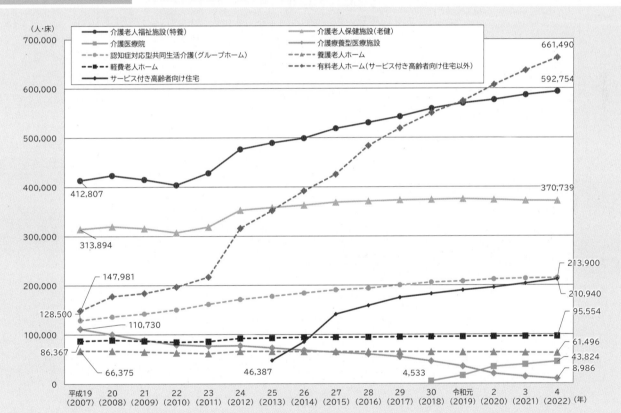

資料：厚生労働省「介護サービス施設・事業所調査」、「社会福祉施設等調査」、「介護給付費等実態統計（旧：介護給付費等実態調査）」（各年10月審査分）
（注1）「認知症対応型共同生活介護（グループホーム）」については受給者数である。
　　　なお、平成18年以降は短期利用以外である。
（注2）「サービス付き高齢者向け住宅」は、有料老人ホームに該当するもののみである。

○ 本表における介護職員数は、介護保険給付の対象となる介護サービス事業所、介護保険施設に従事する職員数。

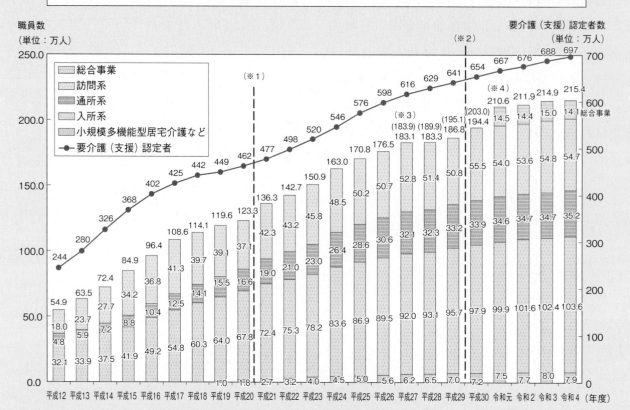

職員数
（単位：万人）

要介護（支援）認定者数
（単位：万人）

出典：厚生労働省「介護サービス施設・事業所調査」（介護職員数）、「介護保険事業状況報告」（要介護（要支援）認定者数）
(注1) 介護職員数は、常勤、非常勤を含めた実人員数。（各年度の10月1日現在）
(注2) 調査方法の変更に伴い、推計値の算出方法に以下のとおり変動が生じている。

平成12〜20年度	「介護サービス施設・事業所調査」（介サ調査）は全数調査を実施しており、各年度は当該調査による数値を記載。
平成21〜29年度	介サ調査は、全数の回収が困難となり、回収された調査票のみの集計となったことから、社会・援護局において全数を推計し、各年度は当該数値を記載。（※1）
平成30年度〜	介サ調査は、回収率に基づき全数を推計する方式に変更。（※2）

(注3) 介護予防・日常生活支援総合事業（以下「総合事業」という。）の取扱い

平成27〜30年度	総合事業（従前の介護予防訪問介護・通所介護に相当するサービス）に従事する介護職員は、介サ調査の対象ではなかったため、社会・援護局で推計し、これらを加えた数値を各年度の（ ）内に示している。（※3）
令和元年度〜	総合事業も介サ調査の調査対象となったため、総合事業に従事する介護職員（従前の介護予防訪問介護・通所介護相当のサービスを本体と一体的に実施している事業所に限る）が含まれている。（※4）

(注4) 四捨五入のため合計は必ずしも一致しない。

キ 依然として介護関係の職種の有効求人倍率は全職業に比べ高い水準にある

介護関係の職種の有効求人倍率を見ると、全職業の有効求人倍率に比べ、高い水準が続いている。平成18年から平成20年までは全職業の有効求人倍率が低下した一方で、介護関係の職種の有効求人倍率は1.68倍から2.31倍まで上昇した。リーマンショック後は、介護関係の職種の有効求人倍率も低下したが、平成23年から再び上昇し、特に平成26年からは介護関係の職種の有効求人倍率の伸びは全職業の有効求人倍率に比べ、高くなっている。新型コロナウイルス感染症の影響により、令和元年から令和3年までは介護関係職種の有効求人倍率は低下したが、令和5年には4.02倍と前年に引き続き上昇した（図1－2－2－13）。

図1－2－2－13　有効求人倍率（介護関係職種）の推移

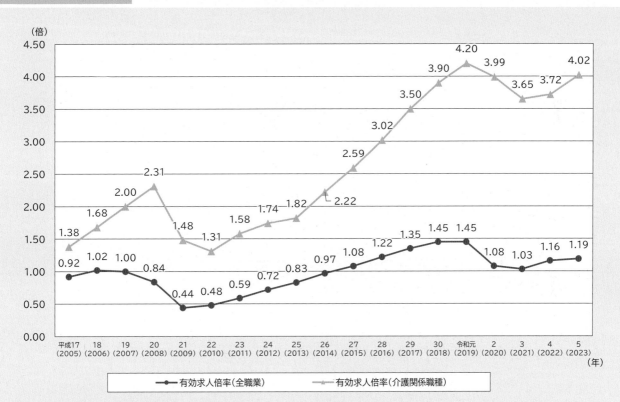

資料：厚生労働省「職業安定業務統計」
(注1) 有効求人倍率は年平均である。
(注2) パートタイムを含み、新規学卒者及び新規学卒者求人を除く常用に係る数字。
(注3) 介護関係職種は、平成24年2月以前は、平成11年改定「労働省編職業分類」における「福祉施設指導専門員」「福祉施設寮母・寮父」「その他の社会福祉専門の職業」「家政婦（夫）」「ホームヘルパー」の合計、平成24年3月から令和4年3月までは、平成23年改定「厚生労働省編職業分類」における「福祉施設指導専門員」「その他の社会福祉の専門的職業」「家政婦（夫）、家事手伝」「介護サービスの職業」の合計、令和4年4月以降は、平成21年12月改定「日本標準職業分類」における「福祉施設指導専門員」、「その他の社会福祉専門職業従事者」、「家政婦（夫）、家事手伝い」、「介護サービス職業従事者」の合計による。

③ 学習・社会参加

（1）学習活動
65歳以上の者の参加している学習活動

65歳以上の者の参加している学習活動を見ると、何らかの学習活動に参加している者が28.4％となっている。また、学習した内容については、「家政・家事（料理・裁縫・家庭経営など）」（12.0％）、「芸術・文化」（10.6％）、「パソコンなどの情報処理」（10.4％）などとなっている（図1－2－3－1）。

（2）社会参加
65歳以上の者の社会活動への参加状況と生きがいの感じ方

直近1年間における65歳以上の者の社会活動への参加状況と生きがいの感じ方について見ると、何らかの活動に参加した人のうち、生きがいを「十分感じている」又は「多少感じている」と回答した者は84.4％であり、いずれの活動にも参加しなかった人を22.7ポイント上回っている。（図1－2－3－2）

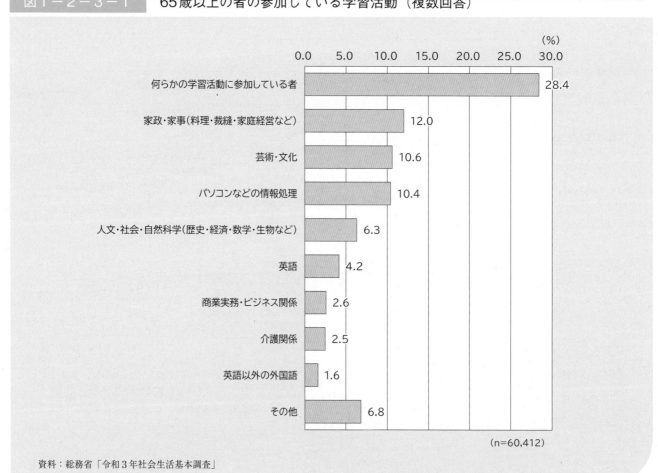

図1－2－3－1　65歳以上の者の参加している学習活動（複数回答）

（n=60,412）

資料：総務省「令和3年社会生活基本調査」

図1-2-3-2　65歳以上の者の社会活動への参加状況と生きがいの感じ方（複数回答）

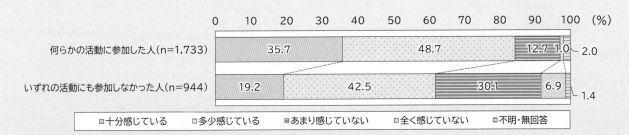

資料：内閣府「令和5年度高齢社会対策総合調査（高齢者の住宅と生活環境に関する調査）」
（注1）「何らかの活動に参加した人」とは、直近1年間に「趣味（俳句、詩吟、陶芸等）」「健康・スポーツ（体操、歩こう会、ゲートボール等）」「生産・就業（生きがいのための園芸・飼育、シルバー人材センター等）」「教育関連・文化啓発活動（学習会、子ども会の育成、郷土芸能の伝承等）」「生活環境改善（環境美化、緑化推進、まちづくり等）」「安全管理（交通安全、防犯・防災等）」「高齢者の支援（家事援助、移送等）」「子育て支援（保育への手伝い等）」「地域行事（祭りなどの地域の催しものに参加）」「地域行事（祭りなどの地域の催しものの世話等）」のいずれかに参加した人を指す。
（注2）四捨五入の関係で、足し合わせても100.0%にならない場合がある。

4　生活環境

（1）65歳以上の者の住まい
ア　65歳以上の者の8割以上が持家に居住している

65歳以上の者について、住宅所有の状況を見ると、「持家（一戸建て）」が76.2%、「持家（分譲マンション等の集合住宅）」が8.3%となっており、持家が8割以上となっている（図1-2-4-1）。

図1-2-4-1　65歳以上の者の住居形態（択一回答）

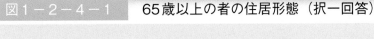

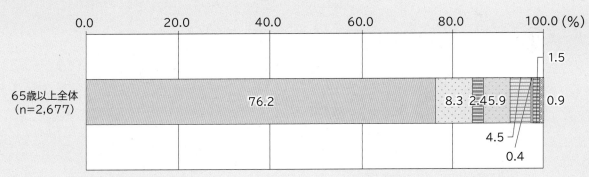

資料：内閣府「令和5年度高齢社会対策総合調査（高齢者の住宅と生活環境に関する調査）」
（注）四捨五入の関係で、足し合わせても100.0%にならない場合がある。

イ　年代別の持ち家率

　年代別持ち家率の推移を見ると、近年、64歳以下で減少傾向となっている。一方、65〜69歳及び70〜74歳ではおおむね横ばい、75歳以上は上昇傾向となっている（図1−2−4−2）。

ウ　使用目的のない空き家

　使用目的のない空き家をみると、平成30年は348万7千戸となっており、平成10年（182万5千戸）の約1.9倍となっている。（図1−2−4−3）

| 図1−2−4−2 | 全世帯における年代別持ち家率の推移 |

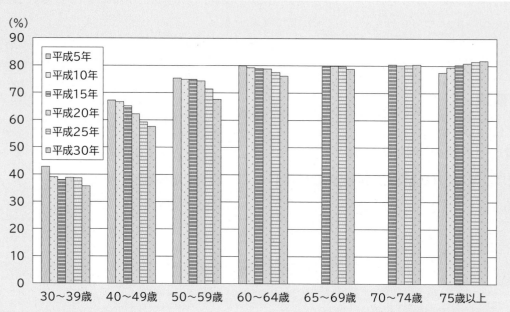

資料：総務省「平成30年住宅・土地統計調査」
　（注）平成5年及び平成10年については65〜74歳の区分による集計となるため、65〜69歳、70〜74歳の結果は表示していない

| 図1−2−4−3 | 使用目的のない空き家 |

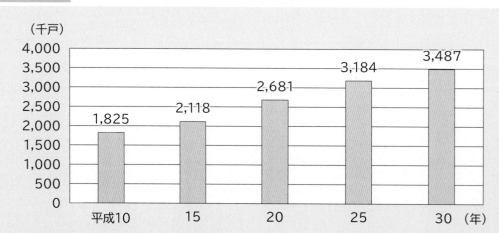

資料：総務省「平成30年住宅・土地統計調査」より内閣府作成
　（注）使用目的のない空き家とは、人が住んでいない住宅で、例えば、転勤・入院などのため居住世帯が長期にわたって不在の住宅や建て替えなどのために取り壊すことになっている住宅などをいう

エ 高齢者の入居に対する賃貸人の意識

高齢者の入居に関する賃貸人（大家等）の意識を見ると、「拒否感はあるものの従前より弱くなっている」が44%、「従前と変わらず拒否感が強い」が16%、「従前より拒否感が強くなっている」が6%となっており、7割弱が拒否感を持っている（図1-2-4-4）。

オ 日常生活におけるバリアフリー化等の進捗状況

日常生活や社会生活を送る上でのバリアフリー化・ユニバーサルデザイン化の進捗状況を見ると、30歳代以下では「十分進んだ」、「まあまあ進んだ」と回答した者の合計が約5割となっている。一方、60歳代と70歳代では「あまり進んでいない」「ほとんど進んでいない」と回答した者の合計が6割強となっている（図1-2-4-5）。

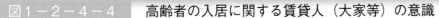

図1-2-4-4　高齢者の入居に関する賃貸人（大家等）の意識

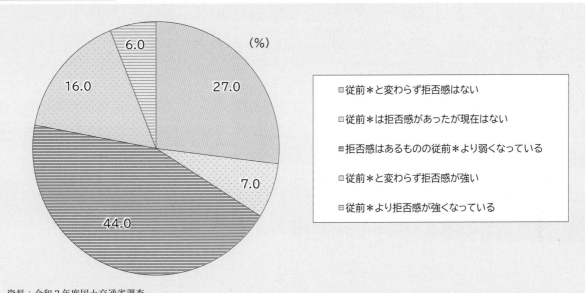

(%)

- 従前＊と変わらず拒否感はない
- 従前＊は拒否感があったが現在はない
- 拒否感はあるものの従前＊より弱くなっている
- 従前＊と変わらず拒否感が強い
- 従前＊より拒否感が強くなっている

6.0
27.0
16.0
7.0
44.0

資料：令和3年度国土交通省調査
※（公益財団法人）日本賃貸住宅管理協会の賃貸住宅管理業に携わる会員を対象にアンケート調査を実施（回答者数：187団体）
（注）＊5年前との比較

日常生活におけるバリアフリー化等の進捗状況

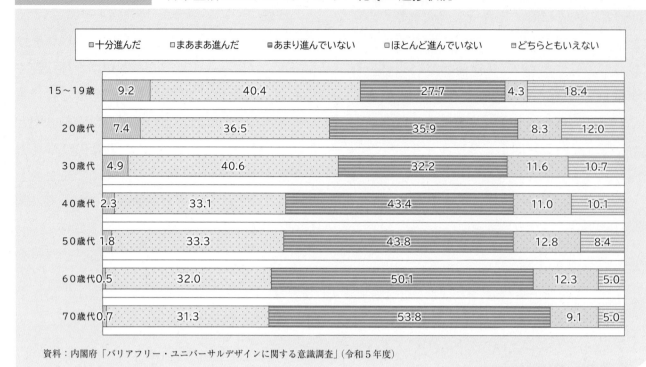

凡例：□十分進んだ ▨まあまあ進んだ ▨あまり進んでいない ▥ほとんど進んでいない ▨どちらともいえない

	十分進んだ	まあまあ進んだ	あまり進んでいない	ほとんど進んでいない	どちらともいえない
15～19歳	9.2	40.4	27.7	4.3	18.4
20歳代	7.4	36.5	35.9	8.3	12.0
30歳代	4.9	40.6	32.2	11.6	10.7
40歳代	2.3	33.1	43.4	11.0	10.1
50歳代	1.8	33.3	43.8	12.8	8.4
60歳代	0.5	32.0	50.1	12.3	5.0
70歳代	0.7	31.3	53.8	9.1	5.0

資料：内閣府「バリアフリー・ユニバーサルデザインに関する意識調査」（令和５年度）

カ　外出時の移動手段

　65歳以上の者の外出時の移動手段について、都市規模別に見ると、大都市では「バス・路面電車」、「電車・地下鉄」などの公共交通機関の利用割合が高く、一方で都市規模が小さくなるにつれて「自分で運転する自動車」の割合が高くなっている（図１－２－４－６）。

65歳以上の者の外出時の移動手段について（複数回答）（都市規模別）

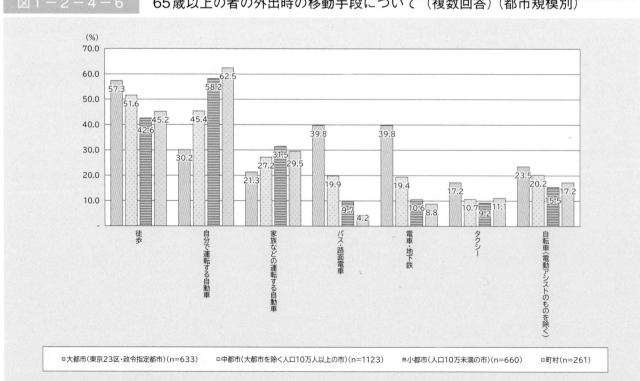

資料：内閣府「令和５年度高齢社会対策総合調査（高齢者の住宅と生活環境に関する調査）」
（注）移動手段については主要なもののみを掲載している。

（2）安全・安心

ア　65歳以上の交通事故死者数は減少

　令和5年中における65歳以上の者の交通事故死者数は、1,466人で減少傾向が続いている。65歳以上人口10万人当たりの交通事故死者数も、平成25年の7.5人から令和5年には4.0人へと大きく減少した。なお、交通事故死者数全体に占める65歳以上の者の割合は、令和5年は54.7%となっている（図1-2-4-7）。

　また、75歳以上の運転免許保有者10万人当たりの死亡事故件数は減少傾向にある。令和5年における運転免許保有者10万人当たりの死亡事故件数は、75歳以上で5.3件、80歳以上で6.8件であり、前年と比較するとそれぞれ減少している（図1-2-4-8）。

　原付以上運転者（第1当事者）の交通事故件数をみると、平成26年以降交通事故件数の総数が減少傾向にあるのに対して、65～74歳、75～84歳及び85歳以上については交通事故件数は減少傾向であるものの、総数に占める割合は増加傾向となっている（図1-2-4-9）。

図1-2-4-7　交通事故死者数、65歳以上人口10万人当たりの交通事故死者数及び交通事故死者数全体に占める65歳以上の割合の推移

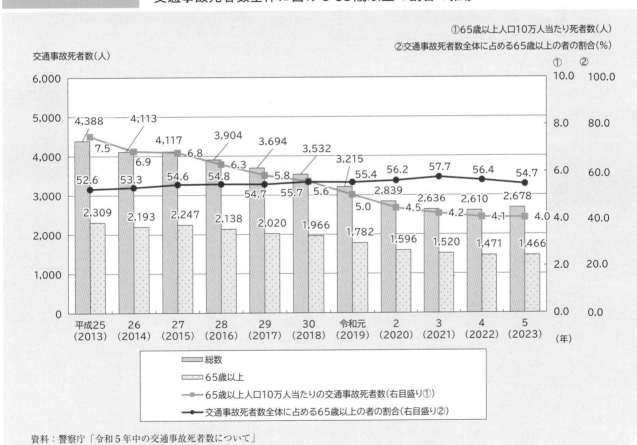

資料：警察庁「令和5年中の交通事故死者数について」

図1-2-4-8 75歳以上の運転者による死亡事故件数及び75歳以上の運転免許保有者10万人当たりの死亡事故件数

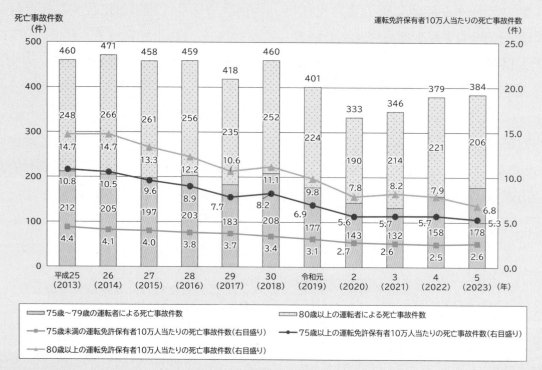

資料：警察庁統計による。
(注1) 各年は12月末の運転免許保有者数である。
(注2) 第1当事者（最初に交通事故に関与した事故当事者のうち最も過失の重い者）が原付（令和5年中は、一般原動機付自転車及び特定小型原動機付自転車をいう。）以上の死亡事故を計上している。

図1-2-4-9 原付以上運転者（第1当事者）の年齢層別交通事故件数の推移

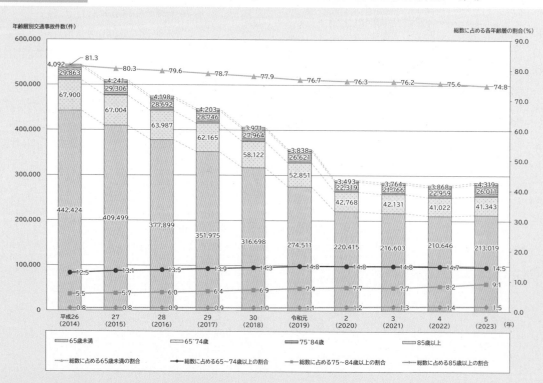

資料：警察庁「道路の交通に関する統計」より内閣府作成
(注1) 原付以上とは、自動車、自動二輪車及び原動機付自転車（令和5年中は、一般原動機付自転車及び特定小型原動機付自転車をいう。）のことをいう。
(注2)「第1当事者」とは、最初に交通事故に関与した事故当事者のうち最も過失の重い者をいう。

イ　65歳以上の者の刑法犯被害認知件数は減少傾向

犯罪による65歳以上の者の被害の状況について、65歳以上の者の刑法犯被害認知件数を見ると、全刑法犯被害認知件数が戦後最多を記録した平成14年に22万5,095件となり、ピークを迎えて以降、減少傾向にある。なお、全認知件数に対して、65歳以上の者が占める割合は、令和4年は16.2％となっている（図1－2－4－10）。

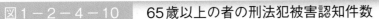

図1－2－4－10　65歳以上の者の刑法犯被害認知件数

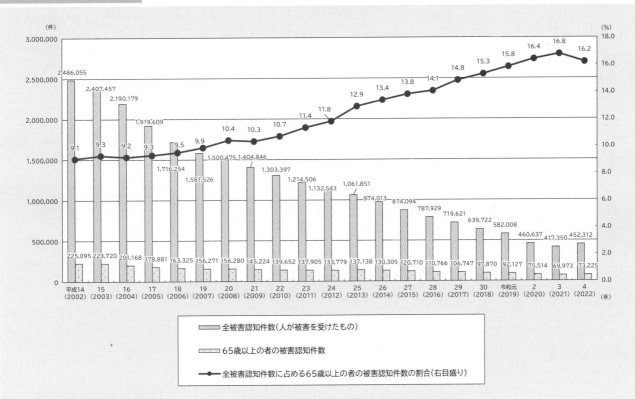

資料：警察庁統計より内閣府作成

ウ 特殊詐欺の被害者の8割弱が65歳以上

令和5年中の被害者全体の特殊詐欺の認知件数は1万9,033件で、手口別で見ると、オレオレ詐欺に預貯金詐欺（令和元年まではオレオレ詐欺に包含）を合わせた認知件数は6,680件と前年比で0.5％増加、キャッシュカード詐欺盗は2,216件と前年比で27.9％減少した。被害総額は平成27年以降減少していたが、令和5年は令和4年に続き増加した（表1-2-4-11-1）。そのうち、高齢者（65歳以上）被害の特殊詐欺の認知件数は1万4,878件で、法人被害を除いた総認知件数に占める割合は78.3％に上った。手口別の65歳以上の被害者の割合は、オレオレ詐欺94.5％、預貯金詐欺98.7％、キャッシュカード詐欺盗99.1％となっている。（表1-2-4-11-2）。

表1-2-4-11-1 特殊詐欺の認知件数・被害総額の推移

年次 区分	平成25 (2013)	26 (2014)	27 (2015)	28 (2016)	29 (2017)	30 (2018)	令和元 (2019)	2 (2020)	3 (2021)	4 (2022)	5 (2023)
認知件数（件）	11,998	13,392	13,824	14,154	18,212	17,844	16,851	13,550	14,498	17,570	19,033
オレオレ詐欺	5,396	5,557	5,828	5,753	8,496	9,145	6,725	2,272	3,085	4,287	3,946
預貯金詐欺								4,135	2,431	2,363	2,734
キャッシュカード詐欺盗						1,348	3,777	2,850	2,602	3,074	2,216
被害総額（億円）	489.5	565.5	482.0	407.7	394.7	382.9	315.8	285.2	282.0	370.8	441.2

資料：警察庁統計による。令和5年の数値は暫定値である。
(注1) 特殊詐欺とは、被害者に電話をかけるなどして対面することなく信頼させ、指定した預貯金口座への振込みその他の方法により、不特定多数の者から現金等をだまし取る犯罪（現金等を脅し取る恐喝及びキャッシュカード詐欺盗を含む。）の総称。キャッシュカード詐欺盗は平成30年から統計を開始。預貯金詐欺は従来オレオレ詐欺に包含されていた犯行形態を令和2年1月から新たな手口として分類した。
(注2) 特殊詐欺については主要なもののみを掲載しているので足し合わせても合計とは一致しない。

表1-2-4-11-2 特殊詐欺における65歳以上の被害者の認知件数及び割合（令和5年）

手口別 65歳以上の 被害者の割合 （法人被害を除く）	合計		オレオレ詐欺		預貯金詐欺		キャッシュカード詐欺盗	
	男	女	男	女	男	女	男	女
	4,244	10,634	762	2,966	231	2,466	309	1,886
	22.3%	56.0%	19.3%	75.2%	8.5%	90.2%	14.0%	85.2%
	78.3%		94.5%		98.7%		99.1%	

資料：警察庁統計による。上記の数値は暫定値である。
(注) 特殊詐欺については主要なもののみを掲載しているので足し合わせても合計とは一致しない。

エ　65歳以上の者の犯罪者率は低下傾向

65歳以上の者の刑法犯の検挙人員は、令和4年は3万9,144人と前年に引き続き減少した。犯罪者率は、平成19年以降は低下傾向となっている。また、令和4年における65歳以上の者の刑法犯検挙人員の包括罪種別構成比を見ると、窃盗犯が68.6％と約7割を占めている（図1－2－4－12）。

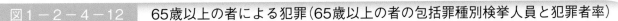

図1－2－4－12　65歳以上の者による犯罪（65歳以上の者の包括罪種別検挙人員と犯罪者率）

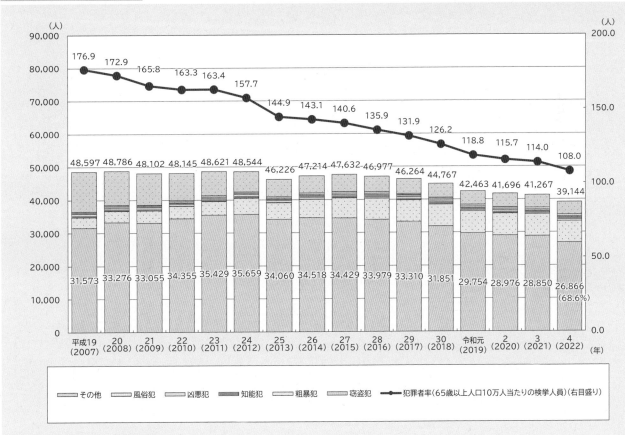

資料：警察庁統計より内閣府作成

オ 契約当事者が65歳以上の消費生活相談件数は約28万件

　全国の消費生活センター等に寄せられた契約当事者が65歳以上の消費生活相談件数を見ると、平成26年から平成28年までは減少傾向にあったが、平成29年から増加に転じ、平成30年は約36万件となった。その後は減少傾向にあったが、令和5年は約28万件となり、令和4年に続き増加した。(図1－2－4－13)。

図1－2－4－13　契約当事者が65歳以上の消費生活相談件数

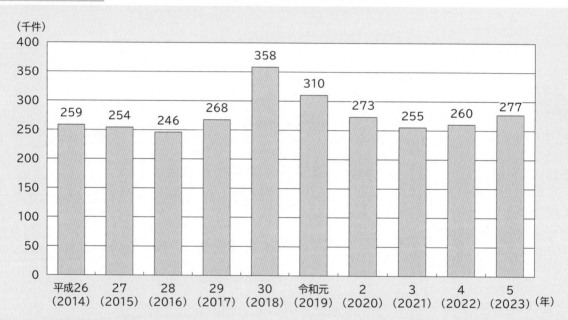

（千件）

平成26 (2014)	27 (2015)	28 (2016)	29 (2017)	30 (2018)	令和元 (2019)	2 (2020)	3 (2021)	4 (2022)	5 (2023) (年)
259	254	246	268	358	310	273	255	260	277

資料：消費者庁提供データより内閣府作成
（注）PIO-NET（全国消費生活情報ネットワークシステム）による平成26（2014）年～令和5（2023）年受付分、令和6（2024）年3月31日までの登録分

カ　養護者による虐待を受けている高齢者の約7割が要介護認定

令和4年度に全国の1,741市町村（特別区を含む。）で受け付けた高齢者虐待に関する相談・通報件数は、養介護施設従事者等によるものが2,795件で前年度（2,390件）と比べて16.9%増加し、養護者によるものが3万8,291件で前年度（3万6,378件）と比べて5.3%増加した。また、令和4年度の虐待判断件数は、養介護施設従事者等によるものが856件、養護者によるものが1万6,669件となっている。養護者による虐待の種別（複数回答）は、身体的虐待が65.3%で最も多く、次いで、心理的虐待が39.0%、介護等放棄が19.7%、経済的虐待が14.9%となっている。

養護者による虐待を受けている高齢者の属性を見ると、女性が75.8%を占めており、年齢階級別では「80～84歳」が25.3%と最も多い。また、虐待を受けている高齢者のうち、69.2%が要介護認定を受けており、虐待の加害者は、「息子」が39.0%と最も多く、次いで、「夫」が22.7%、「娘」が19.3%となっている（図1－2－4－14）。

図1－2－4－14　養護者による虐待を受けている高齢者の属性

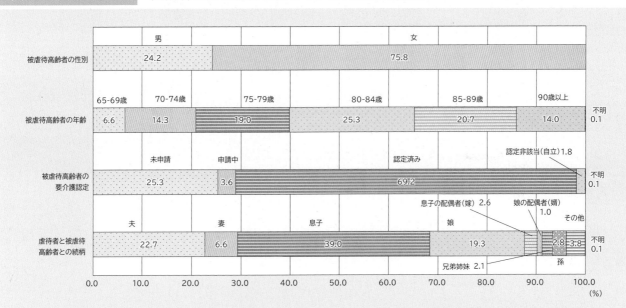

資料：厚生労働省「『高齢者虐待の防止、高齢者の養護者に対する支援等に関する法律』に基づく対応状況等に関する調査結果」（令和4年度）
（注）四捨五入の関係で、足し合わせても100.0%にならない場合がある。

キ　成年後見制度の利用者数は微増

　令和5年12月末時点における成年後見制度の利用者数は24万9,484人で、各類型（成年後見、保佐、補助、任意後見）で微増となっている。（図1－2－4－15）。

（図1－2－4－15）

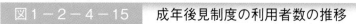

図1－2－4－15　成年後見制度の利用者数の推移

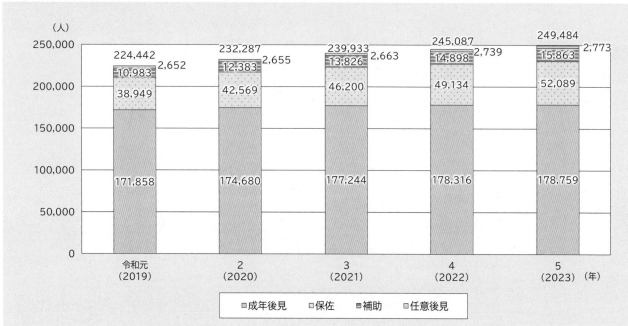

資料：最高裁判所「成年後見関係事件の概況」
　（注）調査時点は、いずれも各年の12月末時点。

ク 近所の人との付き合い方について、65歳以上の人の84.6%が「会えば挨拶をする」、61.3%が「外でちょっと立ち話をする」と回答している

近所の人との付き合い方を見ると、「会えば挨拶をする」が84.6%で最も高い。次いで、「外でちょっと立ち話をする」が61.3%、「物をあげたりもらったりする」が47.4%となっている。また、男性よりも女性の方が、「外でちょっと立ち話をする」「物をあげたりもらったりする」などと回答した人の割合が高い（図1－2－4－16）。

図1－2－4－16　近所の人との付き合い方について（複数回答）（年齢・性別）

(%)

		会えば挨拶をする	外でちょっと立ち話をする	物をあげたりもらったりする	相談ごとがあった時、相談したり、相談されたりする	お茶や食事を一緒にする	趣味をともにする	病気の時に助け合う	家事やちょっとした用事をしたり、してもらったりする	その他	不明・無回答
65歳以上	全体 (n=2,677)	84.6	61.3	47.4	18.8	16.0	11.9	6.3	5.3	4.5	1.7
	男性 (n=1,277)	85.6	52.7	38.4	15.8	9.7	11.4	4.4	4.2	4.7	2.0
	女性 (n=1,400)	83.8	69.2	55.6	21.6	21.8	12.4	8.0	6.4	4.4	1.5
65〜74歳	男性 (n=686)	87.9	50.7	35.1	14.0	8.3	8.5	3.2	2.9	3.8	0.9
	女性 (n=679)	86.2	70.3	54.8	19.6	19.7	9.7	6.0	3.8	2.7	1.6
75歳以上	男性 (n=591)	82.9	55.0	42.3	17.9	11.3	14.9	5.8	5.8	5.8	3.2
	女性 (n=721)	81.6	68.2	56.4	23.4	23.7	14.8	9.8	8.7	6.0	1.4

資料：内閣府「令和5年度高齢社会対策総合調査（高齢者の住宅と生活環境に関する調査）」

ケ 孤立死と考えられる事例が多数発生している

東京23区内における一人暮らしで65歳以上の人の自宅での死亡者数は、平成24年以降増加傾向となっており、令和4年に4,868人となっている（図1－2－4－17）。

コ 65歳以上の者の5割弱が孤立死について身近に感じている

65歳以上の者の孤立死について見ると、「とても感じる」又は「まあ感じる」と回答した者は48.7%である（図1－2－4－18）。

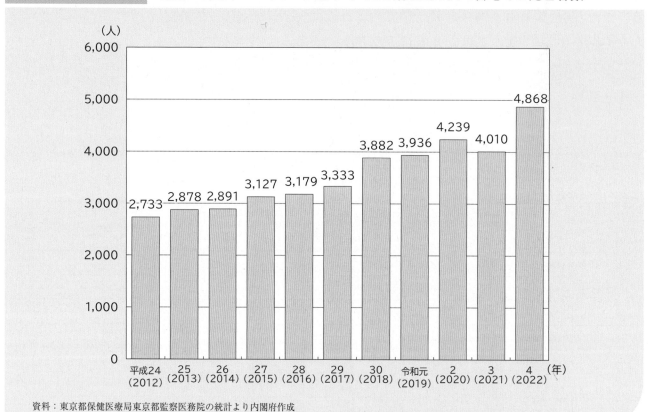

図1－2－4－17　東京23区内における一人暮らしで65歳以上の人の自宅での死亡者数

資料：東京都保健医療局東京都監察医務院の統計より内閣府作成

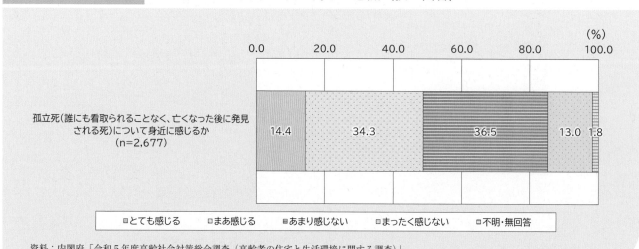

図1－2－4－18　65歳以上の者の孤立死に対する意識（択一回答）

孤立死(誰にも看取られることなく、亡くなった後に発見される死)について身近に感じるか（n=2,677）

とても感じる	まあ感じる	あまり感じない	まったく感じない	不明・無回答
14.4	34.3	36.5	13.0	1.8

資料：内閣府「令和5年度高齢社会対策総合調査（高齢者の住宅と生活環境に関する調査)」

（3）60歳以上の自殺者数は減少

　60歳以上の自殺者数を見ると、令和5年は8,069人と前年（8,249人）に比べ減少している。年齢階級別に見ると、60〜69歳（2,798人）、70〜79歳（2,901人）、80歳以上（2,370人）となり、60〜69歳を除き前年に比べ減少している（図1－2－4－19）。

図1－2－4－19　60歳以上の自殺者数の推移

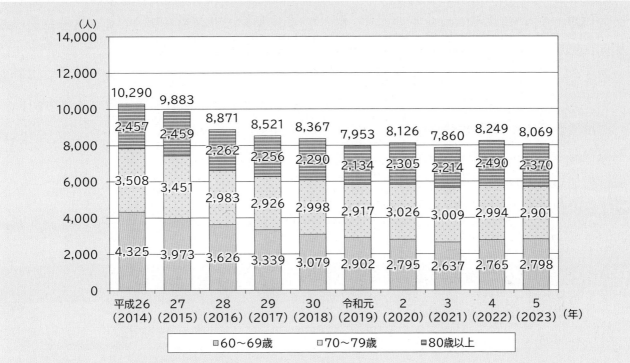

資料：厚生労働省・警察庁「令和5年中における自殺の状況」より内閣府作成。

5 研究開発等

（1）医療機器の市場規模等

　健康立国の実現のためには、科学技術を活用して高齢期の様々な課題の解決を図るとともに、高齢者向け市場の活性化を図ることが重要である。ここでは、医療機器の市場規模を例として見ることとする。

ア　医療機器の国内市場規模は拡大傾向

　医療機器の国内市場規模の推移を見ると、拡大傾向にある。令和4年は前年に引き続き4兆円を超えている（図1－2－5－1）。

イ　医療機器の輸出金額は増加傾向

　医療機器の輸出金額の推移を見ると、平成24年以降増加傾向にある。令和4年は前年に引き続き1兆円を超えている（図1－2－5－2）。

（2）科学技術の活用
ア　介護福祉機器の導入状況

　令和4年度における全国の介護保険サービス事業を実施する事業所における介護福祉機器の導入状況は、「ベッド（傾斜角度、高さが調整できるもの、マットレスは除く）」が43.3％で最も高く、次いで「シャワーキャリー」が31.8％、「車いす体重計」が30.5％、「自動車用車いすリフト」が23.8％となっている。

　介護保険サービス系型別でみると、施設系（入所型）は介護福祉機器が他の区分に比べて導入割合が高く、特に「車いす体重計」は80.1％となっている。一方、訪問系と居宅介護支援は全ての介護福祉機器の導入割合が低い（表1－2－5－3）。

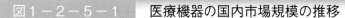

図1－2－5－1　医療機器の国内市場規模の推移

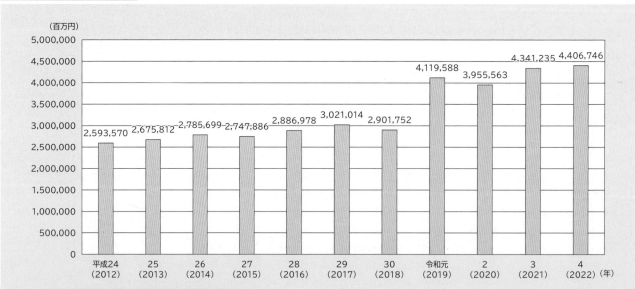

資料：厚生労働省「薬事工業生産動態統計年報」
（注1）国内市場規模＝生産金額＋輸入品金額－輸出金額
（注2）薬事工業生産動態統計の調査方法が令和元年から変更となったため、令和元年以降と平成30年以前の数値は単純に比較できない。

図1－2－5－2　医療機器輸出金額の推移

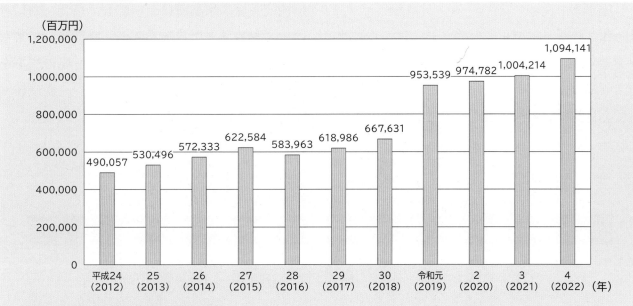

資料：厚生労働省「薬事工業生産動態統計年報」
（注）薬事工業生産動態統計の調査方法が令和元年から変更となったため、令和元年以降と平成30年以前の数値は単純に比較できない。

表1－2－5－3　介護福祉機器の導入の有無（複数回答）（介護保険サービス系型別）

(%)

	回答事業所数	ベッド（傾斜角度、高さが調整できるもの、マットレスは除く）	シャワーキャリー	車いす体重計	自動車用車いすリフト	特殊浴槽（移動用リフトと共に稼動するもの、側面が開閉可能なもの）	ストレッチャー（入浴用に使用するものを含む）	エアマット（体位変換機能を有するもの）	ベッド（体位変換機能を有するもの）	移動用リフト（立位補助機（スタンディングマシーン）を含む）	昇降装置（人の移動に使用するものに限る）	座面昇降機能付車いす	その他介護福祉機器	いずれも導入していない	無回答
全　体	8,632	43.3	31.8	30.5	23.8	22.7	21.1	19.9	7.6	4.9	4.7	1.7	4.0	35.4	9.7
訪問系	2,528	18.1	13.7	10.3	8.8	8.3	9.0	12.7	8.8	1.8	2.6	1.4	1.7	57.0	14.9
施設系（入所型）	1,291	79.8	57.1	80.1	49.4	65.6	71.7	53.0	11.9	17.8	8.9	5.0	11.2	7.3	3.3
施設系（通所型）	2,667	49.8	37.9	27.3	32.4	21.6	13.5	10.6	6.6	3.1	4.6	1.0	3.3	26.1	7.3
居住系	984	76.9	52.1	51.6	25.3	26.4	24.8	37.1	8.0	4.8	8.4	1.3	5.9	5.2	5.9
居宅介護支援	766	2.6	2.6	1.7	2.1	1.2	0.9	0.9	0.8	0.1	0.4	0.1	0.5	82.5	12.5

資料：公益財団法人 介護労働安定センター「令和4年度介護労働実態調査」

イ　令和7年度を目途にデータヘルス改革を実施する

令和3年6月に厚生労働省「データヘルス改革推進本部」において決定された、「データヘルス改革に関する工程表」においては、令和7年度を目途に、国民が生涯にわたり自身の保健医療情報を把握できるようになるとともに、医療機関や介護事業所においても、患者・利用者ニーズを踏まえた最適な医療・介護サービスを提供することが可能になるよう、所要の施策を実施することとされている（図1-2-5-4）。

| 図1-2-5-4 | データヘルス改革の意義について |

データヘルス改革の意義について

これまで、健康・医療・介護分野のデータが分散し、相互につながっていないために、必ずしも現場や産官学の力を引き出したり、患者・国民がメリットを実感できる形とはなっていなかった。

健康・医療・介護分野のデータの有機的連結や、
ICT等の技術革新の利活用の推進を目指す
（データヘルス改革）

国民の健康寿命の更なる延伸
効果的・効率的な医療・介護サービスの提供

（具体例）

● 現状、がんの原因となるゲノム異常がわからない場合や、原因がわかっても対応する医薬品が存在しない場合も…

原因となるゲノム異常等の解明が進み、それに基づいて新たな診断・治療法が開発・提供される可能性

● 現状、健診結果や医療情報を本人が有効活用できるようになっていない場合も…

自身の情報をスマホ等で簡単に確認し、健康づくりや医療従事者とのコミュニケーションに活用

国民・患者

研究者
産業界
行政

現場
保険者

● 現状、カルテ入力が医療従事者の負担になっている場合も…

AIを活用し、診察時の会話からカルテを自動作成、医師、看護師等の負担を軽減

● 現状、保健医療・介護分野のデータベースを研究に十分に活かせていない場合も…

民間企業・研究者がビッグデータを研究やイノベーション創出に活用

資料：厚生労働省「令和4年版厚生労働白書」より内閣府作成

第3節　〈特集〉高齢者の住宅と生活環境をめぐる動向について

我が国の高齢化率は29.1％（令和5年10月1日現在）となっており、今後更に上昇する見込みとなっている中で、安心して高齢期の生活を送るためには、生活の基盤となる住まいの確保や、良好な生活環境の整備が重要である。

一方で、今後、単身高齢者の増加が見込まれるなど、住まいの確保に困難を抱える高齢者の増加も懸念されている。また、コロナ禍も踏まえたライフスタイルの変化や、地方における過疎化の進行、自然災害の激甚化・頻発化等、高齢期の暮らしを取り巻く環境は大きく変化している。

そこで、本節においては、内閣府が令和5年度に実施した以下2調査を基に、高齢者の住宅と生活環境に関する状況や意識、高齢期における住み替えに関する意識について分析を行い、今後求められる施策の方向性を含め、必要な対応について考察を行った。

「令和5年度高齢社会対策総合調査（高齢者の住宅と生活環境に関する調査）」（以下本節において「総合調査」という。）
- ○　調査地域　　：全国
- ○　調査対象者：65歳以上の男女
- ○　調査方法　　：郵送調査法（オンライン調査併用）
- ○　調査時期　　：令和5年10月26日〜11月30日
- ○　サンプリング方法：層化二段無作為抽出法
- ○　有効回答数：2,677人（うちオンライン：198人）
　　　　　　　　（標本数：男女合わせて4,000人）
- ○　有効回収率：66.9％

※「平成30年度高齢者の住宅と生活環境に関する調査」（以下本節において「前回調査」という。）の結果と比較している箇所については、前回調査のサンプルから65歳以上の者を抽出している。今回調査及び前回調査における母集団年齢の平均値・中央値は以下のとおり。
　＜今回調査＞　平均値：75.2歳　中央値：74.0歳
　＜前回調査[1]＞　平均値：74.2歳　中央値：73.0歳

1　前回調査は65歳以上の者を抽出した母集団年齢。

「高齢社会に関する意識調査」（以下本節において「意識調査」という。）
- ○　調査地域　　：全国
- ○　調査対象者：60〜99歳の男女
- ○　調査方法　　：オンライン調査
- ○　調査時期　　：令和6年2月27日〜令和6年3月5日
- ○　サンプリング方法：居住地・性・年代の構成を人口構成比に合わせた形で抽出
- ○　回収数[2]　　：3,329人（目標回収数：男女合わせて3,000人）

2　回収の結果、一部割当に満たない層が生じたため、年代・地域が近接している層からの回答で補填している。

1　高齢期の住宅・生活環境をめぐる状況や意識について

（1）住宅・地域の満足度と幸福感の程度について

現在居住している住宅と地域のいずれについても満足度が高くなるほど、幸福感を「十分感じている」、「多少感じている」と回答した割合が高くなっており、住宅又は地域について「十分満足している」と回答した人では9割を超えている（図1-3-1）。

（2）高齢期の住宅に関する状況や意識について

ア　現在の住宅の問題点

全体でみると、「住まいが古くなり、いたんでいる」、「地震、風水害、火災などの防災面や防犯面で不安がある」等と回答した割合が高い（図1-3-2）。

持家／賃貸住宅の別でみると、持家に居住している人は「住宅が広すぎる」、「部屋数が多す

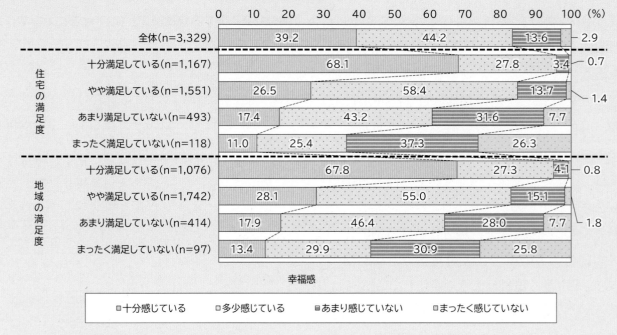

図1-3-1 住宅・地域の満足度と幸福感の程度

資料：内閣府「高齢社会に関する意識調査」（令和5年度）

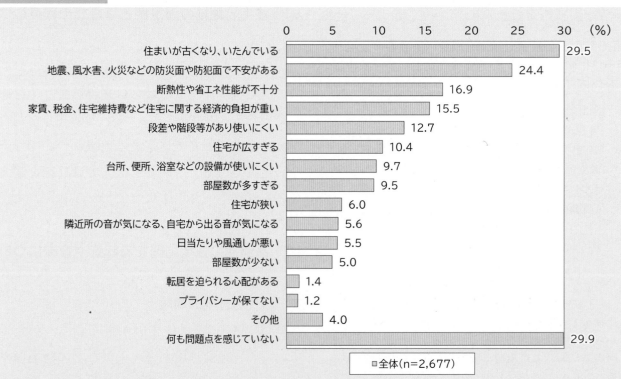

図1-3-2 現在の住宅の問題点（全体）

項目	全体(n=2,677)
住まいが古くなり、いたんでいる	29.5
地震、風水害、火災などの防災面や防犯面で不安がある	24.4
断熱性や省エネ性能が不十分	16.9
家賃、税金、住宅維持費など住宅に関する経済的負担が重い	15.5
段差や階段等があり使いにくい	12.7
住宅が広すぎる	10.4
台所、便所、浴室などの設備が使いにくい	9.7
部屋数が多すぎる	9.5
住宅が狭い	6.0
隣近所の音が気になる、自宅から出る音が気になる	5.6
日当たりや風通しが悪い	5.5
部屋数が少ない	5.0
転居を迫られる心配がある	1.4
プライバシーが保てない	1.2
その他	4.0
何も問題点を感じていない	29.9

資料：内閣府「令和5年度高齢社会対策総合調査（高齢者の住宅と生活環境に関する調査）」
(注1) 複数回答。
(注2)「不明・無回答」は除いている。

ぎる」等と回答した割合が、賃貸住宅に居住している人を大きく上回っている。また、賃貸住宅に居住している人は、「家賃、税金、住宅維持費など住宅に関する経済的負担が重い」のほか、「台所、便所、浴室などの設備が使いにくい」、「住宅が狭い」等と回答した割合が、持家

に居住している人を大きく上回っている。

なお、持家に居住している人は、「何も問題点を感じていない」と回答した割合が、賃貸住宅に居住している人に比べて9ポイント程度高くなっている（図1-3-3）。

図1-3-3 現在の住宅の問題点（持家／賃貸住宅の別）

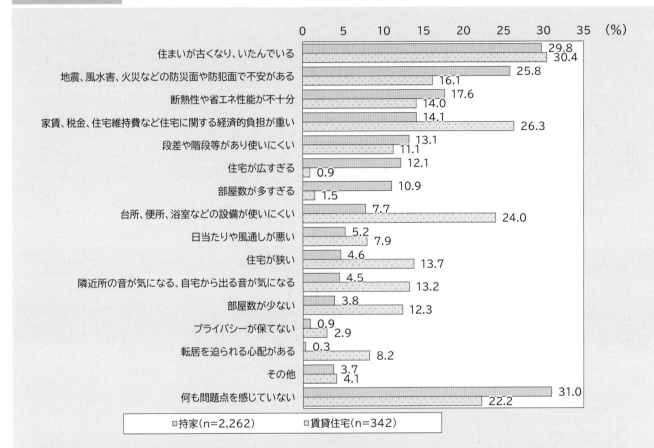

資料：内閣府「令和5年度高齢社会対策総合調査（高齢者の住宅と生活環境に関する調査）」
(注1) 複数回答。
(注2)「持家」は、総合調査において現在の住宅について「持家（一戸建て／分譲マンション等の集合住宅）」と回答した人の合計。「賃貸住宅」は、総合調査において現在の住宅について「賃貸住宅（一戸建て／民営のアパート、マンション／公営・公社・UR等の集合住宅）」と回答した人の合計。
(注3)「不明・無回答」は除いている。

イ 災害への備え

前回調査と比較すると、「特に何もしていない」と回答した割合が低下している一方、「近くの学校や公園など、避難する場所を決めている」、「自分が住む地域に関する地震や火災、風水害などに対する危険性についての情報を入手している」と回答した割合が上昇し、上位と

なっている（図1-3-4）。

また、家族形態別にみると、ひとり暮らしの人はそれ以外の人と比べて、ほとんどの項目で対策をとっている割合が低く、「特に何もしていない」と回答した割合が高い（図1-3-5）。

図1-3-4　地震などの災害への備え（前回調査との比較）

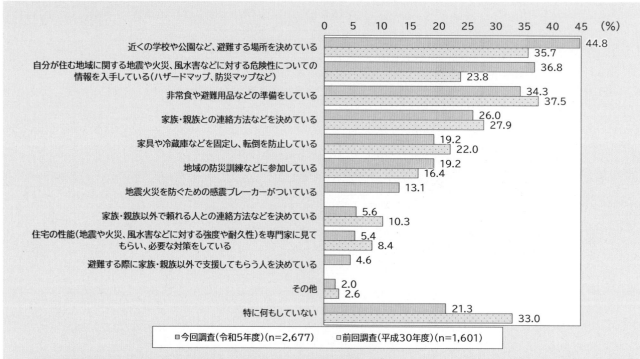

資料：内閣府「令和5年度高齢社会対策総合調査（高齢者の住宅と生活環境に関する調査）」
（注1）複数回答。
（注2）前回調査は対象が60歳以上であったため、65歳以上の回答者のみ抽出して集計している。
（注3）「不明・無回答」は除いている。
（注4）「地震火災を防ぐための感震ブレーカーがついている」「避難する際に家族・親族以外で支援してもらう人を決めている」は、今回調査のみ。
（注5）「住宅の性能（地震や火災、風水害などに対する強度や耐久性）を専門家に見てもらい、必要な対策をしている」について、前回調査では「住宅の性能（地震や火災、風水害などに対する強度や耐久性）を専門家に見てもらっている」という表現となっている。

図1-3-5　地震などの災害への備え（ひとり暮らしとそれ以外の比較）

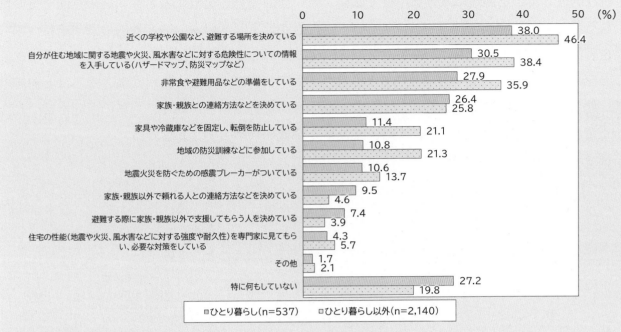

近くの学校や公園など、避難する場所を決めている　38.0　46.4

自分が住む地域に関する地震や火災、風水害などに対する危険性についての情報を入手している(ハザードマップ、防災マップなど)　30.5　38.4

非常食や避難用品などの準備をしている　27.9　35.9

家族・親族との連絡方法などを決めている　26.4　25.8

家具や冷蔵庫などを固定し、転倒を防止している　11.4　21.1

地域の防災訓練などに参加している　10.8　21.3

地震火災を防ぐための感震ブレーカーがついている　10.6　13.7

家族・親族以外で頼れる人との連絡方法などを決めている　9.5　4.6

避難する際に家族・親族以外で支援してもらう人を決めている　7.4　3.9

住宅の性能(地震や火災、風水害などに対する強度や耐久性)を専門家に見てもらい、必要な対策をしている　4.3　5.7

その他　1.7　2.1

特に何もしていない　27.2　19.8

■ひとり暮らし(n=537)　□ひとり暮らし以外(n=2,140)

資料：内閣府「令和5年度高齢社会対策総合調査（高齢者の住宅と生活環境に関する調査）」
(注1) 複数回答。
(注2) 「不明・無回答」は除いている。

（3）高齢期の生活環境に関する状況や意識
ア　現在居住している地域における不便や気になること

現在居住している地域における不便や気になることを感じている人についてみると、「日常の買い物に不便」、「医院や病院への通院に不便」、「交通機関が高齢者には使いにくい、または整備されていない」と回答した割合が高い（図1－3－6）。

イ　子との同居・近居に関する意向

前回調査と比較すると、同居の意向を持つ割合が低下している一方、近居の意向を持つ割合が上昇している（図1－3－7）。

年代別にみると、年代が高くなるほど同居の意向を持つ割合が高く、近居の意向を持つ割合が低い（図1－3－8）。

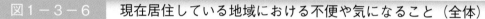

| 図1－3－6 | 現在居住している地域における不便や気になること（全体） |

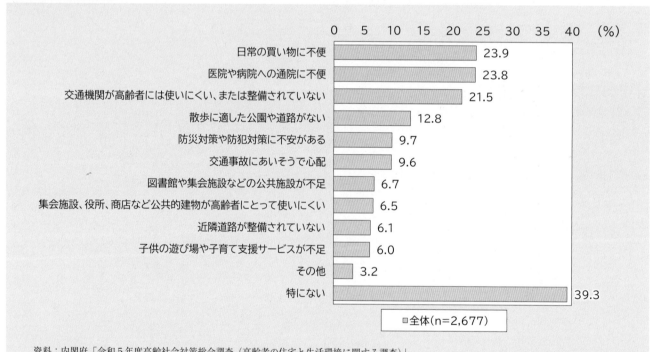

資料：内閣府「令和5年度高齢社会対策総合調査（高齢者の住宅と生活環境に関する調査）」
（注1）複数回答。
（注2）「不明・無回答」は除いている。

図1-3-7　子との同居・近居の意向（前回調査との比較）

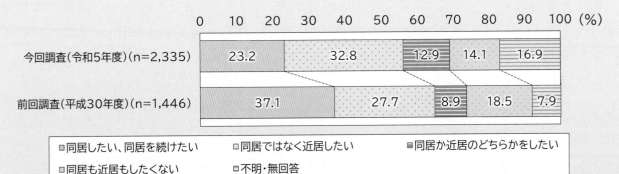

資料：内閣府「令和5年度高齢社会対策総合調査（高齢者の住宅と生活環境に関する調査）」
(注1) 前回調査は対象が60歳以上であったため、65歳以上の回答者のみ抽出して集計している。
(注2)「同居したい、同居を続けたい」について、前回調査では「同居したい」という表現となっている。

図1-3-8　子との同居・近居の意向（年代別）

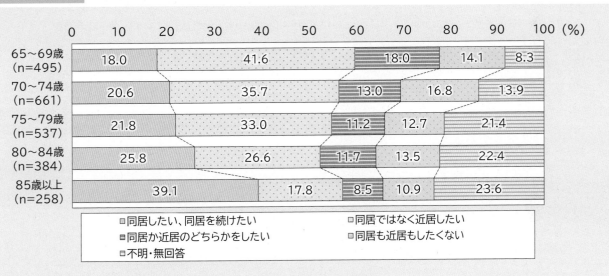

資料：内閣府「令和5年度高齢社会対策総合調査（高齢者の住宅と生活環境に関する調査）」

ウ 親しくしている友人・仲間がいるか、人と話をする頻度

親しくしている友人・仲間がいるかについて、前回調査と比較すると、「たくさんいる」又は「普通にいる」と回答した割合が大きく低下している（図1－3－9）。

人と話をする頻度についても、前回調査と比較すると、「毎日」と回答した割合が大きく低下している（図1－3－10）。また、ひとり暮らしの人についてみると、「毎日」と回答した割合が、ひとり暮らし以外の人の半分以下となっている。（図1－3－11）。

図1－3－9 親しくしている友人・仲間がいるか（前回調査との比較）

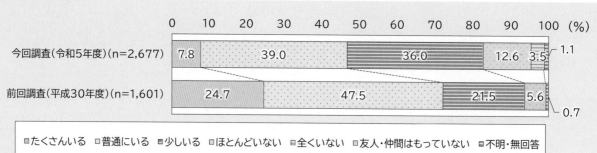

資料：内閣府「令和5年度高齢社会対策総合調査（高齢者の住宅と生活環境に関する調査）」
（注1）前回調査は対象が60歳以上であったため、65歳以上の回答者のみ抽出して集計している。
（注2）「たくさんいる」、「普通にいる」、「少しいる」は、前回調査ではそれぞれ「沢山もっている」、「普通」、「少しもっている」となっている。
（注3）前回調査における「友人・仲間はもっていない」の選択肢は、今回調査では「ほとんどいない」「全くいない」としている。

図1－3－10 人と話をする頻度（前回調査との比較）

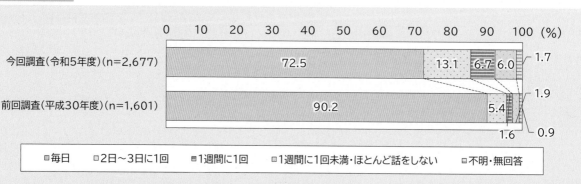

資料：内閣府「令和5年度高齢社会対策総合調査（高齢者の住宅と生活環境に関する調査）」
（注）前回調査は対象が60歳以上であったため、65歳以上の回答者のみ抽出して集計している。

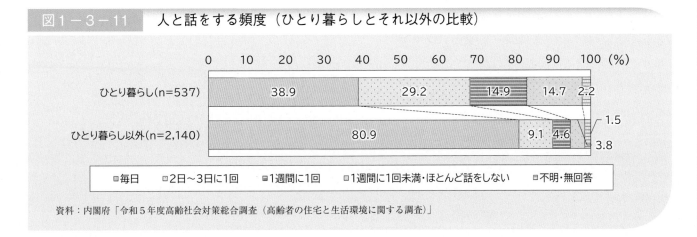

図1-3-11 人と話をする頻度（ひとり暮らしとそれ以外の比較）

資料：内閣府「令和5年度高齢社会対策総合調査（高齢者の住宅と生活環境に関する調査）」

エ　地域に住み続けるために必要なこと・近所の人との付き合い方

前回調査と比較すると、「近所の人との支え合い」や「家族や親族の援助」と回答した割合は低下しているが、「近所の人との支え合い」については依然として半数以上の人が必要と考えている（図1-3-12）。

一方、「近所の人との支え合い」と回答した人について、どのような近所付き合いをしているかをみると、「会えば挨拶をする」、「外でちょっと立ち話をする」、「物をあげたりもらったりする」といった、比較的表面的な付き合いが多く、「病気の時に助け合う」、「家事やちょっとした用事をしたり、してもらったりする」といった、より深い付き合いは1割前後にとどまっている（図1-3-13）。

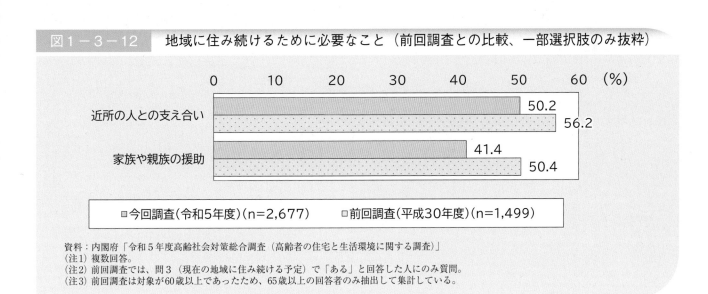

図1-3-12 地域に住み続けるために必要なこと（前回調査との比較、一部選択肢のみ抜粋）

資料：内閣府「令和5年度高齢社会対策総合調査（高齢者の住宅と生活環境に関する調査）」
（注1）複数回答。
（注2）前回調査では、問3（現在の地域に住み続ける予定）で「ある」と回答した人にのみ質問。
（注3）前回調査は対象が60歳以上であったため、65歳以上の回答者のみ抽出して集計している。

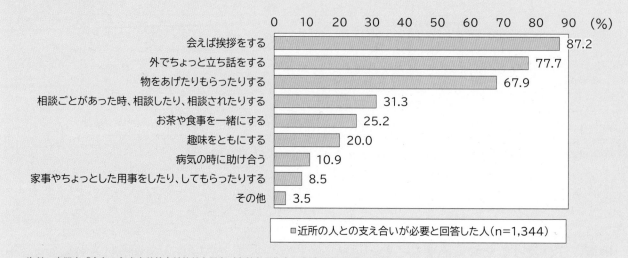

図1-3-13　近所の人との付き合い方（地域に住み続けるために「近所の人との支え合い」が必要と回答した人のみ）

	(%)
会えば挨拶をする	87.2
外でちょっと立ち話をする	77.7
物をあげたりもらったりする	67.9
相談ごとがあった時、相談したり、相談されたりする	31.3
お茶や食事を一緒にする	25.2
趣味をともにする	20.0
病気の時に助け合う	10.9
家事やちょっとした用事をしたり、してもらったりする	8.5
その他	3.5

近所の人との支え合いが必要と回答した人（n=1,344）

資料：内閣府「令和5年度高齢社会対策総合調査（高齢者の住宅と生活環境に関する調査）」
(注1) 複数回答。
(注2)「不明・無回答」は除いている。

（4）住まいや地域の環境について重視すること

全体でみると、「医療や介護サービスなどが受けやすいこと」と回答した割合が最も高く、次いで、「駅や商店街が近く、移動や買い物が便利にできること」が高い。

また、性別でみると、女性は「医療や介護サービスなどが受けやすいこと」や「手すりが取り付けてある、床の段差が取り除かれているなど、高齢者向けに設計されていること」、「親しい友人や知人が近くに住んでいること」等と回答した割合が男性を上回っている（図1-3-14）。

図1-3-14　住まいや地域の環境について重視すること（性別）

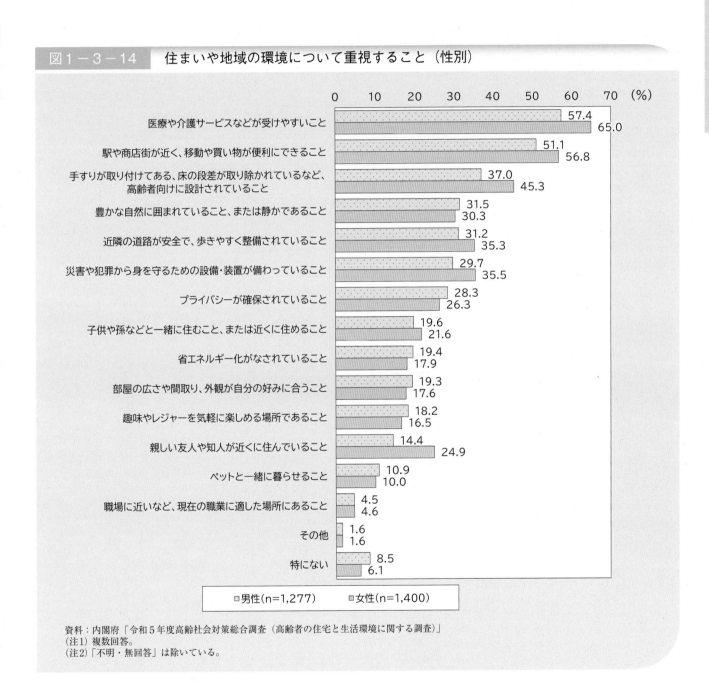

資料：内閣府「令和5年度高齢社会対策総合調査（高齢者の住宅と生活環境に関する調査）」
（注1）複数回答。
（注2）「不明・無回答」は除いている。

（5）政策や支援で特に力を入れてほしいこと

　全体でみると、「介護や福祉サービス」、「医療サービス」、「公的な年金制度」、「多世代が暮らしやすいまちづくり」、「地域全体の防災対策、防犯対策」と回答した割合が高い。

　年代別でみると、年代が高くなるほど、「介護や福祉サービス」と回答した割合が高く、年代が低くなるほど、「公的な年金制度」、「多世代が暮らしやすいまちづくり」、「高齢者の働く場の確保」と回答した割合が高い（図1-3-15）。

| 図1-3-15 | 政策や支援で特に力を入れてほしいこと（年代別） |

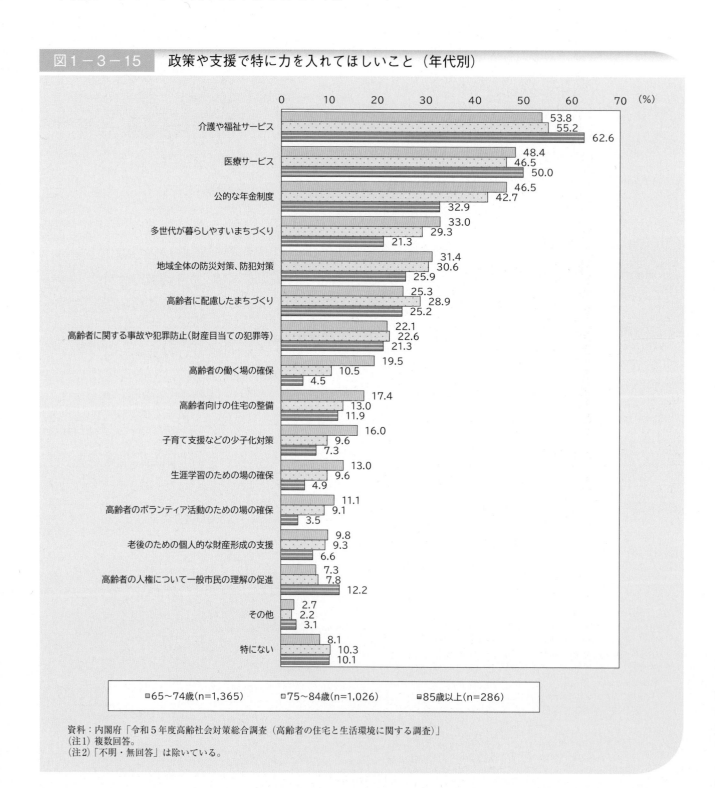

資料：内閣府「令和5年度高齢社会対策総合調査（高齢者の住宅と生活環境に関する調査）」
（注1）複数回答。
（注2）「不明・無回答」は除いている。

68

2 高齢期における住み替え[3]に関する意識について

（1）住み替えの意向の有無

「ある」又は「現時点ではその意向はないが、状況次第で将来的には検討したい」と回答した人（以下「住み替えの意向を持っている人」という。）は、全体の約3割に上る。

性別でみると、男女で住み替えの意向を持っている割合に大きな差はみられない（図1−3−16）。

年代別でみると、年代が低くなるほど、住み替えの意向を持っている割合が高い（図1−3−17）。

持家／賃貸住宅の別でみると、賃貸住宅に居住している人の方が、住み替えの意向を持っている割合が高い（図1−3−18）。

家族形態別でみると、単身世帯の人はその他の世帯の人に比べて、住み替えの意向を持っている割合が高い（図1−3−19）。

3 本調査における「住み替え」とは、現在の住居から別の住居へ生活の拠点を移すこと全てを含む。

図1−3−16 住み替えの意向の有無（全体・性別）

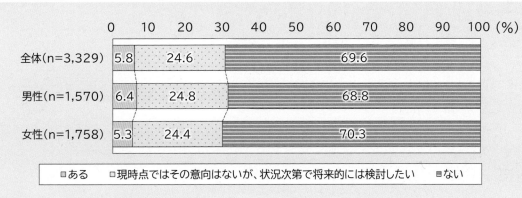

資料：内閣府「高齢社会に関する意識調査」（令和5年度）

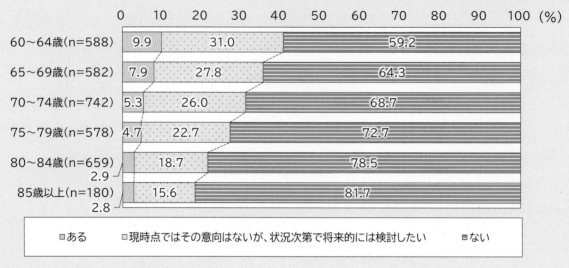

図1－3－17 住み替えの意向の有無（年代別）

	ある	現時点ではその意向はないが、状況次第で将来的には検討したい	ない
60～64歳(n=588)	9.9	31.0	59.2
65～69歳(n=582)	7.9	27.8	64.3
70～74歳(n=742)	5.3	26.0	68.7
75～79歳(n=578)	4.7	22.7	72.7
80～84歳(n=659)	2.9	18.7	78.5
85歳以上(n=180)	2.8	15.6	81.7

資料：内閣府「高齢社会に関する意識調査」（令和5年度）

図1－3－18 住み替えの意向の有無（持家／賃貸住宅の別）

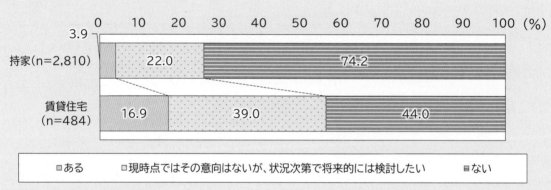

	ある	現時点ではその意向はないが、状況次第で将来的には検討したい	ない
持家(n=2,810)	3.9	22.0	74.2
賃貸住宅(n=484)	16.9	39.0	44.0

資料：内閣府「高齢社会に関する意識調査」（令和5年度）
（注）「持家」は、意識調査において現在の住宅について「持家（一戸建て／分譲マンション等の集合住宅）」又は「シニア向け分譲マンション」と回答した人の合計。「賃貸住宅」は、意識調査において現在の住宅について「賃貸住宅（一戸建て／民間のアパート、マンション／公営・公社・UR等の集合住宅）」と回答した人の合計。

図1－3－19 住み替えの意向の有無（家族形態別）

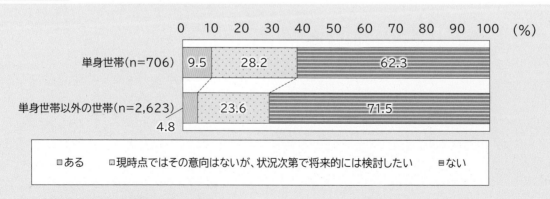

	ある	現時点ではその意向はないが、状況次第で将来的には検討したい	ない
単身世帯(n=706)	9.5	28.2	62.3
単身世帯以外の世帯(n=2,623)	4.8	23.6	71.5

資料：内閣府「高齢社会に関する意識調査」（令和5年度）

（2）住み替えの意向を持つようになった理由

全体でみると、「健康・体力面で不安を感じるようになったから」、「自身の住宅が住みづらいと感じるようになったから」と回答した割合が高い（図1－3－20）。

性別でみると、男性は「自然豊かな環境で暮らしたいと思ったから」、「趣味を充実させたいと思ったから」、「退職することになったから」等と回答した割合が女性を大きく上回っている。また、女性は「健康・体力面で不安を感じるようになったから」、「交通の便が悪くなったから」、「買い物が不便になったから」等と回答した割合が男性を大きく上回っている（図1－3－21）。

年代別でみると、年代が高くなるほど「健康・体力面で不安を感じるようになったから」と回答した割合が高く、おおむね年代が低くなるほど「生活費を抑えたいから」、「退職することになったから」と回答した割合が高い（図1－3－22）。

図1－3－20　住み替えの意向を持つようになった理由（全体）

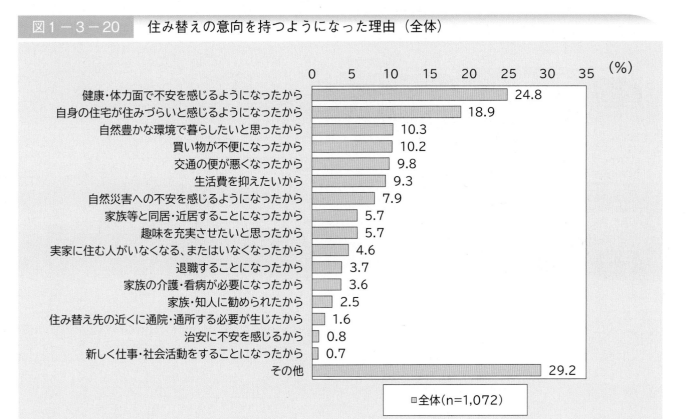

資料：内閣府「高齢社会に関する意識調査」（令和5年度）
（注1）複数回答。
（注2）住み替えの意向を持っている人、及び、住み替えの意向がない人のうち最近住み替えたと回答した人に質問。
（注3）「無回答」は除いている。

図 1 − 3 − 21 　　住み替えの意向を持つようになった理由（性別）

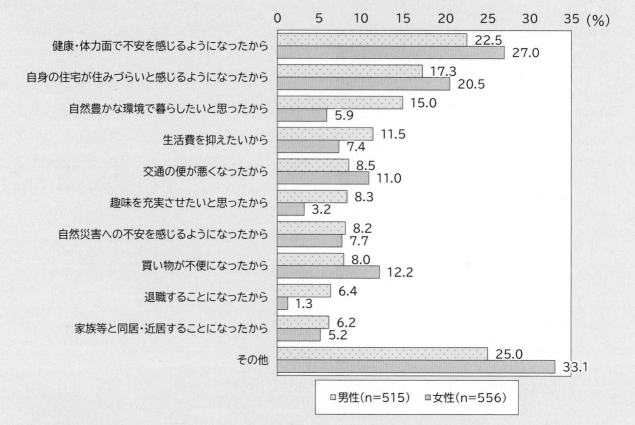

資料：内閣府「高齢社会に関する意識調査」（令和 5 年度）
（注 1）複数回答。
（注 2）住み替えの意向を持っている人及び住み替えの意向がない人のうち最近住み替えたと回答した人に質問。
（注 3）「無回答」は除いている。
（注 4）男女いずれかの区分において 6 ％以上となっている項目のみ掲載している。

図1-3-22　住み替えの意向を持つようになった理由（年代別）

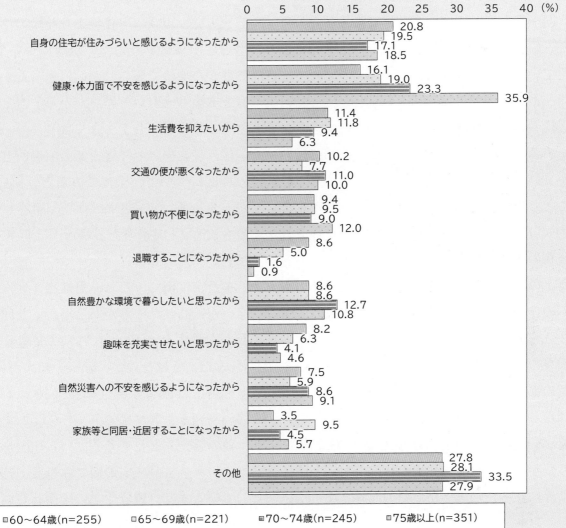

■60～64歳(n=255)　　■65～69歳(n=221)　　■70～74歳(n=245)　　■75歳以上(n=351)

資料：内閣府「高齢社会に関する意識調査」（令和5年度）
(注1) 複数回答。
(注2) 住み替えの意向を持っている人及び住み替えの意向がない人のうち最近住み替えたと回答した人に質問。
(注3) 「無回答」は除いている。
(注4) いずれかの年代区分において8％以上となっている項目のみ掲載している。

（3）住み替え先として考えている場所

　全体でみると、同一市町村内の割合が最も多く、同一都道府県内の他市町村の割合と合わせると、約6割が同一都道府県内での住み替えを考えている（図1-3-23）。

　同一市町村内での住み替えの意向を持っている人について、住み替え先において期待することをみると、「買い物が便利なこと」、「交通の便が良いこと」、「医療・福祉施設が充実していること」が上位の回答となっている（図1-3-24）。

　現在の居住地と住み替え先として考えている場所との都市規模の関係をみると、同規模の都市への住み替えを考えている層が最も多い（図1-3-25）。

　現在の居住地と住み替え先として考えている場所の都市規模別に、住み替えの意向を持つようになった理由をみると、いずれの場合においても、「健康・体力面で不安を感じるようになったから」、「自身の住宅が住みづらいと感じるようになったから」が上位の回答となっている。

　上記に加えて、現在の居住地と同規模の都市への住み替えを考えている層は、「生活費を抑えたいから」が上位の回答となっている。

　現在の居住地より規模の大きな都市への住み替えを考えている層については、「健康・体力面で不安を感じるようになったから」、「交通の便が悪くなったから」、「買い物が不便になったから」が上位の回答となっている。

　一方で、現在の居住地より規模の小さな都市への住み替えを考えている層については、「自然豊かな環境で暮らしたいと思ったから」、「趣味を充実させたいと思ったから」が上位の回答となっている（表1-3-26）。

　住み替え先として考えている場所との馴染みの程度について、全体でみると、「住んだことがある場所（実家を除く）」と回答した割合が最も高く、「実家のある場所」と回答した割合は低い。

　また、性別でみると、男性は「住んだことはないが、訪れたことがある場所」と回答した割合が女性よりも10ポイント以上高く、女性は「住んだことはないが、家族・知人がいる場所」と回答した割合が男性よりも10ポイント以上高い（図1-3-27）。

　住み替え先として考えている住居形態について、持家／賃貸住宅の別でみると、持家に居住している人は、賃貸住宅に居住している人よりも、持家を挙げる割合が高い。一方で、賃貸住宅に居住している人は、持家に居住している人よりも、賃貸住宅を挙げる割合が高い。このように、持家又は賃貸住宅に居住している人については、住み替え先においても現在と同じ住居形態を考えている割合が高い（図1-3-28）。

図1−3−23　住み替え先として考えている場所（全体）

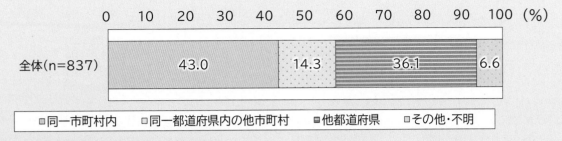

資料：内閣府「高齢社会に関する意識調査」（令和５年度）
（注１）住み替えの意向を持っている人、及び、住み替えの意向がない人のうち最近住み替えたと回答した人に質問。
（注２）住み替え先として考えている場所についての回答（自由回答）から集計。nはのべ回答数。
（注３）国内の地域を選択した人のみ掲載。

図1−3−24　住み替え先において期待すること（住み替え先として同一市町村内を考えている人のみ）

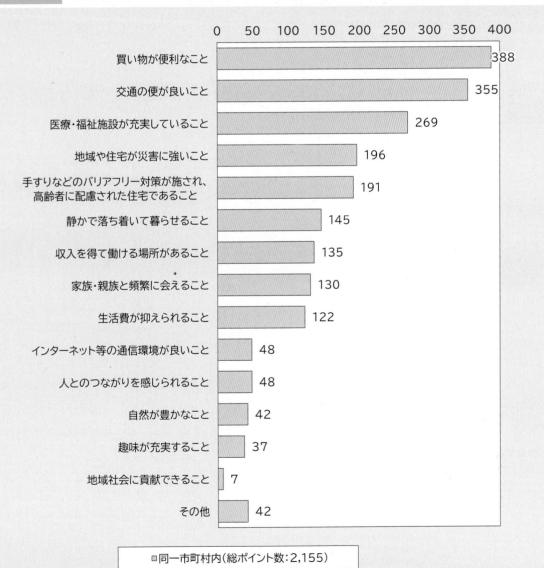

資料：内閣府「高齢社会に関する意識調査」（令和５年度）
（注１）住み替えの意向を持っている人、及び、住み替えの意向がない人のうち最近住み替えたと回答した人に質問。
（注２）上位３つまでの回答を点数化。
（注３）横軸（ポイント数）は、以下の計算式により算出。
　　　　各選択肢のポイント数＝（当該選択肢を１位に選んだ回答者数）×３＋（２位に選んだ回答者数）×２＋（３位に選んだ回答者数）×１
（注４）総ポイント数は、「無回答」以外の全ての選択肢のポイント数を足し合わせたものである。
（注５）住み替え先として同一市町村内を考えている人のみ掲載。
（注６）「無回答」は除いている。
（注７）住み替えの意向を持っている人全体の結果については、図１−３−32を参照。

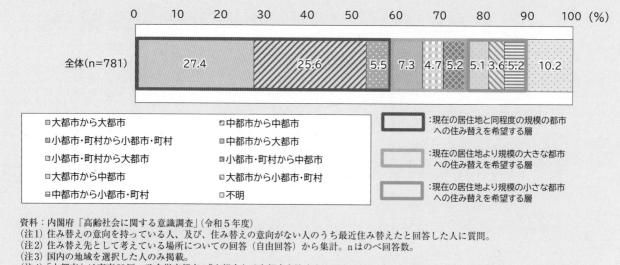

図1-3-25 現在の居住地・住み替え先として考えている場所の都市規模の関係

全体(n=781)

区分	割合
27.4	25.6	5.5	7.3	4.7	5.2	5.1	3.6	5.2	10.2

□大都市から大都市　■中都市から中都市
回小都市・町村から小都市・町村　■中都市から大都市
回小都市・町村から大都市　図小都市・町村から中都市
□大都市から中都市　□大都市から小都市・町村
回中都市から小都市・町村　□不明

：現在の居住地と同程度の規模の都市への住み替えを希望する層
：現在の居住地より規模の大きな都市への住み替えを希望する層
：現在の居住地より規模の小さな都市への住み替えを希望する層

資料：内閣府「高齢社会に関する意識調査」（令和5年度）
（注1）住み替えの意向を持っている人、及び、住み替えの意向がない人のうち最近住み替えたと回答した人に質問。
（注2）住み替え先として考えている場所についての回答（自由回答）から集計。nはのべ回答数。
（注3）国内の地域を選択した人のみ掲載。
（注4）「大都市」は東京23区・政令指定都市、「中都市」は大都市を除く人口10万以上の市、「小都市」は人口10万未満の市のことを指す。

表1-3-26 住み替えの意向を持つようになった理由（現在の居住地・住み替え先として考えている場所の都市規模の関係別）

(%)

	健康・体力面で不安を感じるようになったから	自身の住宅が住みづらいと感じるようになったから	交通の便が悪くなったから	買い物が不便になったから	自然豊かな環境で暮らしたいと思ったから	趣味を充実させたいと思ったから	生活費を抑えたいから	自然災害等への不安を感じるようになったから	家族等と同居・近居することになったから	退職することになったから
現在の居住地と同程度の規模の都市への住み替えを希望する層										
大都市から大都市（n=214）	26.6	22.9	7.0	7.0	5.1	5.1	12.1	7.0	6.5	3.3
中都市から中都市（n=200）	26.0	20.0	7.0	10.0	11.0	4.0	12.0	9.5	9.0	7.5
小都市・町村から小都市・町村（n=43）	16.3	23.3	7.0	7.0	7.0	2.3	11.6	9.3	14.0	0.0
現在の居住地より規模の大きな都市への住み替えを希望する層										
中都市・小都市・町村から大都市（n=94）	28.7	18.1	24.5	23.4	8.5	6.4	4.3	8.5	3.2	2.1
小都市・町村から中都市（n=41）	26.8	19.5	24.4	19.5	4.9	2.4	12.2	17.1	9.8	0.0
現在の居住地より規模の小さな都市への住み替えを希望する層										
大都市から中都市（n=40）	22.5	25.0	2.5	5.0	22.5	15.0	15.0	5.0	10.0	12.5
大都市・中都市から小都市・町村（n=69）	20.3	10.1	4.3	1.4	37.7	13.0	8.7	4.3	2.9	4.3

資料：内閣府「高齢社会に関する意識調査」（令和5年度）
（注1）複数回答。
（注2）住み替えの意向を持っている人、及び、住み替えの意向がない人のうち最近住み替えたと回答した人に質問。
（注3）nは、住み替え先として考えている場所（自由回答）についてののべ回答数。
（注4）いずれかの区分で回答割合が10%以上となっている項目のみ掲載している。
（注5）「大都市」は東京23区・政令指定都市、「中都市」は大都市を除く人口10万以上の市、「小都市」は人口10万未満の市のことを指す。

図1－3－27　住み替え先として考えている場所との馴染みの程度（全体・性別）

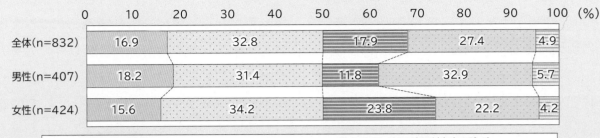

	実家のある場所	住んだことがある場所（実家を除く）	住んだことはないが、家族・知人がいる場所	住んだことはないが、訪れたことがある場所	住んだこともなく、訪れたこともない場所
全体（n=832）	16.9	32.8	17.9	27.4	4.9
男性（n=407）	18.2	31.4	11.8	32.9	5.7
女性（n=424）	15.6	34.2	23.8	22.2	4.2

資料：内閣府「高齢社会に関する意識調査」（令和5年度）
（注）住み替え先として考えている場所がある人に対して質問。

図1－3－28　住み替え先として考えている住居形態（全体・持家／賃貸住宅の別）

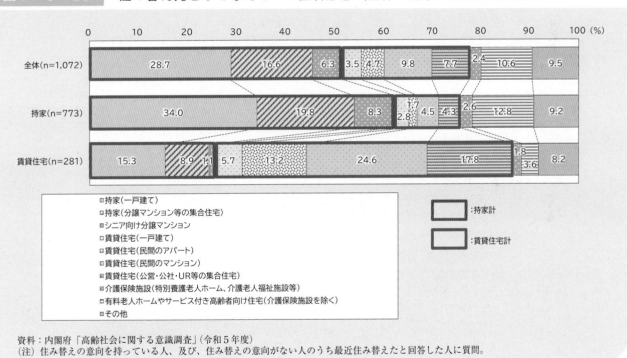

資料：内閣府「高齢社会に関する意識調査」（令和5年度）
（注）住み替えの意向を持っている人、及び、住み替えの意向がない人のうち最近住み替えたと回答した人に質問。

（4）住み替えが実現できていない理由

全体でみると、「資金が不足しているから」、次いで、「情報が不足しているから」、「住み替え先に馴染めるか不安があるから」と回答した割合が高い（図1－3－29）。

年代別でみると、おおむね年代が高くなるほど、「健康・体力面で不安を感じるから」、「近くの病院・施設等に通院・通所しているから」、「友人・知人等と疎遠になるから」と回答した割合が高く、おおむね年代が低くなるほど「資金が不足しているから」、「現在の仕事・社会活動を続けられなくなるから」と回答した割合が

高い（図1－3－30）。

家族形態別でみると、単身世帯の人は「身元保証等がなく、住宅を借りることができないから」と回答した割合が単身世帯以外の人を大きく上回っているほか、「住み替え先に馴染めるか不安があるから」、「情報が不足しているから」、「友人・知人等と疎遠になるから」等と回答した割合も上回っている。

単身世帯以外の人については、「家族の同意が得られないから」、「家族の介護・看病があるから」等と回答した割合が、単身世帯の人を大きく上回っている（図1－3－31）。

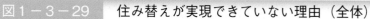

| 図1－3－29 | 住み替えが実現できていない理由（全体） |

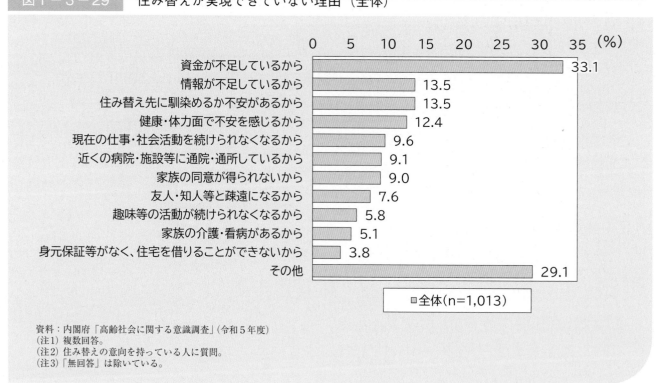

資料：内閣府「高齢社会に関する意識調査」（令和5年度）
（注1）複数回答。
（注2）住み替えの意向を持っている人に質問。
（注3）「無回答」は除いている。

図1-3-30 住み替えが実現できていない理由（年代別）

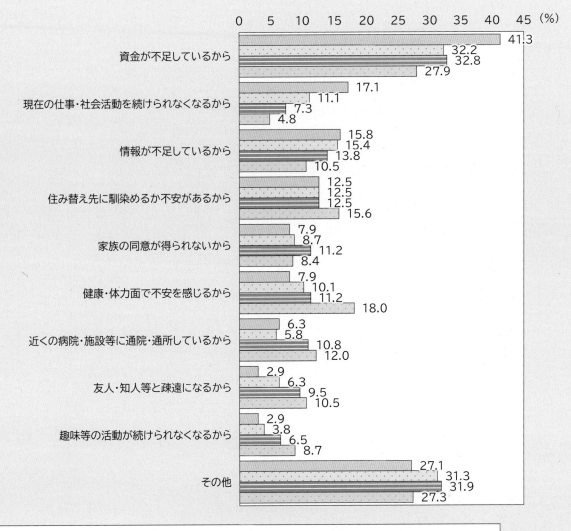

資料：内閣府「高齢社会に関する意識調査」（令和5年度）
（注1）住み替えの意向を持っている人に質問。
（注2）複数回答。
（注3）「無回答」は除いている。
（注4）いずれかの年代区分において8％以上となっている項目のみ掲載。

図1-3-31 住み替えが実現できていない理由（家族形態別、一部選択肢のみ抜粋）

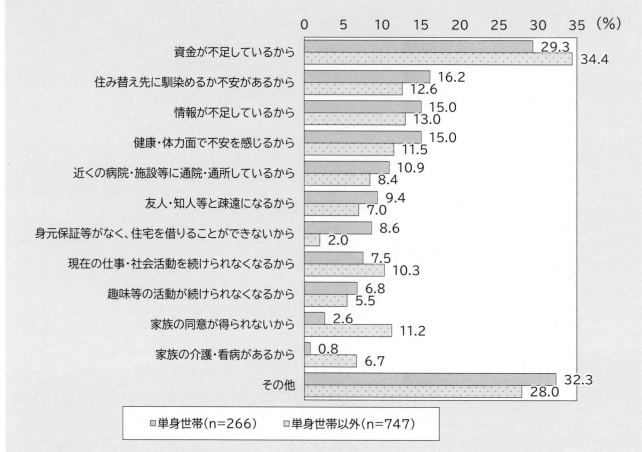

資料：内閣府「高齢社会に関する意識調査」（令和5年度）
（注1）住み替えの意向を持っている人に質問。
（注2）複数回答。
（注3）「無回答」は除いている。

（5）住み替え先において期待すること

　全体でみると、「買い物が便利なこと」が１
位、「医療・福祉施設が充実していること」が
２位、「交通の便が良いこと」が３位となって
いる（図１－３－32）。

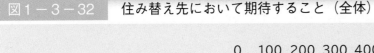

図１－３－32　住み替え先において期待すること（全体）

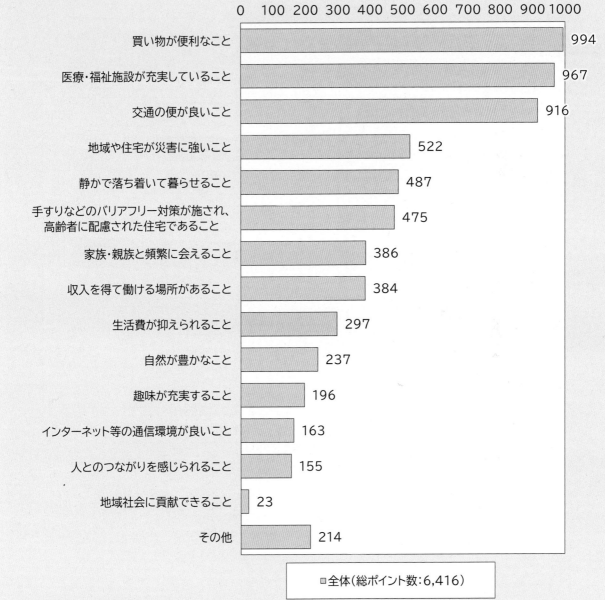

資料：内閣府「高齢社会に関する意識調査」（令和５年度）
(注1) 住み替えの意向を持っている人、及び、住み替えの意向がない人のうち最近住み替えたと回答した人に質問。
(注2) 上位３つまでの回答を点数化。
(注3) 横軸（ポイント数）は、以下の計算式により算出。
　　　各選択肢のポイント数＝（当該選択肢を１位に選んだ回答者数）×３＋（２位に選んだ回答者数）×２＋（３位に選んだ回答者数）×１
(注4) 総ポイント数は、「無回答」以外の全ての選択肢のポイント数を足し合わせたものである。
(注5) 「無回答」は除いている。

（6）住み替えに向けた望ましいサポート

　全体でみると、「住み替えにかかる費用の支援」が1位、「情報の提供支援」が2位、「住宅の確保に関する支援」が3位となっている（図1−3−33）。

　年代別でみると、60〜64歳及び65〜69歳は「住宅の確保に関する支援」、70〜74歳は「住居の処分に関する支援」、75歳以上は「見守り、買い物など身の回りの生活支援」が3位となっている（表1−3−34）。

　持家／賃貸住宅の別でみると、持家に居住している人については「住居の処分に関する支援」が3位となっている。一方、賃貸住宅に居住している人については「住宅の確保に関する支援」が2位、「情報の提供支援」が3位となっている（表1−3−35）。

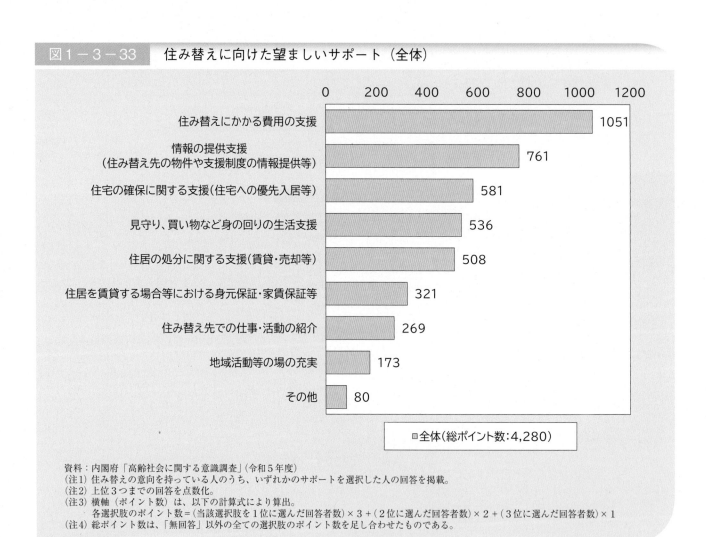

図1−3−33　住み替えに向けた望ましいサポート（全体）

- 住み替えにかかる費用の支援　1051
- 情報の提供支援（住み替え先の物件や支援制度の情報提供等）　761
- 住宅の確保に関する支援（住宅への優先入居等）　581
- 見守り、買い物など身の回りの生活支援　536
- 住居の処分に関する支援（賃貸・売却等）　508
- 住居を賃貸する場合等における身元保証・家賃保証等　321
- 住み替え先での仕事・活動の紹介　269
- 地域活動等の場の充実　173
- その他　80

□全体（総ポイント数：4,280）

資料：内閣府「高齢社会に関する意識調査」（令和5年度）
（注1）住み替えの意向を持っている人のうち、いずれかのサポートを選択した人の回答を掲載。
（注2）上位3つまでの回答を点数化。
（注3）横軸（ポイント数）は、以下の計算式により算出。
　　　各選択肢のポイント数＝（当該選択肢を1位に選んだ回答者数）×3＋（2位に選んだ回答者数）×2＋（3位に選んだ回答者数）×1
（注4）総ポイント数は、「無回答」以外の全ての選択肢のポイント数を足し合わせたものである。

表1−3−34　住み替えに向けた望ましいサポート（年代別）

	住み替えにかかる費用の支援	情報の提供支援（住み替え先の物件や支援制度の情報提供等）	住宅の確保に関する支援（住宅への優先入居等）	住み替え先での仕事・活動の紹介	住居を賃貸する場合等における身元保証・家賃保証等	住宅の処分に関する支援（賃貸・売却等）	見守り、買い物など身の回りの生活支援	地域活動等の場の充実	その他
60〜64歳 （総ポイント数：1,069）	288	170	155	118	100	92	86	42	18
65〜69歳 （総ポイント数：847）	225	126	121	79	82	96	89	20	9
70〜74歳 （総ポイント数：932）	226	190	120	30	73	122	116	36	19
75歳以上 （総ポイント数：1,432）	312	275	185	42	66	198	245	75	34

資料：内閣府「高齢社会に関する意識調査」（令和5年度）
（注1）住み替えの意向を持っている人のうち、いずれかのサポートを選択した人の回答を掲載。
（注2）上位3つまでの回答を点数化。
（注3）横軸（ポイント数）は、以下の計算式により算出。
　　　　各選択肢のポイント数＝（当該選択肢を1位に選んだ回答者数）×3＋（2位に選んだ回答者数）×2＋（3位に選んだ回答者数）×1
（注4）総ポイント数は、「無回答」以外の全ての選択肢のポイント数を足し合わせたものである。

表1−3−35　住み替えに向けた望ましいサポート（持家／賃貸住宅の別）

	住み替えにかかる費用の支援	情報の提供支援（住み替え先の物件や支援制度の情報提供等）	住宅の処分に関する支援（賃貸・売却等）	見守り、買い物など身の回りの生活支援	住宅の確保に関する支援（住宅への優先入居等）	住み替え先での仕事・活動の紹介	住居を賃貸する場合等における身元保証・家賃保証等	地域活動等の場の充実	その他
持家 （総ポイント数：3,112）	723	580	470	430	408	165	155	132	49
賃貸住宅 （総ポイント数：1,103）	318	164	30	100	168	96	162	38	27

資料：内閣府「高齢社会に関する意識調査」（令和5年度）
（注1）住み替えの意向を持っている人のうち、いずれかのサポートを選択した人の回答を掲載。
（注2）上位3つまでの回答を点数化。
（注3）横軸（ポイント数）は、以下の計算式により算出。
　　　　各選択肢のポイント数＝（当該選択肢を1位に選んだ回答者数）×3＋（2位に選んだ回答者数）×2＋（3位に選んだ回答者数）×1
（注4）総ポイント数は、「無回答」以外の全ての選択肢のポイント数を足し合わせたものである。

3 まとめ

今回の調査の結果、住宅や居住地域に関する満足度と幸福感の程度との間には、強い正の相関関係がみられることが明らかとなっており、高齢期においても、個人の意欲や能力に応じて活躍できる持続可能なエイジレス社会を実現していくためには、加齢に伴う身体機能やライフスタイルの変化等に対応した居住環境を確保し、高齢者が地域において安心・安全に自立して暮らせるようにすることが重要である。

（1）住宅の問題点に関する意識

現在の住宅の問題点について、全体では、住宅の老朽化や地震等の防災・防犯面での不安等を挙げた人の割合が特に高い。また、持家／賃貸住宅の別でみると、持家に居住している人については、住宅が広すぎることや部屋数が多すぎること、防災・防犯面での不安が、賃貸住宅に居住している人に比べ、特に高い割合となっている。他方、賃貸住宅に居住している人については、家賃等の経済的負担の重さや、台所・浴室等の住宅設備の使いにくさ、住宅が狭いこと等が、持家に居住している人に比べ、特に高い割合となっている。今後更に高齢化の進展が見込まれる中で、住宅のリフォーム支援や高齢者向け住宅の供給の促進など、高齢者の生活上のニーズと住宅のミスマッチの解消が課題となっている。

（2）防災対策に関する意識

平成30年度の前回調査と比べ、地震等の災害への備えについて、「特に何もしていない」と回答した人の割合は大幅に低下し、避難場所の事前決定やハザードマップ等の防災情報を入手する等の備えをしていると回答した人の割合は大きく上昇している。一方で、ひとり暮らしの高齢者については、それ以外の高齢者と比べ、「特に何もしていない」と回答した人の割合は高く、また災害への備えに関する多くの項目において対策している人の割合が低い状況にある。今後、更にひとり暮らしの高齢者の増加が見込まれる中で、家具の転倒防止対策といった高齢者が一人で作業することが困難な対策へのサポートや、災害発生時における避難支援など、ひとり暮らしの高齢者に配慮した対策の推進が更に重要性を増している。

（3）人間関係に関する意識

平成30年の前回調査と比べ、親しくしている友人・仲間が「たくさんいる」又は「普通にいる」と回答した人の割合は大幅に低下し、また地域に住み続けるために必要なこととして、「近所の人との支え合い」や「家族や親族の援助」を挙げた人の割合も低下している。さらに、人と話をする頻度が「毎日」と回答した人の割合は、平成30年の前回調査と比べ大幅な低下がみられ、特にひとり暮らしの高齢者については、4割弱（それ以外の高齢者の2分の1程度の割合）となっており、その傾向が顕著となっている。コロナ禍による影響等も踏まえつつ、望まない孤独・孤立に陥らないようにするための対策の推進が必要である。また、今後更にひとり暮らしの高齢者の増加が見込まれる中で、従来家族等が担ってきた日常生活等における様々なサポート等について、地域や社会においてどのようにその役割を担っていくかについても更なる検討が必要である。

（4）生活環境に関する意識

地域の生活環境について重視することについては、医療・介護サービスの受けやすさや、移

動や買い物の利便性等を挙げた人の割合が高い。一方で、現在の居住地域における不便や気になることについて、日常の買い物や医療機関への通院に関する不便、交通機関の使いにくさ・未整備等を挙げた人の割合が上位となっている状況にあり、地域で医療・介護・予防・住まい・生活支援が包括的に確保される地域包括ケアシステムの構築や、地域での日常生活における移動ニーズに対応する施策等の更なる充実を図っていく必要がある。

（5）住み替えに関する意識

60歳以上で住み替えの意向がある人（状況次第で将来的に検討したいという人も含む。）の割合は全体の約3割に上っている。2（高齢期における住み替えに関する意識について）で示したように、住み替えの意向に関する傾向については、性別、年代、家族形態、持家／賃貸住宅の別、住み替え先として考えている住居形態・都市規模等によって様々な傾向がみられるところ、住み替えの意向を持つようになった理由については、総じて、健康・体力面での不安

や、現在の住宅の住みづらさ、交通や買い物の不便等の利便性に係る課題、生活費の制約等が上位に挙がっており、（1）や（4）で明らかとなった課題等と共通する点がみられる。

住み替えに向けた望ましいサポートとしては、全体として、住み替え費用の支援、物件や支援制度の情報提供に関する支援、住宅の確保に関する支援等を挙げた人の割合が高く、地域の実情に応じて、転居費用の補助や、住み替えに係る相談窓口の整備、高齢者向けの住宅の供給等の施策の更なる充実が求められる。一方で、例えば、75歳以上の人は見守りや買い物等の身の回りの生活支援についてのニーズが大きいこと、持家に居住している人については現在の住居の処分に関する支援についてニーズが大きいこと、また、賃貸住宅に居住している人については住居を賃貸する場合の身元保証等のサポートについてニーズが大きいことなど、属性によって状況やニーズは様々であり、それらに応じたきめ細やかな支援の充実が必要となっている。

福岡県大牟田市
～住宅施策と福祉施策のコラボによる課題解決～

事業の目的・概要

　福岡県大牟田市（人口105,753人、高齢化率38.1%（令和6年4月1日現在））では、平成28年から令和元年までの3年間で1,138件の新たな空き家等が発生し、空き家戸数は2,912件にのぼった。一方で、住まいを必要としている人の中には、身寄りのない高齢者や親族に頼ることができず連帯保証人となる人がいないなどの理由で住宅の確保が難しい人や、入居後の見守り支援などが必要な人も存在している。

「大牟田市居住支援協議会」は、住宅確保が困難な方（住宅確保要配慮者）への入居支援及び空き家の有効活用を推進しています。

　市ではこれらの課題を解決すべく、平成25年6月、不動産・福祉・医療・法律・行政・学識経験者といった専門家で構成する大牟田市居住支援協議会（以下「協議会」という。）を設立し、住宅確保の相談や入居後の生活支援に取り組んでいる。この協議会の事務局は市とNPO法人（居住支援法人）大牟田ライフサポートセンター（以下「センター」という。）が担っており、住まい探しや空き家活用の相談対応のほか、連帯保証人や身元保証人等の確保といった支援をセンターが行うことにより、入居の支援と入居後の支援が可能となる体制を構築し、住まいの確保と暮らしの支援を行っている。

具体的な取組内容

　空き家活用の推進を目的に住宅確保要配慮者向けWEB住情報システム「住みよかネット」を開設した。入居希望者は住みたい住宅を検索することができ、協議会が空き家所有者と入居希望者との間に入り、それぞれの具体的な要望を調整し、成約に向けたマッチングを行っている。

　また、入居後の生活に困難がある人等については、市が必要な福祉サービスへつなぐほか、センターが本人等と話し合い、居住支援法人としてその困難を取り除く支援を行っている。具体的には、必要に応じてセンターが連帯保証人になることや入居後の見守り、入院や施設への入所が必要となった際の身元保証、支援対象者が亡くなった場合の遺品整理や住居の片づけ、葬儀等の死後事務委任等のサービスを設けている。

事業効果

　取組開始後、入居や建物に関する各種相談等の件数は徐々に増え、特に令和3年度から様々な相談に対応可能となったことや空き家所有者へのヒアリングを行ったことなどから大幅に増加している。

　入居希望者は、一般の賃貸住宅よりも低家賃で空き家に入居できるようになったことに加え、センターが身元保証や入居後の見守り支援を行うことで、それまでは入居が難しかった人も入居が可能となった。また、センターの支援により空き家所有者や不動産事業者の不安も軽減でき、円滑なマッチングにつながっている。さらに、そのままでは老朽化し、倒壊の危険や景観、治安に悪影響を与え得る空き家を有効活用することができるとともに、入居者がその地域で暮らし続けることにつながる。また、現在は近隣自治体居住者からの入居相談もあり、住宅確保要配慮者の広範囲な受け皿になっている。

今後の展開

　今後人口減少が進み、さらに空き家は発生し続けると予測されるため、空き家所有者向けのセミナー、相談会、空き家所有者予備軍への啓発などに引き続き取り組んでいくこととしている。

トピックス
事例2

奈良県生駒市
～官民連携で取り組むオーダーメイドの空き家対策～

事業の目的・概要

奈良県生駒市（人口116,819人、高齢化率29.6%（令和6年4月1日現在））は、昭和36年以降ニュータウンの開発による人口の増加とともに発展をしてきたが、それから60年以上が経過し居住者の高齢化が進んでいる。市が平成28年度に実施した空き家等実態調査では、今後の空き家活用について「売却したい」、「賃貸したい」との回答が多い一方、「買い手が見つからない」、「不動産業者等の情報」を求めているとの回答が多くあったことから、空き家の流通促進に取り組むこととした。

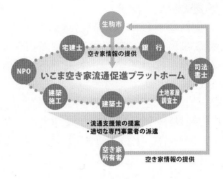

生駒市は、大阪中心部まで電車で20分と利便性が高く住宅のニーズがあることから、空き家一つ一つの物件についてカルテを作成し、オーダーメイドで対応方針を提案し、中古住宅市場に乗せるまでの支援を平成30年から実施している。

支援の実施に当たっては、民間の専門家の力を借りることが不可欠であったことから、7業種（宅建士、建築士、司法書士、銀行、NPO、土地家屋調査士、建築施工事業者）8団体と市が連携協定を締結し、「いこま空き家流通促進プラットホーム」（以下「プラットホーム」という。）を設立し、空き家の円滑な流通促進に取り組んでいる。

具体的な取組内容

市はプラットホームの事務局として空き家所有者の同意取得や意向確認等を行い、毎月開催する空き家流通促進検討会議に空き家情報を提供する。検討会議では、その空き家の流通阻害要因を特定し、その要因によって空き家の流通に向けてサポートする専門家を決定する。例えば相続登記されておらずそのままでは売買等ができないような場合は宅建士と司法書士が担当し、建物が老朽化しているような場合は宅建士と建築士が担当する。そして、担当する専門家が、当該空き家の状況や所有者の意向に沿って具体的な支援を行っていく仕組みである。支援の内容はマッチングだけでなく、除却の提案やそのサポート、擁壁に関する助言を行うといった防災面での改善などと幅広い。まさに、それぞれに最適なオーダーメイドの支援を行っている。

事業効果

平成30年5月のプラットホーム設立以降、取扱件数及び成約件数は順調に増加し、令和5年度末時点で、空き家の取扱件数143件に対し、成約件数は76件（53%）、媒介契約、相続登記、耐震診断等も含めた業務実績は103件（72%）と着実に成果を上げている。この成果もあり、平成28年に1,444棟あった空き家が、令和5年の調査で約1割減少し、1,306棟となった。

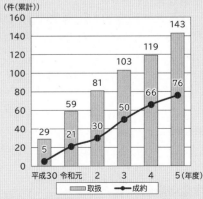

今後の展開

プラットホームの認知度が上がり、空き家所有者からの相談も増えているため、それらの支援を引き続き行うとともに、更なる空き家の掘り起こしを行うこととしている。

また、住宅としてのマッチングだけでなく、空き家を民間学童保育所といった地域課題解決のための施設へ活用するプロジェクトも開始している。

愛知県春日井市
～自動運転ラストマイル送迎サービス～

事業の目的・概要

　愛知県春日井市石尾台地区（人口4,419人、高齢化率47.2％（令和6年4月1日現在））は、地盤の高低差が非常に大きく、高齢化率も高いため、高齢者の運転免許証返納後などの移動手段の確保が問題となっている。本来であれば既存の公共交通事業者によるサービス提供が望ましいが、著しく狭い範囲と距離では事業として採算性を確保することは困難であった。

　そこで、これらの課題を地域で解決したいという思いから、地域の有志によりNPO法人石尾台おでかけサービス協議会が設立され、春日井市、国立大学法人東海国立大学機構名古屋大学、株式会社エクセイド、KDDI株式会社が連携して地域住民の移動手段の確保を目的としたオンデマンド型自動運転送迎サービスを令和5年2月に開始した。

　NPO法人が主体となってサービスを運行しているが、行政（車両提供、総合サポート）、大学（車両の自動運転化）、民間（自動運転技術・運行管理システム提供）などが連携して運営するほか、利用者からの利用料金に加え、地元企業からの協賛金を得るなど、地域全体で持続的な運営を支えている。

具体的な取組内容

　自動運転は車両のセンサー装置から対象の物体に向かってレーザー光を放ち、光が跳ね返ってくるまでの時間により物体までの距離や形状を計測することができるLIDARセンサー及び周囲の構造物や標識、信号などが高精度で収められている高精度3次元地図を利用して運行されている。

　利用者は年会費及び1回100円の利用料金を支払うことによって乗車できる。利用方法は、利用日前日の電話予約で乗車でき、運行ルート上であれば停留所に関係なく乗降することができる。また、乗降地が異なる複数人が乗車する場合、効率的なルートが運行管理システムにより示され、それをオペレーターから運転手へ伝達する仕組みで運行されている。

事業効果

　運行開始当初約150世帯であった会員は令和5年9月末時点で約350世帯へと増加し、令和4年10月～令和5年9月における利用者数は延べ1,215人（手動運転のみの期間も含む）で、そのほとんどが高齢者であった。利用者からは、一人暮らしなので利用できてありがたい、坂道を重い荷物を持って歩くのが難しくなったがたくさん買い物をしても気にならずありがたい、といった声が寄せられている。

　また、本事業によって、利用者と運転手、利用者間のコミュニケーションが生まれたことにより、利用者に些細な変化があってもそれに運転手が気付き、それを地域包括支援センターなどの福祉サービスにつなぐといったハブ的な役割も果たしている。

今後の展開

　現在自動運転のレベル2（手動運転と自動運転の組み合わせ）で運行しているが、手動運転の箇所もあることから、今後は自動運転のレベル3又は4（何かあったときのみ運転手が介入）へ上げるための技術開発を行い、運転手やオペレーターの負担を軽減していくとともに、引き続き利用者とのコミュニケーションを大事にした運行を目指していく。

トピックス
事例4

神奈川県横須賀市
～市民の尊厳を守りたい、2つの終活支援～

事業の目的・概要

　神奈川県横須賀市（人口381,052人、高齢化率32.7%（令和6年3月31日現在））では、平成7年頃から身元が判明しているにも関わらず市民の遺骨が引き取られないという事態が急増していたが、引き取り手がいない場合だけでなく、引き取り手が実際にはいても、その連絡先が分からないことから引き取られないケースが多数存在していた。また、死後の対応についての本人の意思（財産処分の方法、埋葬方法や生前の契約等）も分からないためその意思が反映されないという大きな問題もあった。

　そこで、本人の意思と人間としての尊厳を守るため、あらかじめ自身の終活情報を市に登録することで、本人が倒れた場合や亡くなった場合、市が本人に代わって病院、警察、消防、福祉事務所や本人が指定した者からの問い合わせに対し、登録内容を回答するという「わたしの終活登録」事業を平成30年度から開始した。

具体的な取組内容

　市民であれば誰でも無料で登録でき、市役所の窓口、電子申請、郵送による申請のほか、電話でも受け付けている。登録できる内容は、緊急連絡先、かかりつけ医、葬儀等の生前契約先、事前に医療・ケアについて意思表示するリビングウィル（人生の最終段階における事前指示書）や遺言書等の保管場所、墓の所在地などで、本人が自由に選択して登録し、登録事項によって開示できる対象を変えることができるなど、万一の時は本人が指定した者や関係機関等からの問い合わせに市が本人の意思に沿って対応している。

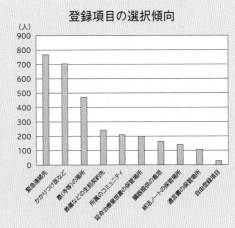

登録項目の選択傾向

事業効果

　平成30年5月から開始し、令和5年度には年間の登録者数が200人を超え、これまでの累計登録者総数は令和6年3月末の時点で826人になった。

　実際に、同居家族のいない高齢者が緊急搬送された際に、この終活情報として登録していた親族の連絡先を伝えることで入院できた事例や、亡くなった人の親族が把握していない故人の友人の連絡先が緊急連絡先に登録されていたことから判明し、葬儀の連絡ができた事例、遺言書や墓の場所を問い合わせることで発見することができた事例もある。

　また、頼れる親族のいない人（所得等の制限あり）については、生前に葬儀会社と死後事務委任契約を結び、本人が事業者に費用を前納しておくことで、事業者は訪問等による安否確認のほか、死後は本人の希望どおりの葬送（火葬から納骨まで）を行い、市もそれを確認するというエンディングプラン・サポート事業も行っており（平成27年7月から開始）、終活登録事業と合わせて利用することで、より効果を発揮している。例えば、本人が意識のない状態で入院した際、病院から市への問い合わせに対しリビングウィルを伝えることができたために、本人の希望どおりに終末期医療を行うことができ、死後は生前契約していた葬儀会社で葬送することができた事例がある。

今後の展開

　平成30年の事業開始以降、令和2年度から電話での登録が、令和5年1月からは電子申請が開始され、市役所へ足を運ばずに登録できるようになった。引き続き、多くの市民が簡単に利用できる取組となるよう、市で実施しているまちづくり出前トークなどを活用し本事業を広く市民に周知していくこととしている。

令和5年度

高齢化の状況及び高齢社会対策の実施状況

第2章　令和5年度高齢社会対策の実施の状況

第1節 高齢社会対策の基本的枠組み

1 高齢社会対策基本法

　我が国の高齢社会対策の基本的枠組みは、「高齢社会対策基本法」(平成7年法律第129号)に基づいている。同法は、高齢社会対策を総合的に推進し、経済社会の健全な発展と国民生活の安定向上を図ることを目的とし、高齢社会対策の基本理念として、公正で活力ある、地域社会が自立と連帯の精神に立脚して形成される、豊かな社会の構築を掲げている。また、国及び地方公共団体は、それぞれ基本理念にのっとって高齢社会対策を策定し、実施する責務があるとするとともに、国民の努力についても規定している。

　さらに、就業及び所得、健康及び福祉、学習及び社会参加、生活環境等について国が講ずべき施策を規定している。

　あわせて、政府が基本的かつ総合的な高齢社会対策の大綱を定めること、政府が国会に高齢社会対策に関する年次報告書を提出すること、内閣府に特別の機関として「高齢社会対策会議」を設置することを定めている。

2 高齢社会対策会議

　高齢社会対策会議は、内閣総理大臣を会長とし、委員には関係閣僚が任命されており、高齢社会対策の大綱の案の作成、高齢社会対策について必要な関係行政機関相互の調整並びに高齢社会対策に関する重要事項の審議及び対策の実施の推進が行われている。

3 高齢社会対策大綱

(1) 基本的考え方

　平成30年2月に閣議決定された「高齢社会対策大綱」(以下「大綱」という。)では、「高齢者の体力的年齢は若くなっている。また、就業・地域活動など何らかの形で社会との関わりを持つことについての意欲も高い」、「65歳以上を一律に『高齢者』と見る一般的な傾向は、現状に照らせばもはや、現実的なものではなくなりつつある」と示し、「意欲ある高齢者の能力発揮を可能にする社会環境を整えること」とともに、全ての人が安心して高齢期を迎えられるような社会を作る観点から「十全な支援やセーフティネットの整備を図る必要がある」としている。また、「人口の高齢化に伴って生ずる様々な社会的課題に対応することは、高齢層のみならず、若年層も含めた全ての世代が満ち足りた人生を送ることのできる環境を作ることを意味する」としている。

　さらに、大綱では、「高齢社会対策基本法」第2条に掲げる社会が構築されることを基本理念とし、以下の3つの基本的考え方にのっとり、高齢社会対策を推進することとしている。
① 年齢による画一化を見直し、全ての年代の人々が希望に応じて意欲・能力をいかして活躍できるエイジレス社会を目指す。
・年齢区分でライフステージを画一化するこ

との見直し
- 誰もが安心できる「全世代型の社会保障」も見据える

② 地域における生活基盤を整備し、人生のどの段階でも高齢期の暮らしを具体的に描ける地域コミュニティを作る。
- 多世代間の協力拡大や社会的孤立の防止
- 高齢者が安全・安心かつ豊かに暮らせるコミュニティづくり

③ 技術革新の成果が可能にする新しい高齢社会対策を志向する。
- 高齢期の能力発揮に向けて、新技術が新たな視点で、支障となる問題（身体・認知能力等）への解決策をもたらす可能性に留意

（2）分野別の基本的施策

高齢社会対策の推進の基本的考え方を踏まえ、就業・所得、健康・福祉、学習・社会参加、生活環境、研究開発・国際社会への貢献等、全ての世代の活躍推進の6つの分野で、基本的施策に関する中期にわたる指針を次のとおり定めている。

① 「就業・所得」

エイジレスに働ける社会の実現に向けた環境整備、公的年金制度の安定的運営、資産形成等の支援等を図ることとしている。

② 「健康・福祉」

健康づくりの総合的推進、持続可能な介護保険制度の運営、介護サービスの充実（介護離職ゼロの実現）、持続可能な高齢者医療制度の運営、認知症高齢者支援施策の推進、人生の最終段階における医療の在り方、住民等を中心とした地域の支え合いの仕組み作りの促進等を図ることとしている。

③ 「学習・社会参加」

学習活動の促進、社会参加活動の促進等を図

ることとしている。

④ 「生活環境」

豊かで安定した住生活の確保、高齢社会に適したまちづくりの総合的推進、交通安全の確保と犯罪、災害等からの保護、成年後見制度の利用促進等を図ることとしている。

⑤ 「研究開発・国際社会への貢献等」

先進技術の活用及び高齢者向け市場の活性化、研究開発等の推進と基盤整備、諸外国との知見や課題の共有等を図ることとしている。

⑥ 「全ての世代の活躍推進」

全ての世代の人々が高齢社会での役割を担いながら、積極的に参画する社会を構築するための施策を推進することとしている。

（3）推進体制等

高齢社会対策を総合的に推進するため、高齢社会対策会議において、大綱のフォローアップ等重要事項の審議等を行うこととしている。

また、高齢社会対策の推進に当たっては、65歳以上を一律に「高齢者」と見る一般的な傾向が現実的なものでなくなりつつあることを踏まえ、70歳やそれ以降でも個々人の意欲・能力に応じた力を発揮できる社会環境づくりを推進するとの基本方針に立って、以下の点に留意することとしている。

① 内閣府、厚生労働省その他の地方公共団体を含む関係行政機関の間に緊密な連携・協力を図るとともに、施策相互間の十分な調整を図ること。

② 大綱を実効性のあるものとするため、各分野において「数値目標」及び「参照指標」を示すこと。また、政策評価、情報公開等の推進により、効率的かつ国民に信頼される施策を推進すること。

③ 「数値目標」とは、高齢社会対策として分

野別の各施策を計画的かつ効果的に進めていくに当たっての目標として示すものであること。短期的な中間目標として示すものについては、その時点の達成状況を踏まえ、一層の進捗を図ること。「参照指標」とは、我が国の高齢社会の状況や政策の進捗を把握し、課題の抽出、政策への反映により、状況の改善、展開を図るためのものであること。

④ エビデンスに基づく政策形成の推進を図ること。このため、高齢化の状況及び高齢社会対策に係る情報の収集・分析・評価を行うとともに、これらの情報を国民に提供するために必要な体制の整備を図ること。

⑤ 高齢社会対策の推進について広く国民の意見の反映に努めるとともに、国民の理解と協力を得るため、効果的な広報、啓発及び教育を実施すること。

なお、大綱については、政府の高齢社会対策の中長期的な指針としての性格に鑑み、経済社会情勢の変化等を踏まえておおむね5年を目途に必要があると認めるときに、見直しを行うこととしている。

（4）新たな高齢社会対策大綱の策定に向けた検討

少子高齢化の更なる進行、健康寿命や平均寿命の延伸、高齢者の単身世帯の増加といった、経済社会情勢の変化等を踏まえ、令和6年2月に開催した高齢社会対策会議において、令和6年夏頃を目途に、新たな大綱の案の作成を行うこと等を決定した。また、これを踏まえ、新たな大綱の案の作成に資するため、令和6年2月から、有識者により構成される「高齢社会対策大綱の策定のための検討会」を開催しており、今後の高齢社会対策の推進に当たっての基本姿勢や、重点的に取り組むべき施策等について議論を行った。

④ 高齢社会対策関係予算

高齢社会対策は、就業・所得、健康・福祉、学習・社会参加、生活環境、研究開発・国際社会への貢献等、全ての世代の活躍推進という広範な施策にわたり、着実な進展を見せている。一般会計予算における関係予算を見ると、令和5年度においては23兆6,455億円となっている。これを各分野別に見ると、就業・所得分野13兆5,285億円、健康・福祉分野10兆757億円、学習・社会参加分野184億円、生活環境分野38億円、研究開発・国際社会への貢献等分野72億円、全ての世代の活躍推進分野119億円となっている（表2－1－1及び巻末「高齢社会対策関係予算分野別総括表」参照）。

| 表2−1−1 | 高齢社会対策関係予算（一般会計） |

（単位：億円）

	就業・所得	健康・福祉	学習・社会参加	生活環境	研究開発・国際社会への貢献等	全ての世代の活躍推進	計
令和元年度	125,187	91,626	173	213	16	115	217,328
2	129,916	94,454	176	37	22	110	224,715
3	131,746	94,722	180	34	79	150	226,912
4	132,242	97,053	200	33	71	150	229,749
5	135,285	100,757	184	38	72	119	236,455

資料：内閣府
（注1）高齢社会対策関係予算には、本表に掲げる一般会計のほか、特別会計等がある。
（注2）本表の予算額は、高齢社会対策関係予算として特掲できるもののみを合計した額である。
（注3）本表の予算額は、当初予算の数字である。

5　総合的な推進のための取組

（1）一億総活躍社会の実現に向けて

　平成27年10月7日に発足した第3次安倍改造内閣は、少子高齢化という構造的な課題に取り組み、若者も高齢者も、女性も男性も、障害や難病のある方も、更には一度失敗した方も、皆が包摂され活躍できる社会「一億総活躍社会」の実現に向けて取り組むこととし、「新・三本の矢」として、第一の矢「希望を生み出す強い経済」を「戦後最大の名目GDP600兆円」の実現という的に、第二の矢「夢をつむぐ子育て支援」を「希望出生率1.8」の実現という的に、第三の矢「安心につながる社会保障」を「介護離職ゼロ」の実現という的に放つこととした。

　この「一億総活躍社会」を実現するため「ニッポン一億総活躍プラン」を策定し、介護離職ゼロの実現に向けた介護職員の処遇改善等を進めている。

（2）働き方改革の実現に向けて

　働き方改革は、若者も高齢者も、女性も男性も、障害や難病のある方も、一度失敗を経験した方も、誰もが活躍できる「一億総活躍社会」の実現に向けた最大のチャレンジであり、働く人の視点に立ち、働く方一人一人の意思や能力、置かれた事情に応じた多様な働き方の選択を可能とするための改革である。

　平成29年3月、内閣総理大臣を議長とする「働き方改革実現会議」において、「働き方改革実行計画」が取りまとめられた。本実行計画に基づき、長時間労働の是正、同一労働同一賃金の実現等による非正規雇用の処遇改善のほか、65歳以上の年齢までの定年延長や66歳以上の年齢までの継続雇用制度の導入を行う企業への助成措置、継続雇用延長や定年延長の手法を紹介するマニュアルや好事例集を通じた企業への働きかけ、相談・援助を行うことにより、取組を推進した。また、事業主に対する70歳までの就業機会確保の努力義務化等について定めた「高年齢者等の雇用の安定等に関する法律」（昭和46年法律第68号。以下「高年齢者雇用安定法」という。）の改正を令和3年4月に施行した。

　引き続き、「働き方改革実行計画」における高齢者の就業促進についても、10年先を見据えたロードマップに沿って、着実に施策を進めていく。

（3）全世代型社会保障制度の構築に向けて

　「全世代型社会保障構築会議報告書」（令和4年12月）において示された全世代型社会保障の基本理念や改革の方向性及びその後の状況の変化を踏まえつつ、働き方に中立的な社会保障制度等の構築、医療・介護制度等の改革、「地域共生社会」の実現に向けて取り組むべき課題を、「時間軸」に沿ってより具体化・深化させた「全世代型社会保障構築を目指す改革の道筋（改革工程）」を閣議決定した（令和5年12月）。

（4）ユニバーサル社会の実現に向けて

　ユニバーサル社会の実現に向けた諸施策を総合的かつ一体的に推進することを目的とした「ユニバーサル社会の実現に向けた諸施策の総合的かつ一体的な推進に関する法律」（平成30年法律第100号）に基づき、令和4年度に政府が講じたユニバーサル社会の実現に向けた諸施策の実施状況を令和5年9月に取りまとめ、公表した。

第２節　分野別の施策の実施の状況

1 就業・所得

「就業・所得」については、大綱において、次の方針を示している。

少子高齢化が急速に進展し人口が減少する中、経済社会の活力を維持するため、全ての年代の人々がその特性・強みをいかし、経済社会の担い手として活躍できるよう環境整備を図る。

現在の年金制度に基づく公的年金の支給開始年齢の引上げ等を踏まえ、希望者全員がその意欲と能力に応じて65歳まで働けるよう安定的な雇用の確保を図る。また、65歳を超えても、70代を通じ、またそもそも年齢を判断基準とせず、多くの者に高い就業継続意欲が見られる現況を踏まえ、年齢にかかわりなく希望に応じて働き続けることができるよう雇用・就業環境の整備を図るとともに、社会保障制度についても、こうした意欲の高まりを踏まえた柔軟な制度となるよう必要に応じて見直しを図る。

勤労者が、高齢期にわたり職業生活と家庭や地域での生活とを両立させつつ、職業生活の全期間を通じて能力を有効に発揮することができるよう、職業能力の開発や多様な働き方を可能にする施策を推進する。

職業生活からの引退後の所得については、国民の社会的連帯を基盤とする公的年金を中心とし、これに企業による従業員の高齢期の所得確保の支援や個人の自助努力にも留意し、企業年金、退職金、個人年金等の個人資産を適切に組み合わせた資産形成を促進する。さらに資産の運用等を含めた資産の有効活用が計画的に行われるよう環境整備を図る。

（１）エイジレスに働ける社会の実現に向けた環境整備

ア　多様な形態による就業機会・勤務形態の確保

（ア）多様な働き方を選択できる環境の整備

従来の事業主に対する65歳までの雇用確保の義務化に加えて、70歳までの就業確保を事業主の努力義務とする改正高年齢者雇用安定法が令和３年４月に施行され、①70歳までの定年引上げ、②70歳までの継続雇用制度の導入（他社との契約に基づく継続雇用も含む。）、③定年の定めの廃止、④70歳まで継続的に業務委託契約を締結する制度の導入、⑤70歳まで継続的に社会貢献事業に従事できる制度の導入（a.事業主が自ら実施する社会貢献事業、b.事業主が委託、出資（資金提供）等する団体が行う社会貢献事業）のいずれかの措置（高年齢者就業確保措置）を講ずることが事業主の努力義務となった。

地域における高年齢者の多様な雇用・就業機会の創出を図るため、地方公共団体を中心とした協議会等が行う高年齢者の就労支援の取組と地域福祉・地方創生等の取組を一体的に実施する生涯現役地域づくり環境整備事業等を実施し、先駆的なモデル地域の取組の普及を図った。

定年退職後等の高年齢者の多様な就業ニーズに応じ、就業機会を確保提供し、高年齢者の生きがいの充実、社会参加の促進等を図るシルバー人材センター事業について、各シルバー人

材センターにおける就業機会及び会員拡大等の取組への支援を行うとともに、少子高齢化が急速に進展する中で、人手不足の悩みを抱える企業を一層強力に支えるため、サービス業等の人手不足分野や介護、育児等の現役世代を支える分野での高年齢者の就業を促進する高齢者活用・現役世代雇用サポート事業を実施した。また、多様化する高年齢者のニーズに対応するため、令和5年4月末までに750地域において都道府県知事が業種・職種及び地域を指定し、派遣及び職業紹介の働き方において就業時間の要件緩和がなされた。

また、雇用形態に関わらない公正な待遇の確保に向け、正規雇用労働者と非正規雇用労働者との間の不合理な待遇差を解消するための規定等が整備された「短時間労働者及び有期雇用労働者の雇用管理の改善等に関する法律」（平成5年法律第76号。以下「パートタイム・有期雇用労働法」という。）が令和3年4月1日に全面施行され、同法違反が認められる企業に対しては是正指導を行い、法違反に当たらないものの、改善に向けた取組が望まれる企業に対しては具体的な助言を行いつつ、支援ツール等を活用し、企業の制度等の見直しを検討するように促し、同法の着実な履行確保を図った。令和4年10月に策定された「物価高克服・経済再生実現のための総合経済対策」（令和4年10月28日閣議決定）に基づき、労働基準監督署と都道府県労働局が連携し、同一労働同一賃金の遵守の徹底に向けた取組を開始した。さらに、令和5年11月に策定された「デフレ完全脱却のための総合経済対策」（令和5年11月2日閣議決定）に基づき、労働基準監督署による調査結果を踏まえ、基本給・賞与の差の根拠の説明が不十分な企業等について、文書で指導を行い、経営者に対応を求めるなど、同一労働同一賃金の更な

る遵守の徹底に向けた取組を行った。

加えて、企業における非正規雇用労働者の待遇改善等を支援するため、平成30年度より47都道府県に設置している「働き方改革推進支援センター」において、労務管理の専門家による無料の個別相談支援やセミナー等を引き続き実施するとともに、パートタイム・有期雇用労働者の均等・均衡待遇の確保に向けた職務分析・職務評価の取組支援を行った。

さらに、職務、勤務地、労働時間を限定した「多様な正社員」制度の導入・定着を図るため、「多様な正社員」制度導入支援セミナーや「多様な働き方の実現応援サイト」での好事例の周知、「多様な正社員」制度を導入・整備しようとする企業への社会保険労務士等による導入支援等を行った。

高齢者を含め多様な人材の能力を最大限発揮させる「ダイバーシティ経営」の推進に向け、研修等を通じ、先進的な取組を行う企業の事例の普及を行うとともに、実践に必要な取組を見える化し、企業の取組を推進するために策定した「ダイバーシティ経営診断シート」の活用促進に向けた検討を行った。

加えて、副業・兼業については、令和4年7月に「副業・兼業の促進に関するガイドライン」を改定し、労働者の多様なキャリア形成を促進する観点から、職業選択に資するよう、副業・兼業を許容しているか否か、また条件付許容の場合はその条件について公表することを企業に推奨したほか、令和5年3月に作成した副業・兼業に取り組む企業の事例集の周知を行った。

（イ）情報通信を活用した遠隔型勤務形態の普及

テレワークは、高齢者の就業機会の拡大及び

高齢者の積極的な社会への参画を促進する有効な働き方と期待されている。

「デジタル社会の実現に向けた重点計画」（令和5年6月9日閣議決定）においては、「働く時間や場所を柔軟に活用できる働き方であるテレワークは、働き方を変えるだけでなく、人々の日常生活における時間の使い方に大きな変化をもたらすものであり、その更なる導入・定着は不可欠である」とされている。そのため、関係府省庁では、テレワークの一層の普及拡大に向けた環境整備、普及啓発等を連携して推進している。具体的には、適正な労務管理下における良質なテレワークの導入・定着支援を図るため、テレワークに関する労務管理とICT（情報通信技術）の双方についてワンストップで相談できる窓口での相談対応や、「テレワークの適切な導入及び実施の推進のためのガイドライン」（令和3年3月改定）の周知、中小企業事業主に対するテレワーク導入経費の助成等を行った。また、事業主を対象としたセミナー等の開催、中小企業を支援する団体と連携した全国的なテレワーク導入支援体制の構築、テレワークに先進的に取り組む企業等に対する表彰の実施、「テレワーク月間」等の広報、中小企業等担当者向けテレワークセキュリティの手引き（チェックリスト）の作成等により、良質なテレワークの定着・促進を図った。

さらに、テレワークによる働き方の実態やテレワーク人口の定量的な把握を行った。

イ　高齢者等の再就職の支援・促進

「事業主都合の解雇」又は「継続雇用制度の対象となる高年齢者に係る基準に該当しなかったこと」により離職する高年齢離職予定者の希望に応じて、その職務の経歴、職業能力等の再就職に資する事項や再就職援助措置を記載した求職活動支援書を作成・交付することが事業主に義務付けられており、交付を希望する高年齢離職予定者に求職活動支援書を交付しない事業主に対しては公共職業安定所が必要に応じて指導・助言を行った。求職活動支援書の作成に当たってジョブ・カードを活用することが可能となっていることから、その積極的な活用を促した。

主要な公共職業安定所において高年齢求職者を対象に職業生活の再設計に係る支援や、特に就職が困難な者に対する就労支援チームによる支援及び職場見学、職場体験等を行った。

また、常用雇用への移行を目的として、職業経験、技能、知識の不足等から安定的な就職が困難な求職者を公共職業安定所等の紹介により、一定期間試行雇用した事業主に対する助成措置（トライアル雇用助成金）や、高年齢者等の就職困難者を公共職業安定所等の紹介により、継続して雇用する労働者として雇い入れる事業主に対する助成措置（特定求職者雇用開発助成金）を実施した（表2-2-1）。

| 表2-2-1 | 高年齢者雇用関係助成金制度の概要 |

トライアル雇用助成金
・常用雇用への移行を目的として、職業経験、技能、知識の不足等から安定的な就職が困難な求職者を公共職業安定所等の紹介により、一定期間試行雇用した事業主に対して助成

特定求職者雇用開発助成金（特定就職困難者コース）
・高年齢者（60歳以上）等の就職困難者を公共職業安定所等の紹介により、継続して雇用する労働者として雇い入れる事業主に対して賃金相当額の一部を助成

65歳超雇用推進助成金
・65歳以降の定年延長や継続雇用制度の導入を行う事業主、高年齢者の雇用管理制度の導入又は見直し等や高年齢の有期雇用労働者の無期雇用への転換を行う事業主に対して助成

資料：厚生労働省

さらに、再就職が困難である高年齢者等の円滑な労働移動を強化するため、労働移動支援助成金により、離職を余儀なくされる高年齢者等の再就職を民間の職業紹介事業者に委託した事業主や、高年齢者等を早期に雇い入れた事業主、受け入れて訓練（OJTを含む。）を行った事業主に対して、助成措置を実施し、能力開発支援を含めた労働移動の一層の促進を図った。また、高年齢者等を前職よりも賃金を5％以上上昇させた再就職に対して上乗せ助成を実施し、賃金上昇を伴う労働移動の支援を行った。あわせて、中途採用等支援助成金（中途採用拡大コース）により中途採用者の能力評価、賃金、処遇の制度を整備した上で、45歳以上の中高年齢者の中途採用率等を拡大させるとともに、当該45歳以上の中高年齢者の賃金を前職よりも5％以上上昇させた事業主に対して、助成額を増額し、中高年齢者の賃金上昇を伴う労働移動の促進を行った。

また、高年齢退職予定者のキャリア情報等を登録し、その能力の活用を希望する事業者に対してこれを紹介する「高年齢退職予定者キャリア人材バンク事業」を公益財団法人産業雇用安定センターにおいて実施し、高年齢者の就業促進を図った。

ウ　高齢期の起業の支援

日本政策金融公庫において、高齢者等を対象に優遇金利を適用する融資制度により開業・創業の支援を行った。

エ　知識、経験を活用した高齢期の雇用の確保

高年齢者雇用安定法は、事業主に対して、65歳までの雇用を確保するために継続雇用制度の導入等の措置（以下「高年齢者雇用確保措置」という。）を講じるよう義務付けており、高年齢者雇用確保措置を講じていない事業主に対しては、公共職業安定所による指導等を実施した。

さらに、令和3年4月に施行された改正高年齢者雇用安定法において、事業主に対する70歳までの就業機会確保が努力義務化されたことを踏まえ、適切な措置の実施に向けた事業主への周知啓発を行うとともに、独立行政法人高齢・障害・求職者雇用支援機構の70歳雇用推進プランナー等により、高年齢者就業確保措置に関する技術的事項についての相談・援助を行った。

「労働施策の総合的な推進並びに労働者の雇用の安定及び職業生活の充実等に関する法律」（昭和41年法律第132号。以下「労働施策総合推進法」という。）第9条に基づき、労働者の一人一人により均等な働く機会が与えられるよう、引き続き、労働者の募集・採用における年齢制限禁止の義務化の徹底を図るべく、指導等を行った。

また、企業における高年齢者の雇用を推進するため、65歳以上の年齢までの定年延長や66歳以上の年齢までの継続雇用制度の導入又は他社による継続雇用制度の導入を行う事業主、高年齢者の雇用管理制度の見直し又は導入等や高年齢の有期雇用労働者を無期雇用労働者に転換する事業主に対する支援を実施した。さらに、継続雇用延長・定年引上げに係る具体的な制度改善提案を実施し、企業への働きかけを行った。

加えて、日本政策金融公庫（中小企業事業）の融資制度（地域活性化・雇用促進資金）において、エイジフリーな勤労環境の整備を促進するため、高齢者（60歳以上）等の雇用等を行う事業者に対しては当該制度の利用に必要な雇用創出効果の要件を緩和（2名以上の雇用創出から1名以上の雇用創出に緩和）する措置を継続した。

高年齢労働者が安心して安全に働ける職場づくりや労働災害の防止のため、「高年齢労働者の安全と健康確保のためのガイドライン」（以下「エイジフレンドリーガイドライン」という。）の周知及び労働災害防止団体による個別事業場支援の利用勧奨を行った。また、高年齢労働者の安全・健康確保の取組を行う中小企業等に対し、エイジフレンドリー補助金による支援を行い、高年齢労働者の安全衛生対策を推進した。

公務部門における高齢者雇用において、国家公務員については、60歳の定年を段階的に引き上げて65歳とすることを規定した「国家公務員法等の一部を改正する法律」（令和3年法律第61号）が令和5年4月に施行されたところであり、シニア職員の具体的な職務付与や若年層等の職員との職務分担、貢献意欲の向上策等について、「国家公務員の定年引上げに向けた取組指針」（令和4年3月25日人事管理運営協議会決定）を踏まえた計画的な取組を進めた。また、引き続き、定年の段階的な引上げ期間中の経過措置として、暫定再任用制度を活用し、定年退職者等のうち希望者を、公的年金の支給開始年齢まで原則再任用する等の措置を講じた。

地方公務員の定年の引上げについては、「地方公務員法の一部を改正する法律」（令和3年法律第63号）が令和5年4月に施行されたところであり、高齢期職員の具体的な職務付与、モチベーション維持のための取組、周囲の職員も含めた職場環境の整備等に取り組むとともに、定年の段階的な引上げ期間中の経過措置として、引き続き、定年退職等する職員が再任用を希望する場合、公的年金の支給開始年齢まで原則再任用するなど、定年引上げの適切かつ円滑な運用に向けて、各種会議の場等において、必要な助言等を行った。

オ　勤労者の職業生活の全期間を通じた能力の開発

職業訓練の実施や職業能力の「見える化」のみならず、個々人にあった職業生涯を通じたキャリア形成支援を推進した。

また、高齢期を見据えたキャリア形成支援を推進するため、労働者のキャリアプラン再設計や企業内の取組を支援するキャリア形成・学び直し支援センターを整備し、労働者等及び企業に対しキャリアコンサルティングを中心とした総合的な支援を実施した。

また、中高年齢者の中長期的なキャリア形成を支援するため、キャリアコンサルタント向けに必要な知識・技能等を付与する研修教材をオンラインで提供した。

さらに、労働者個人の自発的な能力開発・キャリア形成を促進するため、教育訓練休暇制度の普及促進を図るとともに、教育訓練給付金の給付率の上限の引上げや教育訓練休暇給付金制度の創設等を内容とする「雇用保険法等の一部を改正する法律案」が令和6年2月に第213回通常国会に提出された。

令和4年10月から施行された改正職業能力開発促進法により法定化された都道府県単位の協議会において、前年度に実施した公的職業訓練の分析結果を踏まえ、今後の課題を協議したほか、協議会の下に設置されたワーキンググループを活用し、訓練修了生や採用企業からのヒアリングも含め、訓練効果の把握・検証を行い、訓練内容の改善に取り組んでいる。

カ　ゆとりある職業生活の実現等

我が国の労働時間の現状を見ると、週労働時間60時間以上の雇用者の割合が1割弱となっており、また、年次有給休暇の取得率は6割前後の水準となっている。

この状況を踏まえ、「労働時間等の設定の改善に関する特別措置法」（平成4年法律第90号）及び「労働時間等見直しガイドライン」（労働時間等設定改善指針（平成20年厚生労働省告示第108号））に基づき、時間外・休日労働の削減及び年次有給休暇の取得促進を始めとして労使の自主的な取組を促進する施策を推進した。

具体的には、労働者の健康の保持や仕事と生活の調和を図るため、10月の「年次有給休暇取得促進期間」に加え、連続休暇を取得しやすい時季（夏季、年末年始及びゴールデンウィーク）における集中的な広報などによる年次有給休暇の取得促進や、勤務間インターバル制度を導入する際に参考となる業種別マニュアルの作成・周知やシンポジウムの開催などを通じた制度の導入促進等を行った。

（2）誰もが安心できる公的年金制度の構築
ア　働き方の多様化や高齢期の長期化・就労拡大に対応した年金制度の構築

今後、より多くの人がこれまでよりも長い期間にわたり多様な形で働くようになることが見込まれる。こうした社会・経済の変化を年金制度に反映し、長期化する高齢期の経済基盤の充実を図るため、「年金制度の機能強化のための国民年金法等の一部を改正する法律」（令和2年法律第40号。以下「国民年金法等の一部を改正する法律」という。）が順次施行されており、その円滑な施行に向けた取組を行った。

また、国民年金法等の一部を改正する法律の検討規定等には、被用者保険の更なる適用拡大や公的年金制度の所得再分配機能の強化等が盛り込まれており、次期制度改正に向けて、社会保障審議会年金部会等において議論を開始した。

イ　年金制度等の分かりやすい情報提供

短時間労働者等への被用者保険の適用拡大の円滑な施行に向けて、制度改正の内容や適用拡大による被保険者のメリット等について、周知・広報に努めた。また、若い人たちが年金について考えるきっかけにするため「学生との年金対話集会」や、「年金動画・ポスターコンテスト」の開催、若い世代向けの年金学習教材の作成等を行った。さらに、個々人の就労履歴と将来の年金受取額の見通しを「見える化」する公的年金シミュレーターについて、令和5年4月には、税・社会保険料額の試算機能を追加し、令和6年1月には在職定時改定の試算機能を追加した。「ねんきん定期便」については、老後の生活設計を支援するため、国民年金法等の一部を改正する法律による年金の繰下げ受給の上限年齢の引上げを踏まえた年金額増額のイメージ等について、分かりやすい情報提供を推進した。

（3）資産形成等の支援
ア　資産形成等の促進のための環境整備

勤労者財産形成貯蓄制度の普及等を図ることにより、高齢期に備えた勤労者の自助努力による計画的な財産形成を促進した。

企業年金・個人年金に関して、「令和3年度税制改正の大綱」（令和2年12月21日閣議決定）において決定された確定拠出年金（以下「DC」という。）の拠出限度額の引上げや算定方法の見直しの円滑な施行（令和6年12月施行予定）に向けて、改正内容の周知・啓発を行った。さらに、「資産所得倍増プラン」（令和4年11月新しい資本主義実現会議決定）において、①個人型DC（以下「iDeCo」という。）の加入可能年齢を70歳に引き上げること、②iDeCoの拠出限度額の引上げ等について令和6年の公的年金

の財政検証に併せて結論を得ること、③iDeCo各種手続きの簡素化等を行うこととされたこと等を踏まえ、社会保障審議会企業年金・個人年金部会において議論を開始した。さらにiDeCoについて、更なる普及を図るため、各種広報媒体を活用した周知・広報を行った（加入者数は、令和6年3月末時点で328万人）。退職金制度については、中小企業における退職金制度の導入を支援するため、中小企業退職金共済制度の普及促進のための周知等を実施した。

また、「所得税法等の一部を改正する法律」（令和5年法律第3号）において抜本的拡充・恒久化が図られた、新しい少額投資非課税制度（以下「NISA」という。）が、令和6年1月から開始された。さらに、「令和6年度税制改正の大綱」（令和5年12月22日閣議決定）において、NISAの利便性向上等に向け、金融機関変更手続きにおけるデジタル化等の措置を講ずることとされ、関係法令の整備等を行った。また、若年層から高齢層までの幅広い層にとって使い勝手の良いNISAの普及の観点から、NISA特設サイトの利用者目線での抜本的な見直し、分かりやすさを追求したガイドブック等の改訂、新しいNISAを含む安定的な資産形成を目的としたイベント・セミナーの開催等を実施した。

イ　資産の有効活用のための環境整備

独立行政法人住宅金融支援機構（以下「住宅金融支援機構」という。）において、高齢者が住み替え等のための住生活関連資金を確保するために、リバースモーゲージ型住宅ローンの普及を促進した。

また、低所得の高齢者世帯が安定した生活を送れるようにするため、各都道府県社会福祉協議会において、一定の居住用不動産を担保とし

て、世帯の自立に向けた相談支援に併せて必要な資金の貸付けを行う不動産担保型生活資金の貸与制度を実施した。

2　健康・福祉

「健康・福祉」については、大綱において、次の方針を示している。

> 高齢期に健やかで心豊かに生活できる活力ある社会を実現し、長寿を全うできるよう、個人間の健康格差をもたらす地域・社会的要因にも留意しつつ、生涯にわたる健康づくりを総合的に推進する。
>
> 今後の高齢化の進展等を踏まえ、地域包括ケアシステムの一層の推進を図るとともに、認知症を有する人が地域において自立した生活を継続できるよう支援体制の整備を更に推進する。また、家族の介護を行う現役世代にとっても働きやすい社会づくりのため、介護の受け皿整備や介護人材の処遇改善等の「介護離職ゼロ」に向けた取組を推進する。
>
> 高齢化の進展に伴い医療費・介護費の増加が見込まれる中、国民のニーズに適合した効果的なサービスを効率的に提供し、人口構造の変化に対応できる持続可能な医療・介護保険制度を構築する。また、人生の最終段階における医療について国民全体で議論を深める。

（1）健康づくりの総合的推進
ア　生涯にわたる健康づくりの推進

健康寿命の延伸や生活の質の向上を実現し、健やかで活力ある社会を築くため、平成12年度から、生活習慣病の一次予防に重点を置いた

「21世紀における国民健康づくり運動（健康日本21）」を開始した。平成25年度からは、更に国民健康づくり運動を推進するため、社会環境の整備に関する具体的な目標も明記した「21世紀における第二次国民健康づくり運動（健康日本21）」（以下「健康日本21（第二次）」という。）を開始した。健康日本21（第二次）の最終評価の結果等も踏まえ、令和6年度から開始する「21世紀における第三次国民健康づくり運動（健康日本21）」（以下「健康日本21（第三次）」という。）を推進するため、令和5年5月31日に「国民の健康の増進の総合的な推進を図るための基本的な方針」（令和5年厚生労働省告示第207号）を告示した。

平成25年4月に開始した健康日本21（第二次）に基づき、企業、団体、地方公共団体等と連携し、健康づくりについて取組の普及啓発を推進する「スマート・ライフ・プロジェクト」を引き続き実施した。

さらに、健康な高齢期を送るためには、壮年期からの総合的な健康づくりが重要であるため、市町村が「健康増進法」（平成14年法律第103号）に基づき実施している健康教育、健康診査、機能訓練、訪問指導等の健康増進事業について一層の推進を図った。

このほか、国民が生涯にわたり健全な食生活を営むことができるよう、国民の健康の維持・増進、生活習慣病の発症及び重症化予防の観点から、「日本人の食事摂取基準」を策定し、5年ごとに改定している。「日本人の食事摂取基準（2020年版）」では、我が国における更なる高齢化の進展を踏まえ、新たに高齢者の低栄養予防やフレイル予防も視野に入れて策定を行った。この改定と併せて、高齢者やその家族、行政関係者等が、フレイル予防に役立てることができる普及啓発ツール（パンフレットや動画）

を作成、公表し、普及啓発ツールを用いた地方公共団体の取組事例を収集した。

また、「地域高齢者等の健康支援を推進する配食事業の栄養管理に関するガイドライン」（平成29年3月策定）を踏まえた配食サービスの普及と利活用の推進に向けて、適切な配食の提供及び栄養管理を行う事業をモデル的に実施した。

さらに、医療保険者による特定健康診査・特定保健指導の着実な実施や、データヘルス計画に沿った取組等、加入者の予防・健康づくりの取組を推進していくとともに、糖尿病を始めとする生活習慣病の重症化予防の先進的な事例の横展開等を実施した。

いつまでも健康で活力に満ちた長寿社会の実現に向けて、地方公共団体におけるスポーツを通じた健康増進に関する施策を持続可能な取組とするため、域内の体制整備及び運動・スポーツに興味・関心を持ち、習慣化につながる取組を推進した。

食育の観点からは、「第4次食育推進基本計画」（令和3年3月31日食育推進会議決定）に基づき、多世代交流等の共食の場の提供や栄養バランスに優れた日本型食生活の実践に向けたセミナーの開催等の食育活動への支援、スマイルケア食の普及促進など、家庭や地域等における食育の推進を図った。

加えて、高齢受刑者で日常生活に支障がある者の円滑な社会復帰を実現するため、リハビリテーション専門スタッフを配置した。

そのほか、散歩や散策による健康づくりにも資する取組として、河川空間とまち空間が融合した良好な空間の形成を目指す「かわまちづくり」の推進を図った。

国立公園等においては、主要な利用施設であるビジターセンター、園路、公衆トイレ等についてユニバーサルデザイン化や、利用者の利便

性を高めるための情報発信の充実等を推進し、高齢者にも配慮した自然とのふれあいの場を提供した。

イ　介護予防の推進

介護予防は、高齢者が要介護状態等になることの予防又は要介護状態等の軽減若しくは悪化の防止を目的として行うものである。平成27年度以降、通いの場の取組を中心とした一般介護予防事業等を推進しており、一部の地方公共団体では、その取組の成果が現れてきているとともに、介護予防に加え、地域づくりの推進という観点からも保険者等の期待の声も大きく、また、高齢者の保健事業と介護予防の一体的な実施の動向も踏まえ、その期待は更に大きくなっている。

令和元年12月に取りまとめられた「一般介護予防事業等の推進方策に関する検討会」の報告書を踏まえ、第8期介護保険事業（支援）計画の実施及び第9期介護保険事業（支援）計画の策定が円滑に進められるよう、地方公共団体職員等に対する担当者会議や研修会等を実施す

るとともに、多様な通いの場の展開を図るため、令和3年8月に、通いの場の取組について先進的な事例等を参考に類型化して示した事例集「通いの場の類型化について（Ver.1.0）」を公表・周知し、市町村における地域の実情に応じた効果的・効率的な介護予防の取組を推進した。

さらに、特設ウェブサイトを活用した広報や地方公共団体等の好事例の横展開、国立研究開発法人国立長寿医療研究センターで開発したスマートフォン等用アプリを活用した健康づくりの支援等を実施した。

（2）持続可能な介護保険制度の運営

介護保険制度については、平成12年4月に施行されてから20年以上を経過したところであるが、介護サービスの利用者数は制度創設時の4倍を超える等、高齢期の暮らしを支える社会保障制度の中核として確実に機能しており、少子高齢社会の日本において必要不可欠な制度となっているといえる（表2－2－2）。

令和22年に向けて、高齢化が一層進展し、

表2－2－2　介護サービス利用者と介護給付費の推移

	利用者数							
	平成12年4月	平成21年4月	平成26年4月	平成29年4月	令和2年4月	令和3年4月	令和4年4月	令和5年4月
居宅(介護予防)サービス	97万人	278万人	366万人	381万人	384万人	399万人	408万人	417万人
地域密着型(介護予防)サービス	－	23万人	37万人	81万人	84万人	87万人	89万人	91万人
施設サービス	52万人	83万人	89万人	93万人	95万人	95万人	96万人	95万人
合計	149万人	384万人	493万人	554万人	564万人	581万人	593万人	603万人

	介護給付費							
	平成12年4月	平成21年4月	平成26年4月	平成29年4月	令和2年4月	令和3年4月	令和4年4月	令和5年4月
居宅(介護予防)サービス	618億円	2,655億円	3,736億円	3,670億円	3,817億円	4,040億円	4,155億円	4,267億円
地域密着型(介護予防)サービス	－	445億円	760億円	1,181億円	1,325億円	1,369億円	1,410億円	1,438億円
施設サービス	1,571億円	2,141億円	2,327億円	2,379億円	2,598億円	2,598億円	2,624億円	2,650億円
合計	2,190億円	5,241億円	6,823億円	7,230億円	7,741億円	8,007億円	8,189億円	8,355億円

資料：厚生労働省「介護保険事業状況報告」
（注）　端数処理の関係で、合計の数字と内訳数が一致しない場合がある。
　　　　地域密着型（介護予防）サービスは、平成17年の介護保険制度改正に伴って創設された。

85歳以上人口の急増や生産年齢人口の急減等が見込まれている中、高齢者ができるだけ住み慣れた地域で自分らしい暮らしを人生の最期まで続けることができるよう、「地域包括ケアシステム」を深化・推進すること、介護人材の確保や介護現場の生産性が向上するよう取組を推進することが重要であることから、これらの内容を含む「全世代対応型の持続可能な社会保障制度を構築するための健康保険法等の一部を改正する法律案」を第211回通常国会に提出し、令和5年5月に成立した（令和5年法律第31号）。

（3）介護サービスの充実（介護離職ゼロの実現）
ア　必要な介護サービスの確保

　地域住民が可能な限り、住み慣れた地域で介護サービスを継続的・一体的に受けることのできる体制（地域包括ケアシステム）の実現を目指すため、令和5年度においても地域医療介護総合確保基金等を活用し、地域の実情に応じた介護サービス提供体制の整備を促進するための支援を行った。

　また、地域で暮らす高齢者個人に対する支援の充実と、それを支える社会基盤の整備とを同時に進めていく、地域包括ケアシステムの実現に向けた手法として、全国の地方公共団体に「地域ケア会議」の普及・定着を図るため、市町村に対し、「地域ケア会議」の開催に係る費用に対して、財政支援を行った。

　あわせて、介護人材の確保のため、介護助手等の普及を通じた介護現場での多様な就労の促進等を地域医療介護総合確保基金に位置付け、令和4年度に引き続き、当該基金の活用により、「参入促進」「労働環境の改善」「資質の向上」に向けた都道府県の取組を支援した。さらに、介護福祉士修学資金等貸付事業の更なる活用促進

等に取り組んだ。加えて、介護職の魅力及び社会的評価の向上や、他業種で働いていた方等が介護・障害福祉分野における介護職に就職する際の支援を行い、更なる介護分野への参入促進に向けた取組を行った。介護職員の処遇改善については、これまでに実施してきた処遇改善に加えて、「デフレ完全脱却のための総合経済対策」に基づき、介護職員を対象に、収入を2％程度（月額平均6,000円相当）引き上げるための措置を、令和6年2月から実施した。なお、介護福祉士修学資金等貸付事業については、令和5年度補正予算において、貸付原資の積み増しを行った。

　また、介護労働者の雇用管理改善を促進する「介護雇用管理改善等計画」（令和3年厚生労働省告示第117号）に基づき、事業所の雇用管理の改善のためのコンサルティング等の実施や介護労働者の雇用管理全般に関する雇用管理責任者への講習に加え、事業所の雇用管理改善に係る好事例の公開や助成金の周知を実施した。人材の参入促進を図る観点からは、介護に関する専門的な技能を身につけられるようにするための公的職業訓練について、民間教育訓練実施機関等を活用した職業訓練枠の拡充のため、職場見学・職場体験を組み込むことを要件とした訓練委託費等の上乗せを実施するとともに、全国の主要な公共職業安定所に設置する「人材確保対策コーナー」において、きめ細かな職業相談・職業紹介、求人充足に向けた助言・指導等を実施することに加え、「人材確保対策コーナー」を設置していない公共職業安定所においても、医療・福祉分野の職業相談・職業紹介、求人情報の提供及び「人材確保対策コーナー」の利用勧奨等の支援を実施した。さらに、各都道府県に設置されている福祉人材センターにおいて、離職した介護福祉士等からの届出情報を

基に、求職者になる前の段階からニーズに沿った求人情報の提供等の支援を推進するとともに、当該センターに配置された専門員が求人事業所と求職者双方のニーズを的確に把握した上で、マッチングによる円滑な人材参入・定着支援、職業相談、職業紹介等を推進した。

また、在宅・施設を問わず必要となる基本的な介護の知識・技術を修得する「介護職員初任者研修」を各都道府県において実施した。

また、現場で働く介護職員の職場環境の改善につなげるため、優良事業者の表彰を通じた好事例の普及促進を図る観点から、「介護職員の働きやすい職場環境づくり内閣総理大臣及び厚生労働大臣表彰」を創設し、令和5年度より実施した。

「11月11日」の「介護の日」に合わせ、都道府県・市町村、介護事業者、関係機関・団体等の協力を得つつ、国民への啓発のための取組を重点的に実施した。

また、地域包括ケアの推進等により住み慣れた地域で自分らしい暮らしを人生の最期まで続けることができるような体制整備を目指して、引き続き在宅医療・介護の連携推進等、制度、報酬及び予算面から包括的に取組を行っている。

イ 介護サービスの質の向上

介護保険制度の運営の要である介護支援専門員（以下「ケアマネジャー」という。）の資質の向上を図るため、引き続き、実務研修及び現任者に対する研修を体系的に実施した。また、地域包括支援センターにおいて、ケアマネジャーに対する助言・支援や関係機関との連絡調整等を行い、地域のケアマネジメント機能の向上を図った。

また、高齢者の尊厳の保持を図る観点から、地方公共団体と連携し、地域住民への普及啓発

や関係者への研修等を進め、高齢者虐待の未然防止や早期発見に向けた取組を推進した。

平成24年4月より、一定の研修を受けた介護職員等は、一定の条件の下に喀痰吸引等の行為を実施できることとなった。令和5年度においては、引き続き各都道府県と連携の下、研修等の実施を推進し、サービスの確保、向上を図った。

高齢化が進展し要介護・要支援認定者が増加する中、介護者（家族）の不安の軽減やケアマネジャー等介護従事者の負担軽減を図る必要があることから、平成31年1月より、マイナポータルを活用し介護保険手続の検索やオンライン申請を可能とする「介護ワンストップサービス」を開始した。

令和2年度に、マイナポータルぴったりサービスにオンライン申請における標準様式を登録しており、令和5年度においても引き続き地方公共団体への導入促進を図った。なお、介護保険システム標準仕様書を策定したことを契機として、標準様式の見直しを行った。

ウ 地域における包括的かつ持続的な在宅医療・介護の提供

持続可能な社会保障制度を確立するためには、高度急性期医療から在宅医療・介護までの一連のサービス提供体制を一体的に確保できるよう、質が高く効率的な医療提供体制を整備するとともに、国民が可能な限り住み慣れた地域で療養することができるよう、医療・介護が連携して地域包括ケアシステムの実現を目指すことが必要である。

このため、平成26年6月に施行された「地域における医療及び介護の総合的な確保を推進するための関係法律の整備等に関する法律」（平成26年法律第83号。以下「医療介護総合確保

推進法」という。）に基づき各都道府県に創設された消費税増収分を財源とする地域医療介護総合確保基金を活用し、在宅医療・介護サービスの提供体制の整備等のための地域の取組に対して支援を行った。また、医療介護総合確保推進法の下で、在宅医療・介護の連携推進に係る事業は、平成27年度以降、「介護保険法」（平成9年法律第123号）の地域支援事業に位置付け、市町村が主体となって地域の医師会等と連携しながら取り組むこととされた。平成30年度からは、全ての市町村で、地域の実情を踏まえつつ、医療・介護関係者の研修や地域住民への普及啓発等の取組が実施されている。また、令和2年10月には在宅医療・介護が円滑に切れ目なく提供される仕組みを構築できるよう、「介護保険法施行規則」（平成11年厚生省令第36号）の一部改正（令和3年4月施行）を行うとともに「在宅医療・介護連携推進事業の手引き（ver.3）」（令和2年9月策定）を公開した。

また、第8次医療計画等に関する検討会における議論を踏まえて、令和6年度からの第8次医療計画においては、「在宅医療において積極的役割を担う医療機関」及び「在宅医療に必要な連携を担う拠点」を医療計画に位置づけ、適切な在宅医療の圏域を設定する等、今後見込まれる在宅医療の需要の増加に向け、地域の実情に応じた在宅医療の体制整備を進めることとした。

エ　介護と仕事の両立支援
（ア）育児・介護休業法の円滑な施行
介護休業や介護休暇等の仕事と介護の両立支援制度等を定めた「育児休業、介護休業等育児又は家族介護を行う労働者の福祉に関する法律」（平成3年法律第76号）について、都道府県労働局において制度の内容を周知するとともに、企業において法の履行確保が図られるよう

事業主に対して指導等を行った。

また、介護離職を防止するための仕事と介護の両立支援制度の周知の強化等を内容とする「育児休業、介護休業等育児又は家族介護を行う労働者の福祉に関する法律及び次世代育成支援対策推進法の一部を改正する法律案」を第213回国会（令和6年）に提出した。

（イ）仕事と介護を両立しやすい職場環境整備
中高年齢者を中心として、家族の介護のために離職する労働者の数が高止まりしていることから、仕事と介護の両立支援制度について周知を行うとともに、全国各地での企業向けセミナーの開催や仕事と家庭の両立支援プランナーによる個別支援を通じて、事業主が従業員の仕事と介護の両立を支援する際の具体的取組方法・支援メニューである「介護離職を予防するための両立支援対応モデル」の普及促進を図るとともに、介護に直面した労働者の介護休業の取得及び職場復帰等を円滑に行うためのツールである「介護支援プラン」の普及促進に取り組んだ。

また、「介護支援プラン」を策定し、介護に直面する労働者の円滑な介護休業の取得・職場復帰に取り組んだ中小企業事業主や、その他の仕事と介護の両立に資する制度（介護両立支援制度）を労働者が利用した中小企業事業主、新型コロナウイルス感染症への対応として家族を介護するための有給の休暇制度を設け、労働者が利用した中小企業事業主に対し助成金により支援することを通じて、企業の積極的な取組の促進を図った。

（4）持続可能な高齢者医療制度の運営
全世代型社会保障制度の構築のため、第204回通常国会において、後期高齢者（3割負担である現役並み所得者を除く。）のうち、課税所

得28万円以上かつ年収200万円以上（単身世帯の場合。複数世帯の場合は、年収合計が320万円以上）の方について窓口負担割合を2割とする改正法が成立し、令和4年10月から施行された。また、2割負担への変更による影響が大きい外来患者について、施行後3年間、1月分の負担増が、最大でも3,000円に収まるような配慮措置を実施している。

さらに、令和7年までに全ての団塊の世代が後期高齢者となる中、現役世代の負担上昇の抑制を図り、負担能力に応じて、増加する医療費を全ての世代で公平に支え合う観点から、第211回通常国会において、後期高齢者1人当たり保険料と現役世代1人当たり後期高齢者支援金の伸び率が同じとなるよう後期高齢者の保険料負担割合を見直すこと、その際、低所得の方々の負担増が生じないようにする等の激変緩和措置を講じること等を内容とする改正法が成立した。

後期高齢者の保健事業について、高齢者の心身の多様な課題に対応し、きめ細かな支援を実施するため、後期高齢者医療広域連合のみならず、市民に身近な市町村が中心となって、介護保険の地域支援事業や国民健康保険の保健事業と一体的に後期高齢者の保健事業を実施する「高齢者の保健事業と介護予防の一体的な実施」の法的な枠組みが、令和2年度から開始されている。

この取組を推進するため、後期高齢者医療広域連合から市町村へ高齢者保健事業を委託し、①事業全体のコーディネートや企画調整・分析等を行う医療専門職、②高齢者に対する個別的支援や通いの場等への関与等を行う医療専門職について配置する費用等を、国が後期高齢者医療調整交付金のうち特別調整交付金により支援した。加えて、後期高齢者医療広域連合や市町村の職員を対象とする保健事業実施に関する研修や市町村の取組状況の把握等を行う「高齢者の保健事業と介護予防の一体的な実施の全国的な横展開事業」等を通じて、取組の推進を支援した。

（5）認知症施策の推進
ア　認知症施策推進大綱の基本的な考え方
「認知症施策推進大綱」（令和元年6月認知症施策推進関係閣僚会議決定）では、認知症の発症を遅らせ、認知症になっても希望を持って日常生活を過ごせる社会を目指し、認知症の人や家族の視点を重視しながら、「共生」と「予防」を車の両輪とした施策を推進していくことを基本的な考え方としている。なお、ここでいう「予防」とは、「認知症にならない」という意味ではなく、「認知症になるのを遅らせる」、「認知症になっても進行を穏やかにする」という意味である。

イ　「認知症施策推進大綱」の5つの柱
こうした基本的な考え方の下、「認知症施策推進大綱」は5つの柱に沿って施策を推進することとされており、令和5年度もこれらの施策等について取組を推進した。

① 普及啓発・本人発信支援

認知症に関する正しい知識と理解を持ち、地域や職域などで認知症の人や家族に対してできる範囲での手助けをする人である「認知症サポーター」の養成や、認知症の人ご本人が務める「希望大使」による普及啓発活動等。

② 予防

高齢者等が身近に通うことができる「通いの場」の拡充等。

③ 医療・ケア・介護サービス・介護者への支援

複数の専門職が、認知症が疑われる人や認知

症の人及びその家族を訪問し、アセスメントした上で家族支援などの初期の支援を包括的・集中的に行い、自立生活のサポートを行う「認知症初期集中支援チーム」の整備や、家族等の負担軽減を図るため、認知症の人とその家族などが集まる「認知症カフェ」の設置促進等。

④　認知症バリアフリーの推進・若年性認知症の人への支援・社会参加支援

認知症サポーターなどが認知症の人の支援チームを作り、見守りや外出支援などを行う仕組みである「チームオレンジ」の取組推進や、行政のみならず経済団体や医療・福祉団体等により設置された「日本認知症官民協議会」による、買い物、金融手続きなどの局面での認知症の人への接遇方法に関する「認知症バリアフリー社会実現のための手引き」の作成・普及等。

⑤　研究開発・産業促進・国際展開

認知症の予防、診断、治療、ケア等を進めるためにも、認知症の危険因子と認知症発症の関連解明など、様々な病態やステージを対象にした研究開発の推進等。

ウ　共生社会の実現を推進するための認知症基本法について

認知症の人が尊厳を保持しつつ希望を持って暮らすことができること、認知症の人を含めた全ての国民がその個性と能力を十分に発揮し、相互に人格と個性を尊重しつつ支え合いながら共生する活力ある社会（以下「共生社会」という。）の実現を推進することを目的とする「共生社会の実現を推進するための認知症基本法」（令和5年法律第65号。以下「認知症基本法」という。）が令和5年6月に成立し、令和6年1月に施行された。

また、認知症基本法の施行に先立ち、令和5

年9月からは「認知症と向き合う『幸齢社会』実現会議」を内閣総理大臣主宰のもと開催し、同年末には認知症の人やその家族、有識者等からなる構成員の意見のとりまとめを行い、認知症と共に希望をもって生きるという「新しい認知症観」の理解促進を認知症の人の発信等を通じて進めることや、認知症の人やその家族の参画の下で施策を進めること等の重要性が示された。

認知症基本法の施行後、政府においては、認知症基本法に基づき、内閣総理大臣を本部長に、全閣僚が本部員となる「認知症施策推進本部」を立ち上げるとともに、認知症の人やその家族、保健医療福祉従事者等から構成される「認知症施策推進関係者会議」を開催し、「認知症施策推進基本計画」の策定に向け検討を開始した。

（6）人生の最終段階における医療・ケアの在り方

人生の最終段階における医療・ケアについては、医療従事者から本人・家族等に適切な情報の提供がなされた上で、本人・家族等及び医療・ケアチームが繰り返し話合いを行い、本人による意思決定を基本として行われることが重要であり、国民全体への一層の普及・啓発が必要である。

そのため、人生の最終段階における医療・ケア体制整備事業として、「人生の最終段階における医療・ケアの決定プロセスに関するガイドライン」（平成30年3月改訂）に基づき、医療従事者等に向けて、研修を行った。

また、本人が望む医療やケアについて前もって考え、家族等や医療・ケアチームと繰り返し話し合い、共有する取組（人生会議）の普及・啓発を図るため、人生会議（ACP：アドバンス・ケア・プランニング）の国民向け普及啓発

事業として、国民向けにシンポジウム開催等を行った。

（7）住民等を中心とした地域の支え合いの仕組み作りの促進

ア　地域の支え合いによる生活支援の推進

　年齢や性別、その置かれている生活環境等にかかわらず、身近な地域において誰もが安心して生活を維持できるよう、地域住民相互の支え合いによる共助の取組を通じて、高齢者を含め、支援が必要な人を地域全体で支える基盤を構築するため、地方公共団体が行う地域のニーズ把握、住民参加による地域サービスの創出、地域のインフォーマル活動の活性化等の取組を支援する「生活困窮者支援等のための地域づくり事業」等を通じて、地域福祉の推進を図った。

　また、「寄り添い型相談支援事業」として、24時間365日ワンストップで電話相談を受け、必要に応じて、具体的な解決につなげるための面接相談、同行支援を行う事業を実施した。

　市町村において、地域住民の複雑化・複合化した支援ニーズに対応する包括的な支援体制を整備するため、対象者の属性を問わない相談支援、多様な参加支援、地域づくりに向けた支援を一体的に行う重層的支援体制整備事業の推進を図った。

イ　地域福祉計画の策定の支援

　福祉サービスを必要とする高齢者を含めた地域住民が、地域社会を構成する一員として日常生活を営み、社会、経済、文化その他あらゆる分野の活動に参加する機会が確保されるよう地域福祉の推進に努めている。このため、福祉サービスの適切な利用の推進や福祉事業の健全な発達、地域福祉活動への住民参加の促進等を盛り込んだ地域福祉計画の策定の支援を引き続き行った。

ウ　地域における高齢者の安心な暮らしの実現

　令和5年度においても、地域主導による地域医療の再生や在宅介護の充実を引き続き図った。医療、介護の専門家を始め、地域の多様な関係者を含めた多職種が協働して個別事例の支援方針の検討等を行う「地域ケア会議」の取組の推進や、ICTの活用による在宅での生活支援ツールの整備等を進め、地域に暮らす高齢者が自らの希望するサービスを受けることができる社会の構築を進めた。

　また、高齢者が地域での生活を継続していくためには、多様な生活支援や社会参加の場の提供が求められている。そのため、市町村が実施する地域支援事業を推進するとともに、各市町村が効果的かつ計画的に生活支援・介護予防サービスの基盤整備を行うことができるよう、市町村に生活支援コーディネーター（地域支え合い推進員）を配置するとともに、就労的活動をコーディネートする人材の配置を可能とするなど、その取組を推進した。

　高齢者が安心して健康な生活が送れるようになることで、生涯学習や、教養・知識を吸収するための旅行等、新たなシニア向けサービスの需要も創造される。また、高齢者の起業や雇用にもつながるほか、高齢者が有する技術・知識等が次世代へも継承される。こうした好循環を可能とする環境の整備を行った。

（8）新型コロナウイルス感染症への対応

　新型コロナウイルス感染症については、令和5年1月に決定した「新型コロナウイルス感染症の感染症法上の位置づけの変更等に関する対応方針について」（令和5年1月27日新型コロナウイルス感染症対策本部決定。以下「本部決

定」という。）を踏まえ、同年2月には、「マスク着用の考え方の見直し等について」（同年2月10日新型コロナウイルス感染症対策本部決定）を決定した。この中で、マスクの着用は個人の判断に委ねることを基本とするとともに、感染防止対策としてマスクの着用が効果的である場面などを示した。

さらに、本部決定に基づき、令和5年5月8日以降は、「5類感染症」に位置付けを変更し、それまでの法律に基づき行政が様々な要請・関与をしていく仕組みから、個人の選択を尊重し、国民の皆様の自主的な取組を基本とする対応に転換した。

また、介護サービス事業所・施設等に対しては、感染者等が生じた場合において、必要なサービスを継続して提供できるよう、通常の介護サービスの提供時では想定されない、職員の確保に関する費用や消毒費用などのかかり増し経費等に対して支援を行うとともに、緊急時の応援派遣に係る体制整備を構築する取組について補助を行った。さらに、令和3年度介護報酬改定において、全ての介護サービス事業者に対し、一定の経過措置期間を設け、BCP（業務継続計画）の策定やシミュレーションの実施を運営基準で義務付けた。

このように、新型コロナウイルス感染症への対応を進めた一方で、中長期的な観点からの課題の整理等を行うため立ち上げた「新型コロナウイルス感染症対応に関する有識者会議」での取りまとめを踏まえ、「新型コロナウイルス感染症に関するこれまでの取組を踏まえた次の感染症危機に備えるための対応の具体策」（令和4年9月新型コロナウイルス感染症対策本部決定）を決定し、政府の司令塔機能を強化し、次の感染症危機に迅速・的確に対応できる体制を整えるため「内閣感染症危機管理統括庁」を令

和5年度中に内閣官房に設置する方針が決定され、新型インフルエンザ等対策特別措置法及び内閣法の一部を改正する法律案を第211回通常国会に提出した。同法案は、令和5年4月21日に成立し、同年9月1日、内閣官房に「内閣感染症危機管理統括庁」が設置された。

③ 学習・社会参加

「学習・社会参加」については、大綱において、次の方針を示している。

高齢社会においては、価値観が多様化する中で、学習活動や社会参加活動を通じての心の豊かさや生きがいの充足の機会が求められるとともに、就業を継続したり日常生活を送ったりする上でも社会の変化に対応して絶えず新たな知識や技術を習得する機会が必要とされる。また、一人暮らし高齢者の増加も背景に、地域社会において多世代が交流することの意義が再認識されている。

このため、高齢者が就業の場や地域社会において活躍できるよう高齢期の学びを支援する。さらに、高齢者を含めた全ての人々が、生涯にわたって学習活動を行うことができるよう、学校や社会における多様な学習機会の提供を図り、その成果の適切な評価の促進や地域活動の場での活用を図る。

また、高齢化する我が国社会の持続可能性を高めるには全ての世代による支え合いが必要であることから、義務教育を含め、生涯を通じて社会保障に関する教育等を進め、若い世代を含む全世代が高齢社会を理解する力を養う。

さらに、ボランティア活動やNPO活動

等を通じた社会参加の機会は、生きがい、健康維持、孤立防止等につながるとともに、福祉に厚みを加えるなど地域社会に貢献し、世代間、世代内の人々の交流を深めて世代間交流や相互扶助の意識を醸成するものであることから、こうした活動の推進や参画支援を図る。

（1）学習活動の促進
ア　学校における多様な学習機会の提供
（ア）初等中等教育機関における多様な学習機会の確保

児童生徒が高齢社会の課題や高齢者に対する理解を深めるため、学習指導要領に基づき、小・中・高等学校において、ボランティア等社会奉仕に関わる活動や高齢者との交流等を含む体験活動の充実を図った。

（イ）高等教育機関における社会人の学習機会の提供

生涯学習のニーズの高まりに対応するため、大学においては、社会人選抜の実施、夜間大学院の設置、昼夜開講制の実施、科目等履修生制度の実施、長期履修学生制度の実施等を引き続き行い、履修形態の柔軟化等を図って、社会人の受入れを一層促進した（図2−2−3）。

また、大学等が、その学術研究・教育の成果を直接社会に開放し、履修証明プログラムや公開講座を実施する等高度な学習機会を提供することを促進した。

さらに、高等教育段階の学習機会の多様な発展に寄与するため、短期大学卒業者、高等専門学校卒業者、専門学校等修了者で、大学における科目等履修生制度等を利用し一定の学習を修めた者については、独立行政法人大学改革支援・学位授与機構において審査の上、「学士」の学位授与を行っている。

放送大学においては、テレビ・ラジオ放送や

図2−2−3　大学院の社会人学生数の推移

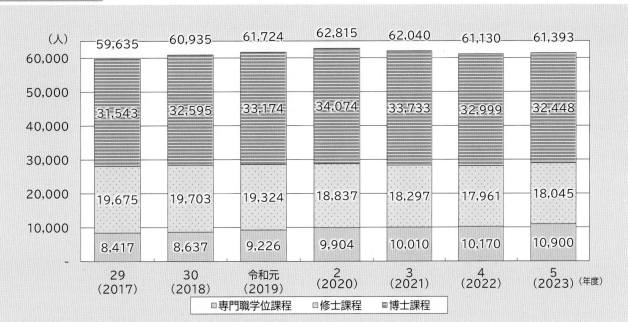

資料：文部科学省　学校基本調査（各年度5月1日現在）
※修士課程 ［修士課程及び博士前期課程（5年一貫制博士課程の1、2年次を含む。）］
　博士課程 ［博士後期課程（医・歯・薬学（4年制）、獣医学の博士課程及び5年一貫制の博士課程の3〜5年次を含む。）］

インターネット等の身近なメディアを効果的に活用して、幅広く大学教育の機会を国民に提供した（図2－2－4）。

（ウ）学校機能・施設の地域への開放

学校は地域コミュニティの核となることから、児童生徒が地域住民とともに創造的な活動を企画・立案したり交流したりするための「共創空間」を生み出す必要があることや、他の公共施設との複合化等を通じて、児童生徒や地域住民にとって多様な学習環境を創出する必要があることなどを周知している。

また、公立学校施設の整備のうち学校以外の公共施設との複合化・集約化を伴う改築及び長寿命化改修について、一定の条件の下、国庫補助率を引き上げている（1／3から1／2）。

イ　社会における多様な学習機会の提供

生涯学習の振興に向けて、平成2年に「生涯学習の振興のための施策の推進体制等の整備に関する法律」（平成2年法律第71号）が制定さ

れ、推進体制の整備が図られた。その後、平成18年に改正された「教育基本法」（平成18年法律第120号）で生涯学習の理念（第3条）が、さらにこの理念の実現のために、平成20年に改正された「社会教育法」（昭和24年法律第207号）でも「生涯学習の振興への寄与」が明示された（第3条第2項）。これらの法律や中央教育審議会の答申等に基づき、国民一人一人が生涯を通して学ぶことのできる環境の整備、多様な学習機会の提供、学習した成果が適切に評価されるための仕組み作り等、「生涯学習社会」の実現のための取組を進めた。

（ア）社会教育の振興

地域住民の身近な学習拠点である公民館を始めとする社会教育施設等において、幅広い年齢層を対象とした多様な学習機会の充実を促進した。

また、高齢者等の社会的に孤立しがちな住民の社会参画促進を図るため、行政や各種団体等で社会教育に携わる者を対象に、学びを通じた

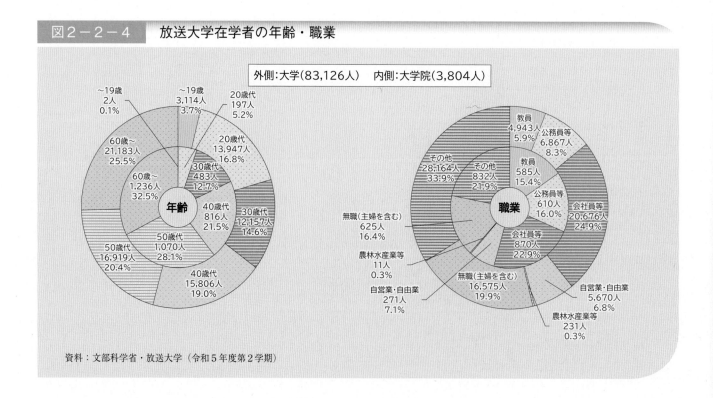

図2－2－4　放送大学在学者の年齢・職業

外側：大学（83,126人）　内側：大学院（3,804人）

資料：文部科学省・放送大学（令和5年度第2学期）

社会参画の実践による社会的孤立の予防・解消を図る方策を共有した。

（イ）文化活動の振興

国民文化祭の開催等による幅広い年齢層を対象とした文化活動への参加機会の提供、国立の博物館等における高齢者に対する優遇措置やバリアフリー化等による芸術鑑賞機会の充実を通じて多様な文化活動の振興を図った。

（ウ）スポーツ活動の振興

いつまでも健康で活力に満ちた長寿社会を実現するため、「スポーツによる地域活性化推進事業」を活用し、スポーツを通じた地域の活性化を推進するとともに、スポーツ行事の実施等の各種機会を通じて多様なスポーツ活動の振興を図った。

（エ）自然とのふれあい

国立公園等の利用者を始め、国民の誰もが自然とふれあう活動が行えるよう、自然ふれあい施設や自然体験活動等の情報をインターネット等を通じて提供した。

ウ　社会保障等の理解促進

中学校学習指導要領の社会科や技術・家庭科、高等学校学習指導要領の公民科や家庭科において、少子高齢社会における社会保障の充実・安定化や介護に関する内容等が明記されていることを踏まえ、その趣旨の徹底を図るとともに、厚生労働省が作成・提供している各種教材に対する教職員等の意見を踏まえ、新たな教材等を開発し、学校現場へ提供した。

また、教職員向けの研修会の実施等を通じて、教育現場における社会保障に関する教育の普及促進を図った。

より公平・公正な社会保障制度の基盤となるマイナンバー制度については、平成29年11月から、情報連携の本格運用が開始され、各種年金関係手続のほか、介護保険を始め高齢者福祉に関する手続において、従来必要とされていた住民票の写しや課税証明書、年金証書等の書類が不要となっている。本格運用の対象事務は、平成29年11月の約900から、令和5年11月には約2,500と、順次拡大している。こうしたマイナンバー制度の取組状況について、地方公共団体等とも連携し、国民への周知・広報を行った。

また、社会保障分野も含め、金融経済教育を推進するため、学習指導要領に対応した指導教材の周知広報やデモ授業の作成等に取り組んだ。

エ　高齢者等に向けたデジタル活用支援の推進

高齢者等が、デジタル技術の利活用により、豊かな生活を送ることができるようにするため、住居から地理的に近い場所で、身近な人からデジタル活用を学べる環境が必要である。

このため、関係府省庁や地方公共団体・関連団体、ボランティア団体等と連携し、デジタル機器・サービスの利用方法、各地で実装されているデジタルサービス及びマイナンバーカード・マイナポータルの利用方法をサポートするなど、国民運動としての「デジタル推進委員」の取組を令和4年度にスタートさせ、令和6年3月時点で50,000人を超える方々を任命した。

また、民間企業や地方公共団体等と連携し、スマートフォンを利用したオンライン行政手続等に対する助言・相談等を行うデジタル活用支援の講習会を、令和3年度から全国の携帯電話ショップ等において実施している。令和5年度は、全国6,000か所以上で実施した。

オ ライフステージに応じた消費者教育の取組の促進

消費者の自立を支援するために行われる消費生活に関する教育、すなわち消費者教育は、幼児期から高齢期までの各段階に応じて体系的に行われるとともに、年齢、障害の有無その他の消費者の特性に配慮した適切な方法で行わなければならない。こうした消費者教育を総合的かつ一体的に推進するため、平成24年12月に「消費者教育の推進に関する法律」(平成24年法律第61号)が施行され、令和5年3月には、同法に基づく「消費者教育の推進に関する基本的な方針」の2回目の変更の閣議決定を行った。令和5年度には、高齢者を含む幅広い全世代に対する悪質商法等の消費者被害への未然防止のため、気づく・断る・相談する・働きかける等被害防止に必要な実践的な「消費者力」を育成・強化する消費者教育教材を開発した。

(2) 社会参加活動の促進
ア 多世代による社会参加活動の促進
(ア) 高齢者の社会参加と生きがいづくり

高齢者の生きがいと健康づくり推進のため、地域を基盤とする高齢者の自主的な活動組織である老人クラブ等(図2-2-5)や都道府県及び市町村が行う地域の高齢者の社会参加活動を支援した。国民一人一人が積極的に参加し、その意義について広く理解を深めることを目的とした「全国健康福祉祭(ねんりんピック)」について、令和5年10月に「第35回全国健康福祉祭 えひめ大会」を開催した。

また、地域の社会教育を推進するため、社会教育を行う者に対する専門的・技術的な指導助言を行う社会教育主事等の専門的職員の養成等を図った。

さらに、退職教員や企業退職高齢者等を含む幅広い地域住民や企業・団体等の参画により、地域と学校が連携・協働して、学びによるまち

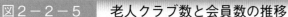

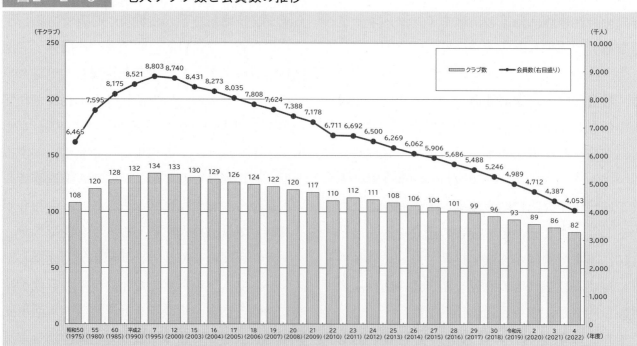

図2-2-5 老人クラブ数と会員数の推移

資料:厚生労働省「福祉行政報告例」(厚生省報告例、平成12年度から福祉行政報告例)(各年度3月末現在)
注:平成22年度は、東日本大震災の影響により、岩手県(盛岡市以外)、宮城県(仙台市以外)、福島県(郡山市及びいわき市以外)を除いて集計した数値である。

づくり、地域人材育成、郷土学習、放課後等における学習・体験活動等、地域全体で未来を担う子供たちの成長を支え、地域を創生する「地域学校協働活動」を全国的に推進した。

また、企業退職高齢者等が、地域社会の中で役割を持って生き生きと生活できるよう、有償ボランティア活動による一定の収入を得ながら自らの生きがいや健康づくりにもつながる活動を行い、同時に介護予防や生活支援のサービスの基盤整備を促進する「高齢者生きがい活動促進事業」を実施した。

加えて、高齢者を含む誰もが旅行を楽しむことができる環境を整備するため、令和2年12月に創設した「観光施設における心のバリアフリー認定制度」の普及促進に取り組んでいる。さらに、旅館・ホテル等におけるバリアフリー化への改修の支援を実施した。

また、高齢者の社会参加や世代間交流の促進、社会活動を推進するリーダーの育成・支援、さらには関係者間のネットワーキングに資することを目的に、地域参加に関心を持つ者が情報交換や多様な課題についての議論を行う「高齢社会フォーラム」を毎年行っており、令和5年度においては、令和5年11月に兵庫県姫路市で開催した。

また、年齢にとらわれず自由で生き生きとした生活を送る高齢者（エイジレス・ライフ実践者）や社会参加活動を積極的に行っている高齢者の団体等を毎年広く紹介しており、令和5年度においては、個人60名及び42団体を選考し、社会参加活動等の事例を広く国民に紹介する事業を実施した。

（イ）高齢者の余暇時間等の充実

高齢者等がテレビジョン放送を通じて情報アクセスの機会を確保できるよう、字幕放送、解説放送及び手話放送の充実を図るため、平成30年2月にテレビジョン放送事業者の字幕放送等の令和9年度までの普及目標値を定めた「放送分野における情報アクセシビリティに関する指針」を策定した。令和4年11月から有識者、障害者団体、放送事業者等から構成される「視聴覚障害者等向け放送の充実に関する研究会」において、直近の字幕放送等の実績や技術動向等を踏まえ、この指針の見直しを始め、視聴覚障害のある人等に向けた放送の充実に関する施策について議論が行われ、令和5年8月に報告書が取りまとめられた。当該報告書を基に、令和5年10月に同指針を改定した。本指針に基づき、各放送事業者は字幕放送等の普及に取り組んでおり、本指針対象番組に対する字幕放送の令和4年度実績において、NHK総合及び在京キー5局では約100%を引き続き達成した。

イ　市民やNPO等の担い手の活動環境の整備

市民やNPO等の活動環境を整備するため、認定NPO法人等の寄附税制の活用促進に取り組むとともに、「特定非営利活動促進法」（平成10年法律第7号。以下「NPO法」という。）の円滑な運用に取り組んだ。また、NPO法人運営に係る手続の簡素化・効率化の観点から、NPO法に基づく各種事務をオンライン化したシステムの利用を促進した。

また、開発途上国からの要請（ニーズ）に見合った技術・知識・経験を持ち、かつ開発途上国の社会や経済の発展への貢献を希望する国民が、JICA海外協力隊員（対象：20歳から69歳まで）として途上国の現場で活躍する、独立行政法人国際協力機構を通じた事業（JICAボランティア事業）を引き続き推進した。

④ 生活環境

「生活環境」については、大綱において、次の方針を示している。

> 高齢者の居住の安定確保に向け、高齢者向け住宅の供給を促進し、重層的かつ柔軟な住宅セーフティネットの構築を目指すとともに、住み慣れた地域の中で住み替えの見通しを得やすいような環境整備を進める。また、高齢者のニーズを踏まえ将来にわたり活用される良質な住宅の供給を促進し、併せて、戸建てや共同住宅の特性の違いにも留意しつつ、それらが適切に評価、循環利用される環境を整備することを通じ、生涯にわたって豊かで安定した住生活の確保を図るとともに、高齢者が保有する住宅の資産価値を高め、高齢期の経済的自立に資するとともに、その資産の次世代への適切な継承を図る。
>
> 地域における多世代間の理解や助け合いを行える地域コミュニティづくりを推進する。地域公共交通ネットワークを再構築するとともに、福祉・医療等の生活機能や人々の居住をまちなかや公共交通沿線に立地誘導し、徒歩や公共交通で移動しやすい環境を実現するため、コンパクト・プラス・ネットワークを推進する。また、快適な都市環境の形成のために水と緑の創出等を図るとともに、活力ある農山漁村の再生のため、高齢化の状況や社会的・経済的特性に配慮しつつ、生活環境の整備等を推進する。
>
> 高齢者を含む全ての世代の人が安全・安心に生活し、社会参加できるよう、住宅等から交通機関、まちなかまでハード・ソフト両面にわたり連続したバリアフリー環境の整備を推進する。2020年東京オリンピック・パラリンピック競技大会の開催も視野に取組を進める。
>
> 関係機関の効果的な連携の下に、地域住民の協力を得て、災害から高齢者を守るとともに、高齢者が交通事故や犯罪の当事者となることを防止し、高齢者が安全に生活できる環境の形成を図る。また、成年後見制度が一層利用されるように環境整備を図る。

（1）豊かで安定した住生活の確保

「住生活基本計画（全国計画）」（令和3年3月閣議決定）に掲げた目標（〔1〕「新たな日常」やDX（デジタルトランスフォーメーション）の進展等に対応した新しい住まい方の実現、〔2〕頻発・激甚化する災害新ステージにおける安全な住宅・住宅地の形成と被災者の住まいの確保、〔3〕子どもを産み育てやすい住まいの実現、〔4〕多様な世代が支え合い、高齢者等が健康で安心して暮らせるコミュニティの形成とまちづくり、〔5〕住宅確保要配慮者が安心して暮らせるセーフティネット機能の整備、〔6〕脱炭素社会に向けた住宅循環システムの構築と良質な住宅ストックの形成、〔7〕空き家の状況に応じた適切な管理・除却・利活用の一体的推進、〔8〕居住者の利便性や豊かさを向上させる住生活産業の発展）を達成するため、必要な施策を着実に推進した。

ア　次世代へ継承可能な良質な住宅の供給促進
（ア）持家の計画的な取得・改善努力への援助等の推進

良質な持家の取得・改善を促進するため、勤労者財産形成住宅貯蓄の普及促進等を図るとと

もに、住宅金融支援機構の証券化支援事業及び独立行政法人勤労者退職金共済機構等の勤労者財産形成持家融資を行っている。

また、住宅ローン減税等の税制上の措置を活用し、引き続き良質な住宅の取得を促進した。

（イ）高齢者の持家ニーズへの対応

住宅金融支援機構において、親族居住用住宅を証券化支援事業の対象とするとともに、親子が債務を継承して返済する親子リレー返済（承継償還制度）を実施している。

（ウ）将来にわたり活用される良質なストックの形成

「長期優良住宅の普及の促進に関する法律」（平成20年法律第87号）に基づき、住宅を長期にわたり良好な状態で使用するため、その構造や設備について、一定以上の耐久性、維持管理容易性等の性能を備え、適切な維持保全が確保される「認定長期優良住宅」の普及促進を図った。

イ　循環型の住宅市場の実現
（ア）既存住宅流通・リフォーム市場の環境整備

消費者ニーズに対応した既存住宅流通・リフォーム市場の環境整備を図るため、登録講習機関が実施する既存住宅状況調査技術者講習による技術者の育成を通じ、建物状況調査（インスペクション）の普及促進を図るとともに、既存住宅売買等に活用可能な瑕疵保険の普及を図っている。

また、既存住宅売買やリフォームに関する瑕疵保険に加入した住宅に係る紛争を住宅紛争処理の対象に追加すること等を内容として、「特定住宅瑕疵担保責任の履行の確保等に関する法律」（平成19年法律第66号）が改正され、令和3年5月に公布、令和4年10月に全面施行された。

さらに、住宅リフォーム事業の健全な発達及び消費者が安心してリフォームを行うことができる環境の整備を図るため、住宅リフォーム事業者の業務の適正な運営の確保及び消費者への情報提供等を行う等、一定の要件を満たす住宅リフォーム事業者の団体を国が登録する「住宅リフォーム事業者団体登録制度」を実施している。

加えて、住宅ストック維持・向上促進事業により、良質な住宅ストックが適正に評価される市場の形成を促進する先導的な取組に対し支援した。そのほか、長期優良住宅化リフォーム推進事業により、既存住宅の長寿命化に資するリフォームの取組を支援するとともに、住宅・建築物省エネ改修推進事業及び住宅エコリフォーム推進事業により、既存住宅の省エネリフォームを支援した。

消費者に対し既存住宅の基礎的な情報を提供する「安心R住宅」制度を実施している。

（イ）高齢者に適した住宅への住み替え支援

高齢者等の所有する戸建て住宅等を、広い住宅を必要とする子育て世帯等へ賃貸することを円滑化する制度により、高齢者に適した住宅への住み替えを促進した。

また、同制度を活用して住み替える先の住宅を取得する費用について、住宅金融支援機構の証券化支援事業における民間住宅ローンの買取要件の緩和を行っている。

さらに、高齢者が住み替える先のサービス付き高齢者向け住宅に係る入居一時金及び住み替える先の住宅の建設・購入資金について、住宅融資保険制度を活用し、民間金融機関のリバース

モーゲージ型住宅ローンの普及を支援している。

ウ　高齢者の居住の安定確保
（ア）良質な高齢者向け住まいの供給

「高齢者の居住の安定確保に関する法律等の一部を改正する法律」（平成23年法律第32号）により創設された「サービス付き高齢者向け住宅」の供給促進のため、整備費に対する補助、税制の特例措置、住宅金融支援機構の融資による支援を行った。また、非接触でのサービス提供等を可能とするIoT技術の導入支援を行った。

さらに、高齢者世帯等の住宅確保要配慮者の増加に対応するため、民間賃貸住宅を活用したセーフティネット登録住宅を推進するとともに、登録住宅の改修や入居者負担の軽減等への支援を行った。加えて、高齢者世帯等の住宅確保要配慮者が円滑に入居できる賃貸住宅の供給を推進し、さらに、住宅施策と福祉施策が連携した地域の居住支援体制を強化するため、「住宅確保要配慮者に対する賃貸住宅の供給の促進に関する法律等の一部を改正する法律案」を第213回国会（令和6年）に提出した。

（イ）高齢者の自立や介護に配慮した住宅の建設及び改造の促進

健康で快適な暮らしを送るために必要な既存住宅の改修における配慮事項を平成31年3月にまとめた「高齢期の健康で快適な暮らしのための住まいの改修ガイドライン」を普及推進することで、バリアフリー化等の改修を促進した。

住宅金融支援機構においては、高齢者自らが行う住宅のバリアフリー改修について高齢者向け返済特例制度を適用した融資を実施している。また、証券化支援事業の枠組みを活用した

フラット35Sにより、バリアフリー性能等に優れた住宅に係る金利引下げを行っている。さらに、住宅融資保険制度を活用し、民間金融機関が提供する住宅の建設、購入、改良等の資金に係るリバースモーゲージ型住宅ローンの普及を支援している。

バリアフリー構造等を有する「サービス付き高齢者向け住宅」の供給促進のため、整備費に対する補助、税制の特例措置、住宅金融支援機構の融資による支援を行った。

（ウ）公共賃貸住宅

公共賃貸住宅においては、バリアフリー化を推進するため、新たに供給する公営住宅、改良住宅及び独立行政法人都市再生機構（以下「都市再生機構」という。）賃貸住宅について、段差の解消等一定の高齢化に対応した仕様を原則としている。

この際、公営住宅、改良住宅の整備においては、中高層住宅におけるエレベーター設置等の高齢者向けの設計・設備によって増加する工事費について助成を行った。都市再生機構賃貸住宅においても、中高層住宅の供給においてはエレベーター設置を標準としている。

また、老朽化した公共賃貸住宅については、計画的な建替え・改善を推進した。

（エ）住宅と福祉の施策の連携強化

「高齢者の居住の安定確保に関する法律」（平成13年法律第26号）に基づき、都道府県及び市町村において高齢者の居住の安定確保のための計画を定めることを推進した。また、生活支援サービスが提供される「サービス付き高齢者向け住宅」の供給を促進し、福祉と連携した安心できる住まいの提供を実施した。

また、市町村の総合的な高齢者住宅施策の

下、シルバーハウジング・プロジェクト事業を実施するとともに、公営住宅等においてライフサポートアドバイザー等のサービス提供の拠点となる高齢者生活相談所の整備を促進した。

さらに、既存の公営住宅や改良住宅の大規模な改修と併せて、高齢者福祉施設等の生活支援施設の導入を図る取組に対しても支援を行っている。

（オ）高齢者向けの先導的な住まいづくり等への支援

スマートウェルネス住宅等推進事業により、高齢者等の居住の安定確保・健康維持増進に係る先導的な住まいづくりの取組等に対して補助を行った。

（カ）高齢者のニーズに対応した公共賃貸住宅の供給

公営住宅については、高齢者世帯向け公営住宅の供給を行った。また、地域の実情を踏まえた地方公共団体の判断により、高齢者世帯の入居収入基準を一定額まで引き上げるとともに、入居者選考において優先的に取り扱うことを可能としている。

都市再生機構賃貸住宅においては、高齢者同居世帯等に対する入居又は住宅変更における優遇措置を行っている（表2－2－6）。

表2－2－6　公営住宅等の高齢者向け住宅供給戸数

年度	高齢者対策向公営住宅建設戸数	サービス付き高齢者向け住宅登録戸数	都市再生機構賃貸住宅の優遇措置戸数			住宅金融支援機構の割増貸付け戸数
			賃貸	分譲	計	
平成10年度	2,057	－	3,143	571	3,714	34,832
15	627	－	7,574 (3,524)	45	7,619	558
20	303	－	1,221 (684)	0	1,221	0
25	430	146,544	471 (368)	0	471	0
26	260	177,722	372 (305)	0	372	0
27	328	199,056	486 (303)	0	486	0
28	319	215,955	329 (293)	0	329	0
29	287	229,947	255 (223)	0	255	0
30	430	244,054	470 (226)	0	470	0
令和元年度	368	254,747	299 (256)	0	299	0
2	756	267,069	318 (91)	0	318	0
3	412	274,911	87 (60)	0	87	0
4	336	282,426	138 (54)	0	138	0

資料：国土交通省
(注1) サービス付き高齢者向け住宅登録戸数は、各年度末時点における総登録戸数である。
(注2) 都市再生機構賃貸住宅の優遇措置戸数には、障害者及び障害者を含む世帯に対する優遇措置戸数を含む（空家募集分を含む）。
(注3) 優遇措置の内容としては、当選率を一般の20倍としている。（平成20年8月までは10倍）
(注4) （　）内は高齢者向け優良賃貸住宅戸数であり内数である。
(注5) 住宅金融支援機構の割増（平成10年に制度改正）貸付け戸数は、マイホーム新築における高齢者同居世帯に対する割増貸付け戸数である。（この制度は平成17年度をもって廃止。）

（キ）高齢者の民間賃貸住宅への入居の円滑化

　高齢者等の民間賃貸住宅への円滑な入居を促進するため、地方公共団体や関係事業者、居住支援団体等が組織する居住支援協議会や居住支援法人が行う相談・情報提供等に対する支援を行った。

（2）高齢社会に適したまちづくりの総合的推進
ア　共生社会の実現に向けた取組の推進

　誰もが暮らしやすい共生社会の実現に向けて、「共生社会ホストタウン」に登録されている地方公共団体を中心にユニバーサルデザインの街づくりや心のバリアフリーに関する取組が進められているところであり、令和5年10月に「共生社会バリアフリーシンポジウムin明石」を開催し、各地の取組について共有・発信を行った。

イ　多世代に配慮したまちづくり・地域づくりの総合的推進

　高齢者等全ての人が安全・安心に生活し、社会参加できるよう、高齢者に配慮したまちづくりを総合的に推進するため、「高齢者、障害者等の移動等の円滑化の促進に関する法律」（平成18年法律第91号。以下「バリアフリー法」という。）に基づく移動等円滑化促進方針及び基本構想の作成を市町村に働きかけるとともに、地域公共交通バリアフリー化調査事業及びバリアフリー環境整備促進事業を実施した。

　「誰一人取り残さない」社会の実現を目指す持続可能な開発目標（SDGs）の達成に向けた取組は、地方創生の実現にも資するものであり、「デジタル田園都市国家構想総合戦略（2023改訂版）」（令和5年12月26日閣議決定）において、「地方創生に取り組むに当たって、SDGsの理念に沿った経済・社会・環境の三側面を統合した取組を進めることで、政策の全体最適化や地域の社会課題解決の加速化を図ることが重要である。」としており、経済・社会・環境をめぐる広範な課題に統合的に取り組み、SDGsを原動力とした地方創生を推進する旨が盛り込まれた。

　令和5年1月から2月にかけて、地方公共団体（都道府県及び市町村）によるSDGsの達成に向けた取組を公募し、令和5年5月に、優れた取組を提案する都市を「SDGs未来都市」として28都市選定し、その中でも特に先導的な取組を「自治体SDGsモデル事業」として10事業選定した。また、地方公共団体が広域で連携し、SDGsの理念に沿って地域のデジタル化や脱炭素化等を行う地域活性化に向けた取組である「広域連携SDGsモデル事業」を1事業選定した。

　また、多様なステークホルダー間のパートナーシップを深め、官民連携の取組を促進することを目的として、令和5年8月と令和6年1月に地方創生SDGs官民連携プラットフォーム主催のマッチングイベントを開催した。

　さらに、金融面においても地方公共団体と地域金融機関等が連携して、地域課題の解決やSDGsの達成に取り組む地域事業者を支援し、地域における資金の還流と再投資を生み出す「地方創生SDGs金融」を通じた自律的好循環の形成を推進した。令和2年10月には、SDGs達成への取組を積極的に進める事業者等を「見える化」するために「地方公共団体のための地方創生SDGs登録・認証等制度ガイドライン」を公表するとともに、令和3年11月には、SDGsの達成に取り組む地域事業者等に対する優れた支援を連携して行う地方公共団体と地域金融機関等を表彰する「地方創生SDGs金融表彰」を創設し、令和5年11月に表彰を実施した。

加えて、SDGsを原動力とした地方創生の実現に向けて、地方創生に関わる登壇者による取組事例や知見の発信・意見の共有を通じ、持続可能なまちづくりや地域活性化の促進を目的として、令和6年3月に「地方創生SDGs国際フォーラム2024」を開催した。

地方創生の観点からは、女性、若者、高齢者、障害者など、誰もが居場所と役割を持つコミュニティをつくり、活気あふれる温もりのある地域をつくるため、「交流・居場所」、「活躍・しごと」、「住まい」、「健康」、「人の流れ」といった観点で、デジタル技術等の活用により、分野横断的かつ一体的な地域の取組を支援する全世代・全員活躍型「生涯活躍のまち」を推進している。

この点、地方公共団体から、デジタル技術等を活用した「生涯活躍のまち」の具体的な方向性の見定めや企画立案等が困難であるという声が寄せられたことを踏まえ、令和5年度において、地方公共団体への伴走支援や地方公共団体同士の意見交換会、官民連携のためのマッチングイベント等の実施により、地方公共団体の取組を支援するとともに、これらの支援等から得られるノウハウや知見の収集を通じて、デジタル技術等を活用した「生涯活躍のまち」づくりのプロセスモデルを構築し、「生涯活躍のまち」の推進に向けた情報発信を行っている。これらの取組により、高齢者を含む全ての人に居場所と役割がある地域づくりを推進している。

また、誰もが身近に自然とふれあえる快適な環境の形成を図るため、歩いていける範囲の身近な公園を始めとした都市公園等の計画的な整備を行っている。

河川等は、高齢者にとって憩いと交流の場を提供する役割を果たしている。

中山間地域等において、各種生活サービス機能が一定のエリアに集約され、集落生活圏内外をつなぐ交通ネットワークが確保された拠点である「小さな拠点」の形成拡大と質的向上を目指し、全国フォーラムやオンラインセミナーの開催等により、地域の自立共助の運営組織や全国の多様な関係者間の連携を図る等、総合的に支援した。

ウ　公共交通機関等の移動空間のバリアフリー化

（ア）バリアフリー法に基づく公共交通機関のバリアフリー化の推進

「どこでも、だれでも、自由に、使いやすく」というユニバーサルデザインの考え方を踏まえた、バリアフリー法に基づき、旅客施設・車両等の新設等の際の「公共交通移動等円滑化基準」への適合義務、既設の旅客施設・車両等に対する適合努力義務を定めている。

また、バリアフリー法に基づく「移動等円滑化の促進に関する基本方針」（令和2年国家公安委員会、総務省、文部科学省、国土交通省告示第1号）に係るバリアフリー整備目標について、障害当事者団体や有識者の参画する検討会において議論を重ねた上で、令和3年度からの5年間を目標期間として策定し、ハード・ソフト両面でのバリアフリー化をより一層推進する観点から、各施設等について地方部を含めたバリアフリー化の一層の促進、聴覚障害及び知的障害・精神障害・発達障害に係るバリアフリーの進捗状況の見える化、「心のバリアフリー」の推進等を図っている。

加えて、「交通政策基本法」（平成25年法律第92号）に基づく「第2次交通政策基本計画」（令和3年5月28日閣議決定）においても、バリアフリー化等の推進を目標の一つとして掲げており、これらを踏まえながらバリアフリー化

の更なる推進を図っている。

（イ）ガイドライン等に基づくバリアフリー化の推進

　公共交通機関の旅客施設・車両等について、ガイドライン等でバリアフリー化整備の望ましい在り方を示し、公共交通事業者等がこれを目安として整備することにより、利用者にとってより望ましい公共交通機関のバリアフリー化が進むことが期待される。このため、ハード対策としては「公共交通機関の旅客施設に関する移動等円滑化整備ガイドライン（令和6年3月）」及び「公共交通機関の車両等に関する移動等円滑化整備ガイドライン（令和6年3月）」に基づき、ソフト対策としては「公共交通機関の役務の提供に関する移動等円滑化整備ガイドライン（令和6年3月）」に基づき、バリアフリー化を進めている。

　なお、旅客船については「旅客船バリアフリーガイドライン（令和3年11月）」、ユニバーサルデザインタクシーについては「標準仕様ユニバーサルデザインタクシー認定要領（令和2年3月）」、ノンステップバスについては「標準仕様ノンステップバス認定要領（平成27年7月）」、航空旅客ターミナルについては「空港旅客ターミナルビル等のバリアフリーに関するガイドライン（平成30年10月）」によって更なるバリアフリー化の推進を図っている。

（ウ）公共交通機関のバリアフリー化に対する支援

　高齢者の移動等円滑化を図るため、駅・空港等の旅客施設におけるエレベーター設置等の高齢者の利用に配慮した施設の整備、ノンステップバス等の車両の導入等を推進している（表2－2－7）。

　このための推進方策として、鉄道駅等の旅客施設のバリアフリー化、ノンステップバス、ユニバーサルデザインタクシーを含む福祉タクシーの導入等に対する支援措置を実施している。

（エ）歩行空間の形成

　移動は就労、余暇等のあらゆる生活活動を支える要素であり、その障壁を取り除き、全ての人が安全に安心して暮らせるよう、信号機、歩道等の交通安全施設等の整備を推進した。

　高齢歩行者等の安全な通行を確保するため、①幅の広い歩道等の整備、②歩道の段差・傾斜・勾配の改善、③無電柱化推進計画に基づく道路の無電柱化、④歩行者用案内標識の設置、⑤歩行者等を優先する道路構造の整備、⑥自転車道等の設置による歩行者と自転車交通の分離、⑦生活道路における速度の抑制及び通過交通の抑制・排除並びに幹線道路における道路構造の工夫や、交通流の円滑化を図るための信号機、道路標識等の重点的整備、⑧バリアフリー対応型信号機（Bluetoothを活用し、スマートフォン等に対して歩行者用信号情報を送信するとともに、スマートフォン等の操作により青信号の延長を可能とする高度化PICSを含む。）の整備、⑨歩車分離式信号の運用、⑩見やすく分かりやすい道路標識・道路標示の整備、⑪信号灯器のLED化等の対策を実施した。

（オ）道路交通環境の整備

　高齢者等が安心して自動車を運転し外出できるよう、生活道路における交通規制の見直し、付加車線の整備、道路照明の増設、道路標識・道路標示の高輝度化、信号灯器のLED化、「道の駅」における優先駐車スペース、高齢運転者等専用駐車区間の整備等の対策を実施した。

表2－2－7　高齢者等のための公共交通機関施設整備等の状況

(1) 旅客施設におけるバリアフリー化の状況

	総施設数	令和4年度末			トイレの総施設数	令和4年度末
		段差の解消	視覚障害者誘導用ブロック	案内設備		障害者用トイレ
鉄軌道駅	3,460	3,237 (93.6%)	1,499 (43.3%)	2,662 (76.9%)	3,249	2,996 (92.2%)
バスターミナル	44	41 (93.2%)	38 (86.4%)	34 (77.3%)	35	25 (71.4%)
旅客船ターミナル	15	14 (93.3%)	10 (66.7%)	8 (53.3%)	13	11 (84.6%)
航空旅客ターミナル	42	39 (92.9%)	41 (97.6%)	39 (92.9%)	42	42 (100.0%)

	総番線数	令和4年度末設置番線数
全鉄軌道駅におけるホームドア又は可動式ホーム柵の設置	19,919	2,484
平均利用者数10万人/日以上の鉄軌道駅におけるホームドア又は可動式ホーム柵の設置	1,056	493

(注1)　バリアフリー法（高齢者、障害者等の移動等の円滑化の促進に関する法律）に基づく公共交通移動等円滑化基準への適合をもって算定。
(注2)　「総施設数」は、「鉄軌道駅」及び「バスターミナル」は平均利用者数が3,000人/日以上及び基本構想における重点整備地区内の生活関連施設に位置づけられた平均利用者数が2,000人/日以上3,000人/日未満の施設を計上。「旅客船ターミナル」及び「航空旅客ターミナル」は平均利用者数が2,000人/日以上の施設を計上。
(注3)　「トイレの総施設数」は、「鉄軌道駅」及び「バスターミナル」は平均利用者数が3,000人/日以上及び基本構想における重点整備地区内の生活関連施設に位置づけられた平均利用者数が2,000人/日以上3,000人/日未満の施設のうち便所を設置している施設を計上。「旅客船ターミナル」及び「航空旅客ターミナル」は平均利用者数が2,000人/日以上の施設のうち便所を設置している施設を計上。

(2) 車両等におけるバリアフリー化の状況

	車両等の総数	令和4年度末移動等円滑化基準に適合している車両等
鉄軌道車両	52,150	29,699 (56.9%)
ノンステップバス（適用除外認定車両を除く）	44,282	30,117 (68.0%)
リフト付きバス等（適用除外認定車両）	10,192	664 (6.5%)
空港アクセスバス	172	69 (40.1%)
貸切バス	－	1,157
福祉タクシー	－	45,311
UDタクシー	173,041	33,272 (19.2%)
旅客船	659	370 (56.1%)
航空機	602	602 (100.0%)

(注4)　「移動等円滑化基準に適合している車両等」は、各車両等に関する公共交通移動等円滑化基準への適合をもって算定。
(注5)　「空港アクセスバス」は、1日当たりの平均的な利用者数が2,000人以上の航空旅客ターミナルのうち鉄軌道アクセスがない施設（指定空港（27空港））へのバス路線運行系統の総数における、バリアフリー化した車両を含む運行系統数の割合。
(注6)　「UDタクシー」は、各都道府県のタクシー総車両数における、UDタクシー車両数の割合。
資料：国土交通省「移動等円滑化取組報告書」又は「移動等円滑化実績等報告書」（令和5年）

（カ）バリアフリーのためのソフト面の取組

国民一人一人がバリアフリーについての理解を深めるとともに、高齢者、障害者等の困難を自らの問題として認識し、自然に快くサポートできるよう、高齢者、障害者等の介助体験・擬似体験等を内容とする「バリアフリー教室」の開催や、目の不自由な方への声かけや列車内での利用者のマナー向上を図る「声かけ・サポート運動」といった啓発活動等、ソフト面での取組を推進している。また、高齢者や障害者等に対する交通事業者による統一された一定水準の接遇を確保するため、「公共交通事業者に向けた接遇ガイドライン（令和6年3月）」及び「接遇研修モデルプログラム（令和6年3月）」を活用した研修実施の推進を図っている。

高齢者や障害者等も含め、誰もがストレス無く移動できるユニバーサル社会の構築に向けて、令和5年6月に「人・ロボットの移動円滑化のための歩行空間DX研究会」と有識者を含めた2つのワーキンググループを立ち上げ、現地実

証の結果等を踏まえたデータ整備プラットフォームのプロトタイプ構築やデータ整備仕様の改定について検討を行った。また、施策の普及・展開を目的として、令和6年1月に第1回「歩行空間DX研究会シンポジウム」を開催した。

（キ）訪日外国人旅行者の受入環境整備

訪日外国人旅行者の移動円滑化を図るため、旅客施設における段差の解消等の取組を支援した。

エ　建築物・公共施設等のバリアフリー化

バリアフリー法に基づく認定を受けた優良な建築物（認定特定建築物）等のうち一定のものの整備及び不特定多数の者が利用し、又は主として高齢者・障害者等が利用する既存建築物のバリアフリー改修工事に対して支援措置を講ずることにより、高齢者・障害者等が円滑に移動等できる建築物の整備を促進している。

窓口業務を行う官署が入居する官庁施設について、バリアフリー法に基づく建築物移動等円滑化誘導基準に規定された整備水準の確保等により、高齢者を始め全ての人が、安全に、安心して、円滑かつ快適に利用できる施設を目指した整備を推進している。

社会資本整備総合交付金等の活用によって、誰もが安心して利用できる都市公園の整備を推進するとともに、バリアフリー法に基づく基準等により、公園施設のバリアフリー化を推進している。

また、訪日外国人旅行者が我が国を安心して旅行できる環境を整備するため、訪日外国人旅行者の来訪が特に多い、又はその見込みのあるものとして観光庁が指定する市町村に係る観光地において代表的な観光スポット等における段差の解消を支援している。

オ　活力ある農山漁村の再生

農福連携の取組として、高齢者の生きがい及びリハビリテーションを目的とした農林水産物生産施設及び付帯施設の整備等を支援した。

さらに、都市にも開かれた美しくゆとりある農山漁村空間の創出を図った。

また、高齢者等による農作業中の事故が多い実態を踏まえ、全国の農業者が農作業安全研修を受講するよう推進するとともに、農作業安全の全国運動を実施した。

加えて、「漁港及び漁場の整備等に関する法律」（昭和25年法律第137号。以下「漁港漁場整備法」という。）に基づき策定された「漁港漁場整備長期計画」（令和4年3月25日閣議決定）を踏まえ、浮体式係船岸や岸壁、用地等への防暑・防雪施設等の軽労化施設等の整備を実施した。

（3）交通安全の確保と犯罪、災害等からの保護
ア　交通安全の確保

近年、交通事故における致死率の高い高齢者の人口の増加が、交通事故死者数を減りにくくさせる要因の一つとなっており、今後、高齢化が更に進むことを踏まえると、高齢者の交通安全対策は重点的に取り組むべき課題であり、令和3年3月に中央交通安全対策会議で決定した「第11次交通安全基本計画」（計画期間：令和3～7年度）等に基づき、各種施策に取り組んでいる。

高齢者が安全な交通行動を実践することができるよう必要な実践的技術及び交通ルール等の知識を習得させるため、高齢者を対象とした交通安全教室の開催、交通安全教育を受ける機会の少ない高齢者を対象とした家庭訪問による個別指導等を利用した交通安全教育を推進したほか、シルバーリーダー[※1]等を対象とした参加・体験・実践型の講習会を実施し、高齢者交通安

全教育の継続的な推進役の養成に努めた。

また、最高速度30キロメートル毎時の区域規制とハンプ等の物理的デバイスとの適切な組合せにより交通安全の向上を図る区域を「ゾーン30プラス」として設定し、警察と道路管理者が緊密に連携しながら、生活道路における人優先の安全・安心な通行空間の整備の更なる推進を図った。

さらに、歩行中及び自転車乗用中の交通事故死者数に占める高齢者の割合が高いことを踏まえ、歩行者及び自転車利用者の交通事故が多発する交差点等における交通ルール遵守の呼び掛けや、「第2次自転車活用推進計画」（令和3年5月28日閣議決定）に基づき、歩行者、自転車及び自動車が適切に分離された自転車通行空間の計画的な整備を促進するなど、安全で快適な自転車利用環境の創出を推進した。

加えて、踏切道の歩行者対策として、「移動等円滑化要対策踏切」が追加された「踏切道安全通行カルテ」や地方踏切道改良協議会を通じてプロセスの「見える化」を行い、道路管理者と鉄道事業者が、地域の実情に応じた対策を検討し、高齢者等の通行の安全対策を推進した。

このほか、令和4年度から施行された「道路交通法の一部を改正する法律」（令和2年法律第42号）に基づき、運転技能検査制度やサポートカー限定免許制度を効果的に運用し、高齢運転者に係る交通事故防止対策を推進した。

また、安全運転相談については、これまでも運転に不安を持つ運転者及びその家族等からの相談に対応してきたところであるが、近年は特に高齢運転者及びその家族等から積極的に相談を受け付け、安全運転の継続に必要な助言・指導や、自主返納制度及び自主返納者等に対する各種支援施策の教示を行う等、運転適性に関する相談対応以外の役割も求められるようになっ

ており、全国統一の専用相談ダイヤル「#8080」を始めとする、安全運転相談の認知度及び利便性の向上を図った。

※1 シルバーリーダー
高齢者を対象とした地域における市民参加型の高齢者交通安全活動を普及・促進する高齢者及び地域活動（行政、ボランティア等）に影響力のある高齢者交通安全指導員

イ 犯罪、人権侵害、悪質商法等からの保護
（ア）犯罪からの保護

高齢者が犯罪や事故に遭わないよう、交番、駐在所の警察官を中心に、巡回連絡等を通じて高齢者宅を訪問し、高齢者が被害に遭いやすい犯罪の手口の周知及び被害防止対策についての啓発を行うとともに、必要に応じて関係機関や親族への連絡を行ったほか、認知症等によって行方不明になる高齢者を発見、保護するための仕組み作りを関係機関等と協力して推進した。

高齢者を中心に大きな被害が生じている特殊詐欺については、令和元年6月、犯罪対策閣僚会議において策定した「オレオレ詐欺等対策プラン」、さらに令和5年3月に策定された「SNSで実行犯を募集する手口による強盗や特殊詐欺事案に関する緊急対策プラン」に基づき、全府省庁において特殊詐欺等の撲滅に向け、NTTによるナンバー・ディスプレイ及びナンバー・リクエスト契約を無償化する取組の周知並びに当該サービス利用に向けた積極的な支援、国際電話番号を悪用した詐欺の増加に伴う国際電話番号からの発着信を無償で休止できる「国際電話不取扱受付センター」（連絡先0120-210-364）の周知及び申込みの促進に向けた取組等被害防止対策を推進するとともに、特殊詐欺に悪用される電話への対策等の犯行ツール対策及び効果的な取締り等を推進した。

また、悪質商法の中には高齢者を狙った事件も発生したことから、悪質商法の取締りを推進するとともに、犯罪に利用された預貯金口座の金融機関への情報提供等の被害拡大防止対策、悪質商法等からの被害防止に関する広報啓発活動及び悪質商法等に関する相談窓口の周知を行った。

さらに、特殊詐欺、利殖勧誘事犯及び特定商取引等事犯の犯行グループは、被害者や被害者になり得る者等が登載された名簿を利用しており、当該名簿登載者の多くは高齢者であって、今後更なる被害に遭う可能性が高いと考えられるため、捜査の過程で警察が押収したこれらの名簿をデータ化し、都道府県警察が委託したコールセンターの職員がこれを基に電話による注意喚起を行う等の被害防止対策を実施した。

加えて、今後、認知症高齢者や一人暮らし高齢者が増加していく状況を踏まえ、市民を含めた後見人等の確保や市民後見人の活動を安定的に実施するための組織体制の構築・強化を図る必要があることから、地域住民で成年後見に携わろうとする者に対する養成研修や後見人の適正な活動が行われるよう支援した。

（イ）人権侵害からの保護

「高齢者虐待の防止、高齢者の養護者に対する支援等に関する法律」（平成17年法律第124号。以下「高齢者虐待防止法」という。）に基づき、前年度の養介護施設従事者等による虐待及び養護者による虐待の状況について、必要な調査等を実施し、各都道府県・市町村における虐待の実態・対応状況の把握に努めるとともに、市町村等に高齢者虐待に関する通報や届出があった場合には、関係機関と連携して速やかに高齢者の安全確認や虐待防止、保護を行う等、高齢者虐待への早期対応が推進されるよう

必要な支援を行った。

法務局において、高齢者の人権問題に関する相談に応じるとともに、法務局に来庁することができない高齢者等について、老人福祉施設等に特設の人権相談所を開設したほか、電話、手紙、インターネット等を通じて引き続き相談を受け付けた。人権相談等を通じて、家庭や高齢者施設等における虐待等、高齢者を被害者とする人権侵害の疑いのある事案を認知した場合には、人権侵犯事件として調査を行い、その結果を踏まえ、事案に応じた適切な措置を講じる等して、被害の救済及び人権尊重思想の普及高揚に努めた。

（ウ）悪質商法からの保護

消費者庁では、認知症高齢者等の「配慮を要する消費者」を見守るため、地方公共団体において消費生活センター等のほか、福祉関係者や消費者団体等の多様な関係者が連携して消費者被害の未然防止・拡大防止に取り組む消費者安全確保地域協議会の設置を促進した。具体的には、地方消費者行政強化交付金等を通じた支援等に加え、令和5年度地方消費者行政に関する先進的モデル事業として、消費者安全確保地域協議会の設置に向けた地方公共団体への支援を行うとともに、見守り活動の優良事例の収集・横展開や担い手養成のための講座の開催等を行った。また、消費者庁新未来創造戦略本部のモデルプロジェクトとして、消費者安全確保地域協議会の全国設置の促進及び徳島県内の消費者安全確保地域協議会の構成団体である民間企業と協働した取組等を実施した。

消費者がトラブルに見舞われたとしても、相談窓口の存在に気付かないことや、相談窓口があることは知っていたとしても、その連絡先が分からないことがあるため、全国どこからでも

身近な消費生活相談窓口につながる共通の電話番号である「消費者ホットライン」の事業を平成22年1月から実施（平成27年7月から「188」番へ3桁化）している。また、イメージキャラクター「イヤヤン」も活用しながら、消費者庁ウェブサイトへの掲載、PR動画の作成、SNSへのPR動画の配信、啓発チラシ・ポスターの掲示・配布等、様々な広報活動を通じて同ホットラインの周知に取り組んでいる。「令和5年版消費者白書」において、高齢者の消費生活相談の状況等を取り上げ、広く国民や関係団体等に情報提供を行った。

令和4年5月に成立した「消費者契約法及び消費者の財産的被害の集団的な回復のための民事の裁判手続の特例に関する法律の一部を改正する法律」（令和4年法律第59号）により、事業者が消費者に消費者契約の締結について勧誘をする際の情報提供の努力義務における考慮要素として「年齢」及び「心身の状態」を追加する等の改正がされ、令和5年6月1日から施行された。

一方、独立行政法人国民生活センターでは、全国の消費生活センター等が行う高齢者の消費者被害防止に向けた取組を支援すること等を目的に、高齢者に多い消費者トラブルに関する注意喚起として報道発表資料「不用なお皿の買い取りのはずが、大切な貴金属も強引に買い取られた！－訪問購入のトラブルが増えています－」「屋根工事の点検商法のトラブルが増えています－典型的な勧誘トークを知っておくことで防げます！－」を令和5年9月及び10月にそれぞれ公表した。加えて、消費者側の視点から注意点を簡潔にまとめたメールマガジン「見守り新鮮情報」を月2回程度、行政機関のほか、高齢者や高齢者を支援する民生委員や福祉関係者等に向けて配信した。

（エ）司法ソーシャルワークの実施

日本司法支援センター（以下「法テラス」という。）では、法的問題を抱えていることに気付いていない、意思の疎通が困難であるなどの理由で自ら法的支援を求めることが難しい高齢者・障害者等に対して、地方公共団体、福祉機関・団体や弁護士会、司法書士会等と連携を図りつつ、当該高齢者・障害者等に積極的に働きかける（アウトリーチ）などして、法的問題を含めた諸問題を総合的に解決することを目指す「司法ソーシャルワーク」を推進している。

そこで、弁護士会・司法書士会と協議をして出張法律相談等のアウトリーチ活動を担う弁護士・司法書士を確保するなど、「司法ソーシャルワーク」の実施に必要な体制の整備を進めるとともに、地域包括支援センターや福祉事務所等の福祉機関職員を対象に業務説明会や意見交換会を実施するなどして、福祉機関との連携強化を図った。

ウ　防災施策の推進

病院、老人ホーム等の要配慮者利用施設を保全するため、土砂災害防止施設の整備を推進し、激甚な水害・土砂災害を受けた場合の再度災害防止対策を引き続き実施した。

病院等の医療施設における防災対策を推進するため、医療施設が水害に備えて実施する医療用設備の高層階移設や止水板の設置等の浸水対策に要する経費の補助を行った。また、震災に備えて建物の耐震整備に要する経費の補助や、非常用自家発電装置、給水設備の整備に要する経費の補助を行った。また、水害や震災により被災した医療施設の復旧事業に要する経費の補助を行った。

さらに、災害時等においても、在宅療養患者に対し、在宅医療の診療体制を維持し継続的な

医療提供することが求められるため、在宅医療提供機関におけるBCP策定支援研修を実施した。

水害や土砂災害に対して、高齢者等要配慮者の円滑かつ迅速な避難を確保するため、「水防法」（昭和24年法律第193号）及び「土砂災害警戒区域等における土砂災害防止対策の推進に関する法律」（平成12年法律第57号。以下「土砂災害防止法」という。）において、浸水想定区域内及び土砂災害警戒区域内に位置し、市町村地域防災計画に名称及び所在地を定められた要配慮者利用施設の所有者又は管理者に対し避難確保計画の作成及び計画に基づく訓練の実施を義務付けており、避難確保計画が早期に作成されるよう促進を図った。

また、令和3年5月に水防法及び土砂災害防止法が改正され、市町村から要配慮者利用施設の所有者又は管理者に対して助言・勧告を行うことができる制度が創設されたことを受け、市町村が施設の所有者又は管理者に適切に助言・勧告を行うことができるよう全国の市町村職員等を対象とした研修を実施するとともに、施設職員向けの動画やリーフレットを作成して制度の周知を行った。

さらに、土砂災害特別警戒区域における要配慮者利用施設の開発の許可制等を通じて高齢者等の安全が確保されるよう、土砂災害防止法に基づき基礎調査や区域指定の促進を図った。

住宅火災で亡くなる高齢者等の低減を図るため、春・秋の全国火災予防運動において、高齢者等の要配慮者の把握や安全対策に重点を置いた死者発生防止対策を図るとともに、住宅用火災警報器や防炎品、住宅用消火器の普及促進等総合的な住宅防火対策を推進した。また、「老人の日・敬老の日に『火の用心』の贈り物」をキャッチフレーズとする「住宅防火・防災キャンペーン」を実施し、高齢者等に対して住宅用火災警報器等の普及促進を図った。

災害情報を迅速かつ確実に伝達するため、全国瞬時警報システム（Jアラート）との連携を含め、防災行政無線による放送（音声）や緊急速報メールによる文字情報等の種々の方法を組み合わせて、災害情報伝達手段の多重化を推進した。

山地災害からの生命の安全を確保するため、要配慮者利用施設に隣接している山地災害危険地区等について、治山施設の設置や森林整備等を計画的に実施した。

令和5年度において、各市町村における避難行動要支援者名簿や個別避難計画の作成状況等について調査結果を公表した。

災害時に自ら避難することが困難な高齢者などの避難行動要支援者への避難支援等については、「災害対策基本法」（昭和36年法律第223号）、「避難行動要支援者の避難行動支援に関する取組指針」（令和3年5月改定）を踏まえ、市町村の取組が促進されるよう、適切に助言を行った。

エ　東日本大震災への対応

東日本大震災に対応して、復興の加速化を図るため、被災した高齢者施設等の復旧に係る施設整備について、関係地方公共団体との調整を行った。

また、地域医療介護総合確保基金等を活用し、日常生活圏域で医療・介護等のサービスを一体的・継続的に提供する「地域包括ケア」の体制を整備するため、都道府県計画等に基づき、地域密着型サービス等、地域の実情に応じた介護サービス提供体制の整備を促進するための支援を行った。

あわせて、介護保険制度において、被災者を

経済的に支援する観点から、東京電力福島第一原子力発電所事故に伴う帰還困難区域等（帰還困難区域、居住制限区域、避難指示解除準備区域の3つの区域をいう。）、上位所得層を除く旧避難指示区域等（平成25年度以前に指定が解除された旧緊急時避難準備区域等（特定避難勧奨地点を含む。）、平成26年度に指定が解除された旧避難指示解除準備区域等（田村市の一部、川内村の一部及び南相馬市の特定避難勧奨地点）、平成27年度に指定が解除された旧避難指示解除準備区域（楢葉町の一部）、平成28年度に指定が解除された旧居住制限区域等（葛尾村の一部、川内村の一部、南相馬市の一部、飯舘村の一部、川俣町の一部及び浪江町の一部）、平成29年度に指定が解除された旧居住制限区域等（富岡町の一部）、令和元年度に指定が解除された旧帰還困難区域等（大熊町の一部、双葉町の一部及び富岡町の一部）令和4年度に指定が解除された旧特定復興再生拠点区域（葛尾村の一部、大熊町の一部、双葉町の一部及び浪江町の一部）及び令和5年度に指定が解除された旧特定復興再生拠点区域（富岡町の一部及び飯舘村の一部））の住民について、介護保険の利用者負担や保険料の減免を行った保険者に対する財政支援を1年間継続した。

なお、当該財政支援については、「「第2期復興・創生期間」以降における東日本大震災からの復興の基本方針」において、「避難指示解除の状況も踏まえ、適切な周知期間を設けつつ、激変緩和措置を講じながら、適切な見直しを行う」こととされたところ、関係自治体の意見を踏まえ、

・避難指示解除から10年程度で特例措置を終了すること
・避難指示解除の時期にきめ細かく配慮し、対象地域を分けて施行時期をずらすこと

・急激な負担増とならないよう、複数年かけて段階的に見直すこと

といった方針に基づき、令和5年度以降順次見直しを行っている。

また、避難指示区域等の解除に伴い、福祉・介護サービスの提供体制を整えるため、介護施設等への就労希望者に対する就職準備金の貸付け、相双地域から福島県内外の養成施設に入学する者への支援、全国の介護施設等からの応援職員の確保に対する支援や、介護施設等の運営に対する支援等を行った。

法テラスでは、震災により、経済的・精神的に不安定な状況に陥っている被災者を支援するため、「法テラス災害ダイヤル」（フリーダイヤル）や被災地出張所（令和3年度以降も存置となった岩手県・福島県の各1か所）等において、生活再建に役立つ法制度等の情報提供業務及び民事法律扶助業務を通じ、被災地や近隣住民への法的サービスの提供を実施した。

また、出張所に来所することが困難な被災者のために、車内で相談対応可能な自動車を利用した巡回相談等も実施した。

（4）成年後見制度の利用促進

認知症高齢者等の財産管理や契約に関し本人を支援する成年後見制度について周知を図った（表2－2－8）。

成年後見制度は、認知症、知的障害その他の精神上の障害があることにより、財産の管理又は日常生活等に支障がある者を支える重要な手段である。成年後見制度の利用促進に関する施策を総合的・計画的に推進するため、「成年後見制度の利用の促進に関する法律」（平成28年法律第29号）に基づき、令和4年3月には「第二期成年後見制度利用促進基本計画」を閣議決定し、成年後見制度等の見直しに向けた検討、

○　制度の趣旨
　　本人の意思や自己決定の尊重、ノーマライゼーション等の理念と本人の保護の理念との調和を図りつつ、認知症等の精神上の障害により判断能力が不十分な方々の権利を擁護する。

○　概要
　　法定後見制度と任意後見制度の２つがある。法定後見制度については、各人の多様な判断能力の程度に応じた制度とするため、補助・保佐・後見の三類型に分かれている。

（1）法定後見制度（民法）

3類型	補助	保佐	後見
対象者	判断能力が不十分な方	判断能力が著しく不十分な方	判断能力が欠けているのが通常の状態の方

（2）任意後見制度（任意後見契約に関する法律）
　　本人が十分な判断能力を有する時に、あらかじめ、任意後見人となる方や将来その方に委任する事務の内容を公正証書による契約で定めておき、本人の判断能力が不十分になった後に、任意後見人が委任された事務を本人に代わって行う。

（3）成年後見登記制度（後見登記等に関する法律）
　　本人のプライバシー保護と取引の安全との調和を図る観点から、戸籍への記載に代わる公示方法として成年後見登記制度を設けている。

資料：法務省

総合的な権利擁護支援策の充実、成年後見制度の運用改善等、権利擁護支援の地域連携ネットワークづくりに取り組んだ。

⑤　研究開発・国際社会への貢献等

「研究開発・国際社会への貢献等」については、大綱において、次の方針を示している。

先進技術を生活の質の向上に活用することは、高齢者の豊かな生活につながるとともに、新たな技術に対する需要・消費を生み出し、技術活用の好循環を生み出す。高齢社会と技術革新がお互いに好影響を与える関係づくりを推進する。

科学技術の研究開発は、高齢化に伴う課題の解決に大きく寄与するものであることから、高齢者に特有の疾病及び健康増進に関する調査研究、高齢者の利用に配慮した福祉用具、生活用品、情報通信機器等の研究開発等を推進するとともに、そのために必要な基盤の整備を図る。また、高齢社会の

現状やニーズを適切に把握して施策の検討に反映できるよう、ビッグデータ分析など、データ等の活用についても環境整備を図る。

世界でも急速な高齢化に直面している国が増加していることから、我が国の高齢社会対策の知見や研究開発成果を国際社会に発信し、各国がより良い高齢社会を作ることに政府のみならず、学術面や産業面からも貢献できるよう環境整備を行う。あわせて、高齢社会の課題を諸外国と共有し、連携して取組を進める。

（1）先進技術の活用及び高齢者向け市場の活性化

公的保険外の予防・健康管理サービス等の振興及び社会実装に向け、需要・供給の両面から検討し、取組を進めた。具体的には、企業・健康保険組合等による健康経営の推進やヘルスケア分野におけるPFS／SIBの活用促進等の需要面の支援を行った。供給面では、個人の健康・医療データ等（パーソナル・ヘルス・レコード（以下「PHR」という。））を活用したサービス

の普及・促進に向けた環境整備や、介護保険外サービス振興のため、地域と民間企業との連携の活性化を促した。加えて、ヘルスケアサービスの信頼性確保に向けて、業界自主ガイドラインの策定支援や、国立研究開発法人日本医療研究開発機構（AMED）による支援を通じた認知症等の疾患領域の学会を中心とした指針の整備などを推進した。また、ヘルスケア分野のベンチャー企業等のためのワンストップ相談窓口である「Healthcare Innovation Hub」を通じて、イノベーション創出に向けた事業化支援やネットワーキング支援等を行った。このような取組に加えて、健康立国に向けて、高齢者等の健康状態や生活環境等に起因・関連する課題の解決のために、「第5期科学技術基本計画」（平成28年1月22日閣議決定）で提唱したSociety 5.0の構築を目指した、最先端科学技術の活用、実装に取り組んだ。

高齢者事故対策や移動支援等の諸課題の解決に大きな期待がされている自動車の自動運転に関しては、高齢者事故対策を目的とした安全運転支援機能の普及啓発及び導入促進を実施したほか、自動運転の社会実装に向けた取組を行う地方自治体に対して支援を行うとともに、自動運転サービスの実証実験における技術的支援を行った。

また、介護ロボットについては、開発・普及の加速化を図るため、①ニーズ側・シーズ側の一元的な相談窓口の設置、②開発実証のアドバイス等を行うリビングラボのネットワークの構築、③介護現場における大規模実証フィールドの整備により、介護ロボットの開発・実証・普及のプラットフォームを構築したほか、既存のICT等の導入費用に対する助成に加え、生産性向上の取組等による職場環境の改善を推進する観点から、令和5年度補正予算において、協働

化・大規模化への支援とあわせて、介護ロボットやICT機器等の介護テクノロジーの導入や定着に向けた補助等に係る予算を計上した。

（2）研究開発等の推進と基盤整備
ア　高齢者に特有の疾病及び健康増進に関する調査研究等

高齢者の健康保持等に向けた取組を一層推進するため、ロコモティブ・シンドローム（運動器症候群）、要介護状態になる要因である認知症等に着目し、それらの予防、早期診断及び治療技術等の確立に向けた研究を推進した。

高齢期の主要な死因であるがんの対策については、「がん対策基本法」（平成18年法律第98号）に基づく「がん対策推進基本計画」により推進してきた。令和5年3月に閣議決定された第4期がん対策推進基本計画は、「がん予防」、「がん医療」及び「がんとの共生」の3本の柱とし、がん検診の受診率向上に向けた取組や医療提供体制の整備、療養環境への支援等、各分野の対策を進めるとともに、これらを支える基盤として、「全ゲノム解析等の新たな技術を含む更なるがん研究の推進」、「がん教育及びがんに関する知識の普及啓発」、「患者・市民参画の推進」等を位置付け、総合的ながん対策を進めてきた。がん研究については、「がん対策推進基本計画」に基づき策定された「がん研究10か年戦略」（平成26年3月策定）を踏まえ、「がん対策推進基本計画」に明記されている政策課題の解決に向けた政策提言に資する調査研究等に加えて、革新的な診断法や治療法を創出するため、低侵襲性診断技術や早期診断技術の開発、新たな免疫療法に係る研究等について、戦略的に研究開発を推進している。また、小児がんや高齢者のがん、難治性がん、希少がん等、ライフステージや個々の特性に着目したがん研

究を強力に推進することによりライフステージ別のニーズに応じたがん医療の提供を目指し、研究を進めている。

また、「がん研究10か年戦略」の見直しに向け、令和5年10月に「今後のがん研究のあり方に関する有識者会議」が取りまとめた「今後のがん研究のあり方について」を踏まえ、令和5年12月に「がん研究10か年戦略（第5次）」を策定した。

イ　医療・リハビリテーション・介護関連機器等に関する研究開発

高齢者等の自立や社会参加の促進及び介護者の負担の軽減を図るためには、高齢者等の特性を踏まえた福祉用具や医療機器等の研究開発を行う必要がある。

そのため、福祉用具及び医療機器については、福祉や医療に対するニーズの高い研究開発を効率的に実施するためのプロジェクトの推進、福祉用具・医療機器の民間やアカデミアによる開発の支援等を行っている。

ロボット技術や診断技術等を活用して、低侵襲の治療装置や早期に疾患を発見する診断装置等、日本発の、国際競争力の高い革新的医療機器・システムの開発・実用化を図った。また、関係各省や関連機関、企業、地域支援機関が連携し、開発初期段階から事業化に至るまで、切れ目なく支援する「医療機器開発支援ネットワーク」を通じて、異業種参入も念頭に、ものづくり中小企業と医療機関等との医工連携により、医療現場が抱える課題を解決する医療機器の開発・実用化を支援した。さらに、介護現場の課題を解決するロボット介護機器の開発を支援した。こうした事業を国立研究開発法人日本医療研究開発機構を通じて実施した。

また、国立研究開発法人新エネルギー・産業技術総合開発機構（NEDO）では、「科学技術・イノベーション創出の活性化に関する法律」（平成20年法律第63号）に基づき、スタートアップ等による研究開発を促進し、その成果を円滑に社会実装することによって、我が国のイノベーション創出を促進する新SBIR制度の下、高齢者及び障害のある人の自立支援や介護者の負担軽減につながる福祉機器の開発に対する支援を行っている。

ウ　情報通信の活用等に関する研究開発

高齢者等が情報通信の利便を享受できる情報バリアフリー環境の整備を図るため、高齢者等向けの通信・放送サービスの充実に向けた、新たなICT機器・サービスの研究開発を行う者に対する助成を行った。

エ　医療・介護・健康分野におけるICT利活用の推進

医師の偏在対策の有力な解決策と期待される遠隔医療の普及に向け、8K内視鏡システムの開発・実証とともに、遠隔手術の実現に必要な通信環境やネットワークの条件等を検証した。

また、日々の活動から得られるPHRデータを医療現場での診療に活用することで、医療の高度化や診察内容の精緻化を図るため、各種PHRサービスから医師が求めるPHRデータを取得するために必要なデータ流通基盤を構築するための研究開発を開始した。

オ　高齢社会対策の総合的な推進のための調査分析

高齢社会対策総合調査として、高齢社会対策の施策分野別にテーマを設定し、高齢者の意識やその変化を把握している。令和5年度は、高齢者の住宅と生活環境について調査を実施した。

また、国立研究開発法人科学技術振興機構が実施する社会技術研究開発事業において、高齢者の個別化したデータに基づく健康寿命延伸を実現するモデルを構築する等、技術シーズも活用しつつ高齢化社会の課題を解決するための研究者と関与者との協働による社会実験を含む研究開発を推進したほか、高齢者の社会的孤立・孤独の予防に向けて、高齢男性向けの居場所構築や都市集合住宅高齢者のリアルとバーチャルの融合によるコミュニティ創出、介護等の支援を受け入れ易くするボランティアシステムの構築等の可能性検証を行う研究開発を開始した。

カ　データ等利活用のための環境整備

急速な人口構造の変化等に伴う諸課題に対応するため、「デジタル社会の実現に向けた重点計画」に基づき、官民データの利活用を推進した。

「統計等データの提供等の判断のためのガイドライン」（平成30年4月27日EBPM推進委員会決定）に基づき、各府省庁による統計等データの提供等が円滑に行われるようEBPM推進委員会において必要な調整を行うとともに、統計等データの提供等に関するユーザーからの要望・提案募集及び受領した要望・提案への対応を引き続き実施する等、ユーザー視点に立った統計システムの再構築と利活用の促進を図った。

（3）諸外国との知見や課題の共有
ア　日本の知見の国際社会への展開

「アジア健康構想に向けた基本方針」（平成30年7月改定）により、アジアの高齢化社会に必要な介護産業の振興、人材の育成、医療・介護を中心とした疾病の予防、健康な食事等のヘルスケアサービス、健康な生活のための街づくり等、アジアにおける裾野の広いヘルスケアの実現に向け取り組んだ。令和5年10月には、ベトナムのハノイにおいてワークショップを開催し、日本の高齢化関連サービスについて紹介したほか、令和6年2月には、日本国内向けのハイブリッドセミナーを開催し、介護事業者間の情報共有を促進した。

また、我が国は、G7、G20、TICAD、WHO総会、WHO西太平洋地域委員会、国連総会等の国際的な議論の場において、全ての人が生涯を通じて必要な時に基礎的な保健サービスを負担可能な費用で受けられることを指すユニバーサル・ヘルス・カバレッジ（以下「UHC」という。）の推進を積極的に主張してきた。UHCにおける基礎的な保健サービスには、母子保健、感染症対策、高齢者の地域包括ケアや介護等全てのサービスが含まれている。これまで開発途上国において高齢社会対策や社会保障制度整備において、専門家の派遣、研修、技術協力プロジェクト等の取組を通じ、日本の高齢社会対策等に関する経験・知見の共有を図ってきた。

イ　国際社会での課題の共有及び連携強化

令和5年11月には、第21回ASEAN・日本社会保障ハイレベル会合を大分県で開催した。本会合では、ASEAN各国からの参加者や国内有識者と共に、誰もが生涯にわたり個人の健康状態やライフスタイル等に応じて、自分の力を最大限に発揮するための心身の機能の維持・向上のための地域や職域における取組の現状や課題等を共有し、これからの社会を支えるための政策や支援の在り方について議論した。また、日本、中国、韓国の保健担当大臣が保健医療分野における三国の共通課題の協力について討議する場である「日中韓三国保健大臣会合」においては、令和5年12月に北京で開催された第

16回会合で、健康的な高齢化の推進に関して意見交換や協力強化に係る議論を行った。加えて、令和5年7月に「活力ある老後のための社会参加と健康管理政策」などをテーマとする日中韓少子高齢化セミナーを開催した。

6 全ての世代の活躍推進

「全ての世代の活躍推進」については、大綱において、次の方針を示している。

> 高齢社会に暮らす全ての世代の人々が安心して幸せに暮らせるよう、人々が若年期から計画的に高齢期に向けた備えを進めるとともに、各世代が特有の強みをいかしながら多世代のつながりを醸成し、全ての世代の人々が高齢社会での役割を担いながら、積極的に参画する社会を構築するための施策を推進する。

少子高齢化の流れに歯止めをかけ、女性も男性も、若者もお年寄りも、障害や難病のある方も、さらには一度失敗した方も、家庭で、職場で、地域で、あらゆる場で、誰もが活躍できる一億総活躍社会の実現に向けて、「ニッポン一億総活躍プラン」に基づく取組を推進した。

また、人生100年時代に、高齢者から若者まで、全ての国民に活躍の場があり、全ての人が元気に活躍し続けられる社会、安心して暮らすことのできる社会をつくるため、「人づくり革命基本構想」（平成30年6月人生100年時代構想会議決定）及び「経済財政運営と改革の基本方針2018」（平成30年6月15日閣議決定）に基づいて、教育の無償化等「人づくり革命の実現と拡大」に取り組んだ。

さらに、「こども大綱※2」（令和5年12月22日閣議決定）及び「こども未来戦略」（令和5年12月22日閣議決定）並びに「第5次男女共同参画基本計画」（令和2年12月25日閣議決定）に基づく取組を推進した。少子化対策については、これまで別々に作成・推進されてきた、少子化社会対策大綱を含む3つのこどもに関する大綱を一つに束ね、こども施策に関する基本的な方針や重要事項等を一元的に定めるものとして、令和5年12月22日、こども大綱を閣議決定した。

女性も男性も全ての個人が、その個性と能力を十分に発揮できる男女共同参画社会の実現は、少子高齢化が進み、人口減少社会に突入した我が国社会にとって、社会の多様性と活力を高め、我が国経済が力強く発展していく観点から極めて重要である。

「男女共同参画社会基本法」（平成11年法律第78号）第13条に基づく「第5次男女共同参画基本計画」に基づき、あらゆる分野における女性の参画拡大、安全・安心な暮らしの実現、男女共同参画社会の実現に向けた基盤の整備等に取り組むとともに、同計画に定めた具体策や成果目標の実現に向けて、重点的に取り組むべき事項について取りまとめた「女性活躍・男女共同参画の重点方針2023（女性版骨太の方針2023）」（令和5年6月13日すべての女性が輝く社会づくり本部・男女共同参画推進本部決定）に基づき、取組を強力に進めた。

また、令和4年4月に改正後の「女性の職業生活における活躍の推進に関する法律」（平成27年法律第64号。以下「女性活躍推進法」という。）が全面施行され、自社の女性活躍の状況把握、課題分析、行動計画策定等の義務対象が常時雇用労働者数101人以上企業に拡大された。さらに、令和4年7月8日には、「女性の職業生活における活躍の推進に関する法律に基

づく一般事業主行動計画策定等に関する省令」（平成27年厚生労働省令第162号。以下「女活省令」という。）が改正され、同日施行されたことにより、常用労働者数301人以上企業に、男女の賃金の差異の情報公表が義務付けられた。これらを踏まえ、行動計画の届出勧奨等により女性活躍推進法の履行確保を図るとともに、男女の賃金の差異の情報公表が義務化されたことや、男女の賃金の差異の要因分析・雇用管理改善の重要性について周知・啓発を進めた。

これに加えて、個々の企業の課題を踏まえて支援を行う「民間企業における女性活躍促進事業」の実施や、女性の活躍推進に関する状況が優良な企業に対する「えるぼし」認定、「プラチナえるぼし」認定取得の勧奨等により、企業における女性活躍推進法に基づく取組を促進した。また、企業の女性の活躍状況に関する情報や行動計画を公表できる場として提供している「女性の活躍推進企業データベース」について、企業の登録や求職者の利用を促すため、データベース登録のメリットを周知し、求職者向けの

イベント開催を行った。

さらに、女性デジタル人材の育成や役員・管理職への女性登用の取組、様々な課題・困難を抱える女性に寄り添いながら就労等につなげる取組、NPO等の知見を活用した孤独・孤立で困難や不安を抱える女性への相談支援やその一環として行う生理用品の提供等、地方公共団体が地域の実情に応じて行う取組を地域女性活躍推進交付金により支援した。

「食料・農業・農村基本計画」（令和2年3月31日閣議決定）等を踏まえ、農山漁村に関する方針決定の検討の場への女性の参画の促進、地域のリーダーとなり得る女性農業経営者の育成、女性グループの活動推進、女性が働きやすい環境づくり、女性農業者の活躍事例の普及等の取組への支援等により、農山漁村における女性の活躍を推進する施策を実施した。

※2 こども大綱が策定されるまでは、少子化社会対策基本法（平成15年法律第133号）第7条に基づく「少子化社会対策大綱」に基づき取組を推進した。

令和6年度
高齢社会対策

令和6年度

高齢社会対策

第3章 令和6年度高齢社会対策

第3章 令和6年度高齢社会対策

第1節 令和6年度の高齢社会対策の基本的な取組

1 高齢社会対策関係予算

高齢社会対策を、就業・所得分野、健康・福祉分野、学習・社会参加分野、生活環境分野、研究開発・国際社会への貢献等分野、全ての世代の活躍推進分野にわたり着実に実施する。

一般会計予算における令和6年度の高齢社会対策の関係予算は、24兆2,549億円であり、各分野別では、就業・所得分野13兆8,497億円、健康・福祉分野10兆3,790億円、学習・社会参加分野109億円、生活環境分野24億円、研究開発・国際社会への貢献等分野11億円、全ての世代の活躍推進分野117億円となっている（巻末「高齢社会対策関係予算分野別総括表」参照）。

2 新たな高齢社会対策大綱の策定に向けた検討

政府が推進する高齢社会対策の中長期にわたる基本的かつ総合的な指針となる新たな「高齢社会対策大綱」について、令和6年夏頃を目途に策定すべく、令和5年度に引き続き、「高齢社会対策大綱の策定のための検討会」において議論を行うなど検討を進める。

3 一億総活躍社会の実現に向けて

我が国の構造的な問題である少子高齢化に真正面から挑み、「希望を生み出す強い経済」、「夢をつむぐ子育て支援」、「安心につながる社会保障」の「新・三本の矢」の取組を通じて「一億総活躍社会」の実現を目指す。

そのため、平成28年6月に閣議決定された「ニッポン一億総活躍プラン」のロードマップの進捗状況を把握しつつ、着実に取組を進めていく。

4 全世代型社会保障制度の構築に向けて

全世代対応型の持続可能な社会保障制度の構築に向け、「全世代型社会保障構築を目指す改革の道筋（改革工程）」等に基づき、今後、政府として取組を着実に進めていく。

5 ユニバーサル社会の実現に向けて

「ユニバーサル社会の実現に向けた諸施策の総合的かつ一体的な推進に関する法律」に基づき、令和5年度に政府が講じたユニバーサル社会の実現に向けた諸施策の実施状況を取りまとめ、公表する。

第2節　分野別の高齢社会対策

1　就業・所得

（1）エイジレスに働ける社会の実現に向けた環境整備

ア　多様な形態による就業機会・勤務形態の確保

（ア）多様な働き方を選択できる環境の整備

働く意欲がある高年齢者へ多様な働き方を提供するために、70歳までの就業確保を事業主の努力義務とする改正高年齢者雇用安定法が令和3年4月に施行された。従来の定年引上げや継続雇用制度の導入等に加えて、雇用以外で働く機会を提供する創業支援等措置を導入することで働き方の選択肢を増やし、今後も高齢者の就業促進をより一層図っていく。

地域における高年齢者の多様な雇用・就業機会の創出を図るため、地方公共団体を中心とした協議会が行う高年齢者の就労支援の取組と地域福祉・地方創生等の取組を一体的に実施する生涯現役地域づくり環境整備事業を実施し、先駆的なモデル地域の取組の普及を図る。

シルバー人材センター事業について、人手不足の悩みを抱える企業を一層強力に支えるため、シルバー人材センターによるサービス業等の人手不足分野や現役世代を支える分野での就業機会の開拓・マッチング等を推進するとともに、特に、介護分野の人材確保支援及び高年齢者の一層の活躍を促進し高年齢者の生きがいの充実、社会参加への促進等を図る。

また、高齢者を含め多様な人材の能力を最大限発揮できる機会を提供することで、イノベーション創出等の成果につなげる「ダイバーシティ経営」の推進に向けた普及啓発の取組を行う。

さらに、雇用形態に関わらない公正な待遇の確保に向けて、引き続きパートタイム・有期雇用労働法違反が認められる企業に対しては是正指導を行い、法違反に当たらないものの、改善に向けた取組が望まれる企業に対しては、具体的な助言を行いつつ、支援ツール等を活用し、企業の制度等の見直しを検討するように促し、同法の着実な履行確保を図る。引き続き、労働基準監督署と都道府県労働局が連携し、同一労働同一賃金の更なる遵守の徹底に取り組む。

加えて、企業における非正規雇用労働者の待遇改善等を支援するため、平成30年度より47都道府県に設置している「働き方改革推進支援センター」において、労務管理等の専門家による無料の個別相談支援やセミナー等を引き続き実施するとともに、パートタイム・有期雇用労働者の均等・均衡待遇の確保に向けた職務分析・職務評価の取組支援を行う。

あわせて、職務、勤務地、労働時間を限定した「多様な正社員」制度の導入・定着を図るため、引き続き、「多様な正社員」制度導入支援セミナーや「多様な働き方の実現応援サイト」での好事例の周知、企業への社会保険労務士などによる導入支援等を実施する。

そのほか、副業・兼業については、「副業・兼業の促進に関するガイドライン」等の周知を引き続き実施するとともに、公益財団法人産業雇用安定センターにおいて、副業・兼業を希望する中高年齢者のキャリア等の情報及びその能力の活用を希望する企業の情報を蓄積し、当該中高年齢者に対して企業情報を提供するモデル事業を実施することにより、副業・兼業への取組の拡大を図る。

（イ）情報通信を活用した遠隔型勤務形態の普及

テレワークが高齢者等の遠隔型勤務形態に資するものであることから、テレワークの一層の普及拡大に向けた環境整備、普及啓発等を関係府省庁が連携して推進する。

具体的には、適正な労務管理下における良質なテレワークの導入・定着促進を図るため、引き続き、テレワークに関する労務管理とICTの双方についてワンストップで相談できる窓口での相談対応や、「テレワークの適切な導入及び実施の推進のためのガイドライン」（令和3年3月改定）の周知、中小企業事業主に対するテレワーク導入経費の助成、情報セキュリティに関するガイドラインの周知を行うとともに、事業主等を対象としたセミナー等の開催、中小企業を支援する団体と連携した全国的なテレワーク導入支援制度の構築、テレワークに先進的に取り組む企業等に対する表彰の実施、「テレワーク月間」等の広報を実施する。

また、テレワークによる働き方の実態やテレワーク人口の定量的な把握を行う。

イ　高齢者等の再就職の支援・促進

「事業主都合の解雇」又は「継続雇用制度の対象となる高年齢者に係る基準に該当しなかったこと」により離職する高年齢離職予定者の希望に応じて、その職務の経歴、職業能力等の再就職に資する事項や再就職援助措置を記載した求職活動支援書を作成・交付することが事業主に義務付けられており、交付を希望する高年齢離職予定者に求職活動支援書を交付しない事業主に対しては、公共職業安定所が必要に応じて指導・助言を行う。求職活動支援書の作成に当たって、ジョブ・カードを活用することが可能となっていることから、その積極的な活用を促

す。

公共職業安定所において、特に65歳以上の高年齢求職者を対象に、本人の状況に即した職業相談や職業紹介、求人開拓等の支援を行う生涯現役支援窓口を設置するとともに、当窓口において、高年齢求職者を対象とした職場見学、職場体験等を実施する。

また、常用雇用への移行を目的として、職業経験、技能、知識の不足等から安定的な就職が困難な求職者を公共職業安定所等の紹介により一定期間試行雇用した事業主に対する助成措置（トライアル雇用助成金）や、高年齢者等の就職困難者を公共職業安定所等の紹介により継続して雇用する労働者として雇い入れる事業主に対する助成措置（特定求職者雇用開発助成金）を実施する。

さらに、再就職が困難である高年齢者等の円滑な労働移動を実現するため、早期再就職支援等助成金により、離職を余儀なくされる高年齢者等の再就職を民間の職業紹介事業者に委託した事業主や、高年齢者等を早期に雇い入れた事業主、受け入れて訓練（OJTを含む。）を行った事業主に対して、助成措置を実施し、能力開発支援を含めた労働移動の促進を図る。また、高齢者等の賃金を前職よりも5％以上上昇させた再就職に対して上乗せ助成を実施し、賃金上昇を伴う労働移動の支援を行う。あわせて、早期再就職支援等助成金（中途採用拡大コース）により中途採用者の能力評価、賃金、処遇の制度を整備した上で、45歳以上の中高年齢者の中途採用率等を拡大させるとともに、当該45歳以上の中高年齢者の賃金を前職よりも5％以上上昇させた事業主に対して助成額を増額し、中高年齢者の賃金上昇を伴う労働移動の促進を図る。

また、高年齢退職予定者のキャリア情報等を

登録し、その能力の活用を希望する事業者に対してこれを紹介する高年齢退職予定者キャリア人材バンク事業を公益財団法人産業雇用安定センターにおいて実施し、高年齢者の就業促進を図る。

ウ　高齢期の起業の支援

日本政策金融公庫において、高齢者等を対象に優遇金利を適用する融資制度により開業・創業の支援を行う。

エ　知識、経験を活用した高齢期の雇用の確保

高年齢者雇用安定法は、事業主に対して、高年齢者雇用確保措置を講ずる義務及び高年齢者就業確保措置を講ずる努力義務を定めており、高年齢者雇用確保措置を講じていない事業主に対しては、公共職業安定所による指導等を実施するほか、高年齢者就業確保措置については、適切な措置の実施に向けた事業主への周知啓発を実施する。

また、令和3年4月から高年齢者就業確保措置が努力義務とされたことを踏まえ、独立行政法人高齢・障害・求職者雇用支援機構の70歳雇用推進プランナー等により、高年齢者就業確保措置に関する技術的事項についての相談・援助を行う。

労働施策総合推進法第9条に基づき、労働者の一人一人により均等な働く機会が与えられるよう、引き続き、労働者の募集・採用における年齢制限禁止の義務化の徹底を図るべく、指導等を行う。

また、企業における高年齢者の雇用を推進するため、65歳以上の年齢までの定年延長や66歳以上の年齢までの継続雇用制度の導入又は他社による継続雇用制度の導入を行う事業主、高年齢者の雇用管理制度の見直し又は導入等や高

年齢の有期雇用労働者を無期雇用労働者に転換する事業主に対する支援を実施する。また、継続雇用延長・定年引上げに係る具体的な制度改善提案を実施し、企業への働きかけを行う。

加えて、日本政策金融公庫（中小企業事業）の融資制度（地域活性化・雇用促進資金）において、エイジフリーな勤労環境の整備を促進するため、高齢者（60歳以上）等の雇用等を行う事業者に対しては、当該制度の利用に必要な雇用創出効果の要件を緩和（2名以上の雇用創出から1名以上の雇用創出に緩和）する措置を継続する。

高年齢労働者が安心して安全に働ける職場づくりや労働災害の防止のため、エイジフレンドリーガイドラインの周知及び労働災害防止団体による個別事業場支援の利用勧奨を行う。また、高年齢労働者の安全・健康確保の取組を行う中小企業等に対し、エイジフレンドリー補助金による支援を行うことで、高年齢労働者の安全衛生対策を推進する。

公務部門における高齢者雇用において、国家公務員については、60歳の定年を段階的に引き上げて65歳とすることとされたところであり、シニア職員の具体的な職務付与等について、引き続き、「国家公務員の定年引上げに向けた取組指針」（令和4年3月25日人事管理運営協議会決定）を踏まえた計画的な取組を進める。また、定年引上げに伴う経過措置として暫定再任用制度を適切に運用することにより、65歳までの雇用確保に引き続き努める。

地方公務員についても、国家公務員と同様に、60歳の定年を段階的に引き上げて65歳とすることとされたところであり、高齢期職員の具体的な職務付与、モチベーション維持のための取組、周囲の職員も含めた職場環境の整備等について、定年引上げの適切かつ円滑な運用に

向けて、引き続き必要な助言等を行う。

オ 勤労者の職業生活の全期間を通じた能力の開発

DXやGX（グリーントランスフォーメーション）の加速化など、企業・労働者を取り巻く環境が急速かつ広範に変化するとともに、労働者の職業人生の長期化も同時に進行する中で、労働者の学び・学び直しの必要性が高まっている。労働者がこうした変化に対応して、自らのスキルを向上させるためには、企業主導型の職業訓練の強化を図るとともに、労働者がその意義を認識しつつ、自律的・主体的かつ継続的な学び・学び直しを行うことが必要であり、こうした取組に対する広く継続的な支援が重要となる。このため、職業訓練の実施や職業能力の「見える化」を推進するとともに、職業生涯を通じたキャリア形成・学び直しの支援に向けて、労働者のキャリアプラン再設計や企業内の取組を支援するキャリア形成・リスキリング推進事業を創設し、労働者等及び企業に対しキャリアコンサルティングを中心とした総合的な支援を引き続き実施する。

また、在職中も含めた学びの促進のため、教育訓練休暇制度の普及促進を図るとともに、教育訓練給付制度の活用により、労働者個人の自発的な能力開発・キャリア形成を引き続き支援する。

令和4年10月から施行された改正職業能力開発促進法により法定化された都道府県単位の協議会において、地域の実情やニーズに即した公的職業訓練の設定や実施、職業訓練効果の把握、検証等を引き続き実施する。

カ ゆとりある職業生活の実現等

労働者の健康の保持や仕事と生活の調和を図

るため、引き続き、労働時間等設定改善指針の周知・啓発や、企業における働き方・休み方の改善に向けた検討を行う際に活用できる「働き方・休み方改善ポータルサイト」による情報発信などにより労使の自主的な取組を支援するほか、年次有給休暇の取得促進や、勤務間インターバル制度の導入促進等を行う。

（2）誰もが安心できる公的年金制度の構築

ア 働き方の多様化や高齢期の長期化・就労拡大に対応した年金制度の構築

今後、より多くの人がこれまでよりも長い期間にわたり多様な形で働くようになることが見込まれる。こうした社会・経済の変化を年金制度に反映し、長期化する高齢期の経済基盤の充実を図るため、国民年金法等の一部を改正する法律が順次施行されているところである。令和6年10月からは短時間労働者の被用者保険の適用が50人超規模の企業まで拡大されることも含め、その円滑な施行に向けた取組を引き続き進めていく。

また、国民年金法等の一部を改正する法律の検討規定等には、被用者保険の更なる適用拡大や公的年金制度の所得再分配機能の強化等が盛り込まれており、次期制度改正に向けて、社会保障審議会年金部会等において議論を行っているところである。令和6年夏頃に予定されている財政検証を踏まえ、さらなる議論を進めていく。

イ 年金制度等の分かりやすい情報提供

短時間労働者等への被用者保険の適用拡大の円滑な施行のために、制度改正の内容や適用拡大による被保険者のメリット等について、より積極的な周知・広報に努める。また、若い人たちが年金について考えるきっかけにするため

「学生との年金対話集会」や、「年金動画・ポスターコンテスト」を開催する。さらに、個々人の就労履歴と将来の年金受取額の見通しを「見える化」する公的年金シミュレーターを運用する。

また、「ねんきん定期便」については、老後の生活設計を支援するため、国民年金法等の一部を改正する法律による年金の繰下げ受給の上限年齢の引上げを踏まえた年金額増額のイメージ等について、引き続き分かりやすい情報提供を行う。

（3）資産形成等の支援
ア　資産形成等の促進のための環境整備

勤労者財産形成貯蓄制度の普及等を図ることにより、高齢期に備えた勤労者の自助努力による計画的な財産形成を促進する。

企業年金・個人年金制度に関して、「令和3年度税制改正の大綱」において決定されたDCの拠出限度額の引上げや算定方法の見直しについて、令和6年12月からの円滑な施行に向け、引き続き改正内容の周知・啓発に努める。また、「資産所得倍増プラン」等を踏まえ、iDeCoの加入可能年齢の70歳への引上げ、拠出限度額の引上げや各種手続の簡素化等について引き続き社会保障審議会企業年金・個人年金部会において議論を進める。退職金制度については、中小企業における退職金制度の導入を支援するため、中小企業退職金共済制度の普及促進のための施策を実施する。

NISA制度に関して、更なる普及・活用促進のための施策を実施する。

イ　資産の有効活用のための環境整備

住宅金融支援機構において、高齢者が住み替え等のための住生活関連資金を確保するために、リバースモーゲージ型住宅ローンの普及を促進する。

低所得の高齢者世帯が安定した生活を送れるようにするため、各都道府県社会福祉協議会において、一定の居住用不動産を担保として、世帯の自立に向けた相談支援に併せて必要な資金の貸付けを行う不動産担保型生活資金の貸与制度を実施する。

②　健康・福祉

（1）健康づくりの総合的推進
ア　生涯にわたる健康づくりの推進

令和5年5月31日に告示した「国民の健康の増進の総合的な推進を図るための基本的な方針」（令和5年厚生労働省告示第207号）に基づき、健康日本21（第三次）を推進する。健康日本21（第三次）においては、「全ての国民が健やかで心豊かに生活できる持続可能な社会の実現」のため、健康寿命の延伸を引き続き最終的な目標として、「健康寿命の延伸と健康格差の縮小」、「個人の行動と健康状態の改善」、「社会環境の質の向上」、「ライフコースアプローチを踏まえた健康づくり」の4つを基本的な方向として運動を進めていく。

健康日本21（第三次）に基づき、企業、団体、地方公共団体等と連携し、健康づくりについて取組の普及啓発を推進する「スマート・ライフ・プロジェクト」を引き続き実施していく。

さらに、健康な高齢期を送るためには、若年期からの総合的な健康づくりが重要であるため、市町村が「健康増進法」に基づき実施している健康教育、健康診査、訪問指導等の健康増進事業について一層の推進を図る。

このほか、フレイル対策にも資する「日本人

の食事摂取基準（2020年版）」の活用に当たっては、フレイル予防の普及啓発ツールの啓発を引き続き進めていく。

また、医療保険者による特定健康診査・特定保健指導の着実な実施や、データヘルス計画に沿った取組等、加入者の予防・健康づくりの取組を推進していくとともに、糖尿病を始めとする生活習慣病の重症化予防の先進的な事例の横展開等、中長期的な各般の取組を引き続き進めていく。

いつまでも健康で活力に満ちた長寿社会の実現に向けて、地方公共団体におけるスポーツを通じた健康増進に関する施策を持続可能な取組とするため、域内の体制整備及び運動・スポーツに興味・関心を持ち、習慣化につながる取組を推進する。

食育の観点からは、「第4次食育推進基本計画」に基づき、多世代交流等の共食の場の提供や栄養バランスに優れた日本型食生活の実践に向けたセミナーの開催等の食育活動への支援、スマイルケア食の普及促進など、家庭や地域等における食育の推進を図る。

高齢受刑者で日常生活に支障がある者の円滑な社会復帰を実現するため、引き続きリハビリテーション専門スタッフを配置する。

また、散歩や散策による健康づくりにも資する取組として、河川空間とまち空間が融合した良好な空間の形成を目指す「かわまちづくり」を推進する。

熱中症対策普及団体の活用等を通じ、高齢者等の熱中症弱者に対する見守り・声かけを強化する。

イ　介護予防の推進

要介護状態等になることを予防し、要介護状態等になった場合でもできるだけ地域において自立した日常生活を営むことができるよう市町村における地域の実情に応じた効果的・効率的な介護予防の取組を推進する。

平成27年度から開始された「介護予防・日常生活支援総合事業」は、多様な生活支援の充実、高齢者の社会参加と地域における支え合い体制づくり、介護予防の推進等を図るものであり、令和6年度から開始する第9期介護保険事業（支援）計画の実施に当たり、介護予防の取組を更に推進し、より効果的な介護予防の取組の展開に資する事業となるよう、研修会の開催等を行い、引き続き市町村の取組を支援していく。

（2）持続可能な介護保険制度の運営

令和22年に向けて、高齢化が一層進展し、85歳以上人口の急増や生産年齢人口の急減等が見込まれている中、高齢者ができるだけ住み慣れた地域で自分らしい暮らしを人生の最期まで続けることができるよう、「地域包括ケアシステム」の深化・推進に向けた取組や、介護人材の確保や介護現場の生産性が向上するような取組が令和6年度から始まる第9期介護保険事業（支援）計画に盛り込まれることを踏まえ、これらの取組を推進する。また、令和5年5月に成立した「全世代対応型の持続可能な社会保障制度を構築するための健康保険法等の一部を改正する法律」（令和5年法律第31号）に基づく、医療介護での情報連携基盤の整備について、引き続き検討を進める。

（3）介護サービスの充実（介護離職ゼロの実現）

ア　必要な介護サービスの確保

地域住民が可能な限り、住み慣れた地域で介護サービスを継続的・一体的に受けることので

きる体制（地域包括ケアシステム）の実現を目指すため、地域医療介護総合確保基金等を活用し、地域の実情に応じた介護サービス提供体制の整備を促進するための支援を行う。

また、地域で暮らす高齢者個人に対する支援の充実と、それを支える社会基盤の整備とを同時に進めていく、地域包括ケアシステムの実現に向けた手法として、全国の地方公共団体に「地域ケア会議」の普及・定着を図るため、市町村に対し、「地域ケア会議」の開催に係る費用に対して、財政支援を行う。

さらに、「地域づくり加速化事業」として、市町村の地域づくり促進のための支援パッケージを活用し、有識者による研修実施や、総合事業等に課題を抱える市町村等への伴走的支援を行う。

あわせて、介護人材の確保のため、多様な世代を対象とした職場体験事業や介護に関する入門的研修の実施からマッチングまでの一体的支援事業等を地域医療介護総合確保基金に位置付け、令和5年度に引き続き、当該基金の活用により、「参入促進」、「労働環境の改善」、「資質の向上」に向けた都道府県の取組を支援する。さらに、介護福祉士修学資金等貸付事業の更なる活用促進等に取り組む。加えて、介護職の魅力及び社会的評価の向上や、他業種で働いていた方等が介護・障害福祉分野における介護職に就職する際の支援を行い、更なる介護分野への参入促進に向けた取組を推進する。介護職員の処遇改善については、介護職員等の確保に向けて、介護職員の処遇改善のための措置ができるだけ多くの事業所に活用されるよう推進する観点から、介護職員処遇改善加算、介護職員等特定処遇改善加算、介護職員等ベースアップ等支援加算について、現行の各加算・各区分の要件及び加算率を組み合わせた4段階の「介護職員

等処遇改善加算」に一本化を行う。また、介護現場で働く方々にとって、令和6年度に2.5％、令和7年度に2.0％のベースアップへと確実につながるよう加算率の引上げを行う。

また、介護労働者の雇用管理改善を促進する「介護雇用管理改善等計画」に基づき、事業所の雇用管理の改善のためのコンサルティングの実施、介護労働者の雇用管理全般に関する雇用管理責任者への講習に加え、事業所の雇用管理改善に係る好事例の公開や助成金の周知等を引き続き実施する。人材の参入促進を図る観点からは、介護に関する専門的な技能を身につけられるようにするための公的職業訓練について、民間教育訓練実施機関等を活用した職業訓練枠の拡充のため、職場見学・職場体験を組み込むことを要件とした訓練委託費等の上乗せを引き続き実施するとともに、全国の主要な公共職業安定所に医療・福祉分野等のマッチング支援を行う「人材確保対策コーナー」を設置し、きめ細かな職業相談・職業紹介、求人充足に向けた助言・指導等の取組の強化を図る。また、「人材確保対策コーナー」を設置していない公共職業安定所においても、医療・福祉分野等の職業相談・職業紹介、求人情報の提供及び「人材確保対策コーナー」への利用勧奨等の支援を実施していく。さらに、令和5年度に引き続き、各都道府県に設置されている福祉人材センターにおいて、離職した介護福祉士等からの届出情報をもとに、求職者になる前の段階からニーズに沿った求人情報の提供等の支援を推進するとともに、当該センターに配置された専門員が求人事業所と求職者間双方のニーズを的確に把握した上で、マッチングによる円滑な人材参入・定着促進、職業相談、職業紹介等を推進する。

また、在宅・施設を問わず必要となる基本的な知識・技術を修得する介護職員初任者研修を

引き続き各都道府県において実施する。

令和5年度に引き続き、「11月11日」の「介護の日」に合わせ、都道府県・市町村、介護事業者、関係機関・団体等の協力を得つつ、国民への啓発のための取組を重点的に実施する。

また、令和5年度に引き続き、現場で働く介護職員の職場環境の改善につなげるため、優良事業者の表彰を通じた好事例の普及促進を図る観点から、「介護職員の働きやすい職場環境づくり内閣総理大臣及び厚生労働大臣表彰」を実施する。

さらに、地域包括ケアの推進等により住み慣れた地域で自分らしい暮らしを人生の最期まで続けることができるような体制整備を目指して、引き続き在宅医療・介護の連携推進等、制度、報酬及び予算面から包括的に取組を行う。

イ 介護サービスの質の向上

介護保険制度の運営の要であるケアマネジャーの資質の向上を図るため、引き続き、実務研修及び現任者に対する研修を体系的に実施する。

また、高齢者の尊厳の保持を図る観点から、地方公共団体と連携し、地域住民への普及啓発や関係者への研修等を進める等、高齢者虐待の防止に向けた取組を推進していく。

平成24年4月より、一定の研修を受けた介護職員等は、一定の条件の下に喀痰吸引等の行為を実施できることとなった。令和6年度においては、引き続き各都道府県と連携の下、研修等の実施を推進し、サービスの確保、向上を図っていく。

引き続き、マイナポータルを活用し介護保険手続の検索やオンライン申請の可能な「介護ワンストップサービス」(平成31年1月より開始)を推進するため、標準様式の周知等により、地方公共団体での導入促進を図っていく。

ウ 地域における包括的かつ持続的な在宅医療・介護の提供

持続可能な社会保障制度を確立するためには、高度急性期医療から在宅医療・介護までの一連のサービス提供体制を一体的に確保できるよう、質が高く効率的な医療提供体制を整備するとともに、国民が可能な限り住み慣れた地域で療養することができるよう、医療・介護が連携して地域包括ケアシステムの実現を目指すことが必要である。このため、平成26年度に創設した地域医療介護総合確保基金を活用し、引き続き、各都道府県が策定した事業計画に基づき、在宅医療・介護サービスの提供体制の整備等のために必要な取組を実施していく。また、在宅医療・介護の連携推進に係る事業は、介護保険法の地域支援事業に位置付け、市町村が主体となって地域の医師会等と連携しながら取り組むこととしている。また、在宅医療・介護連携に関する取組の推進・充実を図るために、引き続き市町村等職員に対する研修の実施及び市町村支援を行う都道府県への支援の充実等を行う。

在宅医療の体制の整備については、都道府県が策定した第8次医療計画を踏まえ、地域の実情に応じた支援を行う。

エ 介護と仕事の両立支援
(ア) 育児・介護休業法の円滑な施行

介護休業や介護休暇等の仕事と介護の両立支援制度等を定めた「育児休業、介護休業等育児又は家族介護を行う労働者の福祉に関する法律」について、引き続き都道府県労働局において制度の内容を周知するとともに、企業において法の履行確保が図られるよう事業主に対して

指導等を行う。

また、介護離職を防止するための仕事と介護の両立支援制度の周知の強化等を内容とする「育児休業、介護休業等育児又は家族介護を行う労働者の福祉に関する法律及び次世代育成支援対策推進法の一部を改正する法律案」を第213回国会（令和6年）に提出しており、本法律案が成立した際には、その円滑な施行に向けた周知・広報等に取り組む。

（イ）仕事と介護を両立しやすい職場環境整備

中高年齢者を中心として、家族の介護のために離職する労働者の数が高止まりしていることから、仕事と介護の両立支援制度について周知を行っていくとともに、全国各地での企業向けセミナーの開催や仕事と家庭の両立支援プランナーによる個別支援を通じて、「介護離職を予防するための両立支援対応モデル」及び「介護支援プラン」の普及促進を図り、労働者の仕事と介護の両立を支援し、継続就業を促進する。

また、「介護支援プラン」を策定し、介護に直面する労働者の円滑な介護休業の取得・職場復帰に取り組む中小企業事業主や、その他の仕事と介護の両立に資する制度（介護両立支援制度）を労働者が利用した中小企業事業主を助成金により支援することを通じて、企業の積極的な取組の促進を図る。

（4）持続可能な高齢者医療制度の運営

令和7年までに全ての団塊の世代が後期高齢者となる中、現役世代の負担上昇の抑制を図り、負担能力に応じて、増加する医療費を全ての世代で公平に支え合う観点から、第211回通常国会において、後期高齢者1人当たり保険料と現役世代1人当たり後期高齢者支援金の伸び率が同じとなるよう後期高齢者の保険料負担割合を見直すこと、その際、低所得の方々の負担増が生じないようにする等の激変緩和措置を講じることとする改正法が成立し、令和6年4月から施行されている。

後期高齢者の保健事業について、高齢者の心身の多様な課題に対応し、きめ細かな支援を実施するため、後期高齢者医療広域連合のみならず、市民に身近な市町村が中心となって、介護保険の地域支援事業や国民健康保険の保健事業と一体的に後期高齢者の保健事業を実施する「高齢者の保健事業と介護予防の一体的な実施」の推進を図っている。

このため、後期高齢者医療広域連合から市町村へ高齢者保健事業を委託し、①事業全体のコーディネートや企画調整・分析等を行う医療専門職、②高齢者に対する個別的支援や通いの場等への関与等を行う医療専門職を配置する費用等を、国が後期高齢者医療調整交付金のうち特別調整交付金により引き続き支援する。

加えて、後期高齢者医療広域連合や市町村の職員を対象とする保健事業実施に関する研修や市町村の取組状況の把握等を行う「高齢者の保健事業と介護予防の一体的実施の全国的な横展開事業」等を通じて、取組の推進を支援する。

（5）認知症施策の推進

認知症は誰もがなり得るものであり、家族や身近な人が認知症になること等を含め、多くの人にとって身近なものとなっている。認知症の発症を遅らせ、認知症になっても希望をもって日常生活を過ごせる社会を目指すため、令和元年6月に取りまとめられた「認知症施策推進大綱」には、「共生」と「予防」を車の両輪とし、①普及啓発・本人発信支援、②予防、③医療・ケア・介護サービス・介護者への支援、④認知

症バリアフリーの推進・若年性認知症の人への支援・社会参加支援、⑤研究開発・産業促進・国際展開の5つの柱に沿った施策が盛り込まれているところであり、引き続きこれら施策を推進していく。

また、認知症の人が尊厳を保持しつつ希望を持って暮らすことができること、認知症の人を含めた全ての国民がその個性と能力を十分に発揮し、相互に人格と個性を尊重しつつ支え合いながら共生する活力ある社会の実現を推進することを目的とする認知症基本法に基づき、認知症の人やその家族、保健医療福祉従事者等から構成される「認知症施策推進関係者会議」から意見を聴きながら、令和6年秋頃の策定を目指し「認知症施策推進基本計画」の検討を進める。

認知症基本法では、①認知症の人に関する国民の理解の増進等②認知症の人の生活におけるバリアフリー化の推進③認知症の人の社会参加の機会の確保等④認知症の人の意思決定の支援及び権利利益の保護⑤保健医療サービス及び福祉サービスの提供体制の整備等⑥相談体制の整備等⑦研究等の推進等⑧認知症の予防等の基本的施策が盛り込まれているところであり、「認知症施策推進基本計画」においてもこれら施策について規定した上で、引き続き認知症施策の総合的な取組を推進していく。

（6）人生の最終段階における医療・ケアの在り方

人生の最終段階における医療・ケアについては、医療従事者から本人・家族等に適切な情報の提供がなされた上で、本人・家族等及び医療・ケアチームが繰り返し話合いを行い、本人による意思決定を基本として行われることが重要である。

そのため、人生の最終段階における医療・ケア体制整備事業として、「人生の最終段階における医療・ケアの決定プロセスに関するガイドライン」に基づき、全国の医療従事者等に向けて、研修を行っていく。

また、本人が望む医療やケアについて前もって考え、家族等や医療・ケアチームと繰り返し話し合い、共有する取組（人生会議）の普及・啓発を図るため、今後、国民に対し更に普及・啓発していく。

（7）住民等を中心とした地域の支え合いの仕組み作りの促進
ア　地域の支え合いによる生活支援の推進

令和4年度に創設した「生活困窮者支援等のための地域づくり事業」等を通じて、地域住民のニーズ・生活課題の把握、住民主体の活動支援・情報発信、地域コミュニティを形成する居場所づくり、多様な担い手が連携する仕組み作りなどの取組を進め、身近な地域における共助の取組を活性化させることで、地域福祉の推進を図る。

また、「寄り添い型相談支援事業」として、24時間365日ワンストップで電話相談を受け、必要に応じて、具体的な解決につなげるための面接相談、同行支援を行う事業を実施する。

地域共生社会の実現に向けて、市町村において、地域住民の複雑化・複合化した支援ニーズに対応する包括的な支援体制を整備するため、重層的支援体制整備事業を実施する市町村に対して適切な支援を行うこと等により、地域における取組等を推進する。

イ　地域福祉計画の策定の支援

福祉サービスを必要とする高齢者を含めた地域住民が、地域社会を構成する一員として日常

生活を営み、社会、経済、文化その他あらゆる分野の活動に参加する機会が確保されるよう地域福祉の推進に努めている。このため、福祉の各分野における共通して取り組むべき事項や福祉サービスの適切な利用の推進、社会福祉を目的とする事業の健全な発達、地域福祉活動への住民参加の促進、要援護者に係る情報の把握・共有・安否確認等の方法等を盛り込んだ地域福祉計画の策定の支援を引き続き行う。

ウ　地域における高齢者の安心な暮らしの実現

　地域主導による地域医療の再生や在宅介護の充実を引き続き図っていく。そのため、医療、介護の専門家を始め、地域の多様な関係者を含めた多職種が協働して個別事例の支援方針の検討等を行う「地域ケア会議」の取組や、情報通信技術の活用による在宅での生活支援ツールの整備等を進め、地域に暮らす高齢者が自らの希望するサービスを受けることができる社会を構築していく。

　また、高齢者が地域での生活を継続していくために、市町村が実施する地域支援事業を推進し、各市町村が効果的かつ計画的に生活支援・介護予防サービスの基盤整備を行うことができるよう、市町村に生活支援コーディネーター（地域支え合い推進員）を配置するなど、その取組を推進する。

　新たなシニア向けサービスの需要の創造、高齢者の起業や雇用の促進、高齢者が有する技術・知識等の次世代への継承等の好循環を可能とする環境を整備していく。

③　学習・社会参加

（1）学習活動の促進
ア　学校における多様な学習機会の提供
（ア）初等中等教育機関における多様な学習機会の確保

　児童生徒が高齢社会の課題や高齢者に対する理解を深めるため、学習指導要領に基づき、引き続き小・中・高等学校におけるボランティア等社会奉仕に関わる活動や高齢者との交流等を含む体験活動の充実を図る。

（イ）高等教育機関における社会人の学習機会の提供

　生涯学習のニーズの高まりに対応するため、大学においては、社会人選抜の実施、夜間大学院の設置、昼夜開講制の実施、科目等履修生制度の実施、長期履修学生制度の実施等を引き続き行い、履修形態の柔軟化等を図って、社会人の受入れを一層促進する。

　また、大学等が、その学術研究・教育の成果を直接社会に開放し、履修証明プログラムや公開講座を実施する等高度な学習機会を提供することを促進する。

　放送大学においては、テレビ・ラジオ放送やインターネット等の身近なメディアを効果的に活用して、幅広く大学教育の機会を国民に提供する。

　また、高等教育段階の学習機会の多様な発展に寄与するため、短期大学卒業者、高等専門学校卒業者、専門学校等修了者で、大学における科目等履修生制度等を利用し一定の学習を修めた者については、独立行政法人大学改革支援・学位授与機構において審査の上、「学士」の学位授与を行う。

（ウ）学校機能・施設の地域への開放

　学校は地域コミュニティの核となることから、複合化等を行う公立学校の施設整備に対して国庫補助を行うとともに、好事例を収集・横展開することを通じて、高齢者を含む地域住民の積極的な利用を促進するような施設づくりを進めていく。

イ　社会における多様な学習機会の提供
（ア）社会教育の振興

　地域住民の身近な学習拠点である公民館を始めとする社会教育施設等において、高齢者を含む幅広い年齢層を対象とした多様な学習機会の充実を促進するとともに、地域住民が主体となって地域の様々な課題解決を図る取組を通じた安全・安心で活力ある地域形成を促進するため、高齢者の主体的な地域活動への参画事例を含む社会教育を基盤とした取組について全国の優れた実践事例を収集するとともに、その効果等の客観的な分析を行い、広く全国に情報共有等を図る。

（イ）文化活動の振興

　国民文化祭の開催等による幅広い年齢層を対象とした文化活動への参加機会の提供、国立の博物館等における高齢者に対する優遇措置やバリアフリー化等による芸術鑑賞機会の充実を通じて多様な文化活動の振興を図る。

（ウ）スポーツ活動の振興

　いつまでも健康で活力に満ちた長寿社会を実現するため、「スポーツによる地域活性化推進事業」を活用し、スポーツを通じた地域の活性化を推進するとともに、スポーツ行事の実施等の各種機会を通じて多様なスポーツ活動の振興を図る。

（エ）自然とのふれあい

　国立公園等の利用者を始め、国民の誰もが自然とふれあう活動が行えるよう、自然ふれあい施設や自然体験活動等の情報をインターネット等を通じて提供する。

ウ　社会保障等の理解促進

　中学校学習指導要領の社会科や技術・家庭科、高等学校学習指導要領の公民科や家庭科において、少子高齢社会における社会保障の充実・安定化や介護に関する内容等が明記されていることを踏まえ、その趣旨の徹底を図る。令和3年度に新たに作成した教材等について内容の充実や効果的な周知を図る等、若い世代が高齢社会を理解する力を養うために、教育現場において社会保障教育が正しく教えられる環境づくりに取り組む。

　より公平・公正な社会保障制度の基盤となるマイナンバー制度については、情報連携の本格運用に伴い、各種年金関係手続のほか、介護保険を始めとした高齢者福祉に関する手続を含む事務において、従来必要とされていた住民票の写しや課税証明書、年金証書等の書類が不要となっている。本格運用の対象事務は、順次、拡大しており、こうしたマイナンバー制度の取組状況について、地方公共団体等とも連携し、国民への周知・広報を行う。

　また、国全体として金融経済教育の機会提供に向けた取組を推進するための中立的な組織として、新たな認可法人となる「金融経済教育推進機構」を令和6年4月に設立し、同年8月に本格稼働させることを目指す。同機構における、社会保障制度を含む幅広い分野の金融経済教育の取組を支援するなど、社会保障分野も含めた金融経済教育の充実に取り組む。

エ　高齢者等に向けたデジタル活用支援の推進

　デジタル推進委員について、関係府省庁のデジタルリテラシー向上やデジタル格差の解消に向けた取組等と連携し、携帯電話ショップ中心の活動から、自治体・経済団体・企業・地域ボランティア団体への拡大を図るとともに、図書館や公民館、鉄道駅や薬局など身近な場所の活用を含め、継続的にきめ細やかなサポートができるよう、相談体制の充実を図っていく。

　また、民間企業や地方公共団体等と連携し、高齢者等のデジタル活用の不安の解消に向けて、スマートフォンを利用したオンライン行政手続等に対する助言・相談等を行うデジタル活用支援の講習会を、携帯電話ショップがない地域も含め、全国において引き続き実施する。

オ　ライフステージに応じた消費者教育の取組の促進

　「消費者教育の推進に関する法律」及び「消費者教育の推進に関する基本的な方針」に基づき、消費者教育を推進する。

（2）社会参加活動の促進

ア　多世代による社会参加活動の促進

（ア）高齢者の社会参加と生きがいづくり

　高齢者の生きがいと健康づくり推進のため、地域を基盤とする高齢者の自主的な活動組織である老人クラブ等や都道府県及び市町村が行う地域の高齢者の社会参加活動を支援する。また、国民一人一人が積極的に参加し、その意義について広く理解を深めることを目的とした「全国健康福祉祭（ねんりんピック）」を令和6年10月に鳥取県で開催する。また、退職教員や企業退職高齢者等を含む幅広い地域住民や企業・団体等の参画により、地域と学校が連携・協働して、学びによるまちづくり、地域人材育成、郷土学習、放課後等における学習・体験活動等、地域全体で未来を担う子供たちの成長を支え、地域を創生する「地域学校協働活動」を全国的に推進する。

　さらに、企業退職高齢者等が、地域社会の中で役割を持って生き生きと生活できるよう、有償ボランティア活動による一定の収入を得ながら自らの生きがいや健康づくりにもつながる活動を行い、同時に介護予防や生活支援のサービスの基盤整備を促進する「高齢者生きがい活動促進事業」を実施する。

　また、地域支援事業において、有償ボランティア活動等の就労的活動の場を提供できる団体・組織と就労的活動を実施したい事業者とをマッチングし、高齢者個人の特性や希望に合った活動をコーディネートする人材の配置を引き続き推進する。

　加えて、高齢者を含む誰もが旅行を楽しむことができる環境を整備するため、「観光施設における心のバリアフリー認定制度」の広報動画等を作成するなどユニバーサルツーリズムを推進するほか、引き続き、旅館・ホテル等におけるバリアフリー化への改修の支援を実施する。

　また、地域の社会教育を推進するため、社会教育を行う者に対する専門的技術的な指導助言を行う社会教育主事等の専門的職員の養成等を図る。

　さらに、地域住民が主体となって地域の様々な課題解決を図る取組を通じた安全・安心で活力ある地域形成を促進するため、高齢者の主体的な地域活動への参画事例を含む社会教育を基盤とした取組について全国の優れた実践事例を収集するとともに、その効果等の客観的な分析を行い、広く全国に情報共有等を図る。

　高齢者の社会参加や世代間交流を促進するため、「高齢社会フォーラム」を開催する。また、

年齢にとらわれず自らの責任と能力において自由で生き生きとした生活を送る高齢者（エイジレス・ライフ実践者）や、社会参加活動を積極的に行っている高齢者の団体等を紹介する。

（イ）国立公園等におけるユニバーサルデザインの推進

国立公園等において、主要な利用施設であるビジターセンター、園路、公衆トイレ等についてユニバーサルデザイン化や、利用者の利便性を高めるための情報発信の充実等を推進し、高齢者にも配慮した自然とのふれあいの場を提供していく。

（ウ）高齢者の余暇時間等の充実

高齢者等がテレビジョン放送を通じて情報アクセスの機会を確保できるよう、字幕放送、解説放送及び手話放送の充実を図るため、平成30年2月に策定し、令和5年10月に改定した「放送分野における情報アクセシビリティに関する指針」に基づいて、引き続き、放送事業者の自主的な取組を促す。同時に、字幕番組等の制作費や設備整備費等に対する助成を行うこと等により、放送事業者等の取組を支援していく。

イ　市民やNPO等の担い手の活動環境の整備

市民やNPO等の活動環境を整備するため、認定NPO法人等の寄附税制の活用促進やNPO法の適切な運用を推進する。また、市民活動に関する情報の提供を行うための内閣府NPOホームページや、ポータルサイト等の情報公開システムの機能向上に取り組む。さらに、NPO法人運営に係る手続の簡素化・効率化の観点から、NPO法に基づく各種事務をオンライン化したシステムの利便性向上と利用の促進

を図る。

また、開発途上国からの要請に見合った技術・知識・経験を有し、かつ開発途上国の社会や経済の発展への貢献を希望する国民が、JICA海外協力隊員（対象：20歳から69歳まで）として途上国の現場で活躍する、独立行政法人国際協力機構を通じた事業（JICAボランティア事業）を推進する。

④　生活環境

（1）豊かで安定した住生活の確保

「住生活基本計画（全国計画）」に掲げた目標（〔1〕「新たな日常」やDXの進展等に対応した新しい住まい方の実現、〔2〕頻発・激甚化する災害新ステージにおける安全な住宅・住宅地の形成と被災者の住まいの確保、〔3〕子どもを産み育てやすい住まいの実現、〔4〕多様な世代が支え合い、高齢者等が健康で安心して暮らせるコミュニティの形成とまちづくり、〔5〕住宅確保要配慮者が安心して暮らせるセーフティネット機能の整備、〔6〕脱炭素社会に向けた住宅循環システムの構築と良質な住宅ストックの形成、〔7〕空き家の状況に応じた適切な管理・除却・利活用の一体的推進、〔8〕居住者の利便性や豊かさを向上させる住生活産業の発展）を達成するため、必要な施策を着実に推進する。

ア　次世代へ継承可能な良質な住宅の供給促進
（ア）持家の計画的な取得・改善努力への援助等の推進

良質な持家の取得・改善を促進するため、勤労者財産形成住宅貯蓄の普及促進等を図るとともに、住宅金融支援機構の証券化支援事業及び独立行政法人勤労者退職金共済機構等の勤労者

財産形成持家融資を行う。

また、住宅ローン減税等の税制上の措置を活用し、引き続き良質な住宅の取得を促進する。

(イ) 高齢者の持家ニーズへの対応

住宅金融支援機構において、親族居住用住宅を証券化支援事業の対象とするとともに、親子が債務を継承して返済する親子リレー返済（承継償還制度）を実施する。

(ウ) 将来にわたり活用される良質なストックの形成

「長期優良住宅の普及の促進に関する法律」に基づき、住宅を長期にわたり良好な状態で使用するため、その構造や設備について、一定以上の耐久性、維持管理容易性等の性能を備え、適切な維持保全が確保される「認定長期優良住宅」の普及促進を図る。

イ 循環型の住宅市場の実現
(ア) 既存住宅流通・リフォーム市場の環境整備

既存住宅ストックの質の向上及び流通促進に向けて、建物状況調査（インスペクション）の円滑な普及、安心して既存住宅を取得したりリフォーム工事を依頼したりすることができる市場環境の整備、瑕疵保険や住宅紛争処理制度の充実を図るとともに、良質な住宅ストックが適正に評価される市場の形成を促進する先導的な取組や既存住宅の長寿命化に資するリフォームや省エネリフォームの取組を支援する。

(イ) 高齢者に適した住宅への住み替え支援

高齢者等の所有する戸建て住宅等を、広い住宅を必要とする子育て世帯等へ賃貸することを円滑化する制度により、高齢者に適した住宅への住み替え等を促進するとともに、同制度を活用して住み替える先の住宅を取得する費用について、住宅金融支援機構の証券化支援事業における民間住宅ローンの買取要件の緩和により支援する。

さらに、高齢者が住み替える先のサービス付き高齢者向け住宅に係る入居一時金及び住み替える先の住宅の建設・購入資金の確保に資するよう、住宅融資保険事業や証券化支援事業の枠組みを活用し、民間金融機関のリバースモーゲージ型住宅ローンの普及を支援する。

ウ 高齢者の居住の安定確保
(ア) 良質な高齢者向け住まいの供給

「高齢者の居住の安定確保に関する法律等の一部を改正する法律」により創設された「サービス付き高齢者向け住宅」の供給促進のため、整備費に対する補助、税制の特例措置、住宅金融支援機構の融資による支援を行う。また、非接触でのサービス提供等を可能とするIoT技術の導入支援を行う。

さらに、高齢者世帯等の住宅確保要配慮者の増加に対応するため、民間賃貸住宅を活用したセーフティネット登録住宅を推進するとともに、登録住宅の改修や入居者負担の軽減等への支援を行う。加えて、高齢者世帯等の住宅確保要配慮者が円滑に入居できる賃貸住宅の供給を推進し、さらに、住宅施策と福祉施策が連携した地域の居住支援体制を強化するため、「住宅確保要配慮者に対する賃貸住宅の供給の促進に関する法律等の一部を改正する法律案」を第213回国会（令和6年）に提出している。

(イ) 高齢者の自立や介護に配慮した住宅の建設及び改造の促進

「高齢期の健康で快適な暮らしのための住ま

いの改修ガイドライン」の普及等によりバリア
フリー化等の改修を進める。住宅金融支援機構
においては、高齢者自らが行う住宅のバリアフ
リー改修について高齢者向け返済特例制度を適
用した融資を実施する。また、証券化支援事業
の枠組みを活用したフラット35Sにより、バリ
アフリー性能等に優れた住宅に係る金利引下げ
を行う。さらに、住宅融資保険事業や証券化支
援事業の枠組みを活用し、民間金融機関が提供
する住宅の建設、購入、改良等の資金に係るリ
バースモーゲージ型住宅ローンの普及を支援す
る。

　また、バリアフリー構造等を有する「サービ
ス付き高齢者向け住宅」の供給促進のため、整
備費に対する補助、税制の特例措置、住宅金融
支援機構の融資による支援を行う。

（ウ）公共賃貸住宅

　公共賃貸住宅においては、バリアフリー化を
推進するため、新たに供給する公営住宅、改良
住宅及び都市再生機構賃貸住宅について、段差
の解消等一定の高齢化に対応した仕様を原則と
する。

　この際、公営住宅、改良住宅の整備において
は、中高層住宅におけるエレベーター設置等の
高齢者向けの設計・設備によって増加する工事
費について助成を行う。都市再生機構賃貸住宅
においても、中高層住宅の供給においてはエレ
ベーター設置を標準とする。

　また、老朽化した公共賃貸住宅については、
計画的な建替え・改善を推進する。

（エ）住宅と福祉の施策の連携強化

　「高齢者の居住の安定確保に関する法律」に
基づき、都道府県及び市町村において、高齢者
の居住の安定確保のための計画を定めることを

推進していく。また、生活支援サービスが提供
される「サービス付き高齢者向け住宅」の供給
を促進し、福祉と連携した安心できる住まいの
提供を実施していく。

　また、市町村の総合的な高齢者住宅施策の
下、シルバーハウジング・プロジェクト事業を
実施するとともに、公営住宅等においてライフ
サポートアドバイザー等のサービス提供の拠点
となる高齢者生活相談所の整備を促進する。

（オ）高齢者向けの先導的な住まいづくり等への支援

　スマートウェルネス住宅等推進事業により、
高齢者等の居住の安定確保・健康維持増進に係
る先導的な住まいづくりの取組等に対して補助
を行う。

（カ）高齢者のニーズに対応した公共賃貸住宅の供給

　公営住宅については、高齢者世帯向け公営住
宅の供給を促進する。また、地域の実情を踏ま
えた地方公共団体の判断により、高齢者世帯の
入居収入基準を一定額まで引き上げるととも
に、入居者選考において優先的に取り扱うこと
を可能としている。

　都市再生機構賃貸住宅においては、高齢者同
居世帯等に対する入居又は住宅変更における優
遇措置を行う。

（キ）高齢者の民間賃貸住宅への入居の円滑化

　高齢者等の民間賃貸住宅への円滑な入居を促
進するため、地方公共団体や関係事業者、居住
支援団体等が組織する居住支援協議会や居住支
援法人が行う相談・情報提供等に対する支援を
行う。

（2）高齢社会に適したまちづくりの総合的推進

ア　共生社会の実現に向けた取組の推進

　誰もが暮らしやすい共生社会の実現に向けて、引き続き、バリアフリー法及び関係施策に基づき、ユニバーサルデザインの街づくりや心のバリアフリーなど、ハード・ソフト両面からの取組を推進するとともに、「共生社会ホストタウン」等と連携して、他の地方公共団体や国民等へ取組の周知を行う。

イ　多世代に配慮したまちづくり・地域づくりの総合的推進

　高齢者等全ての人が安全・安心に生活し、社会参加できるよう、高齢者に配慮したまちづくりを総合的に推進するため、バリアフリー法に基づく移動等円滑化促進方針及び基本構想の作成を市町村に働きかけるとともに、地域公共交通バリアフリー化調査事業及びバリアフリー環境整備促進事業を実施する。

　「誰一人取り残さない」社会の実現を目指して、経済・社会・環境をめぐる広範な課題に統合的に取り組むための世界共通の目標である持続可能な開発目標（SDGs）を、広く全国の地方公共団体において積極的に推進するため、地方創生に向けたSDGs推進事業を実施する。令和5年度に引き続き令和6年度においても、SDGs達成に向けた優れた取組を提案する都市を「SDGs未来都市」として選定するとともに、その中でも特に先導的な取組を「自治体SDGsモデル事業」として選定する。また、地方公共団体が広域で連携し、SDGsの理念に沿って地域のデジタル化や脱炭素化等を行う地域活性化に向けた取組を「広域連携SDGsモデル事業」として、地方創生SDGsの経験や知見のある人材を活用し、多くの自治体に共通する喫緊かつ深刻な地域課題に、先進的・試行的な解決策を講じる都市を「地方創生SDGs課題解決モデル都市」として選定し、支援を行う。

　また、SDGsの推進に当たっては、多様なステークホルダーとの連携が不可欠であることから、引き続き、官民連携の取組を促進することを目的とした「地方創生SDGs官民連携プラットフォーム」を通じて、マッチングイベント等を開催する。

　さらに、金融面においても、地方公共団体と地域金融機関等が連携して、地域課題の解決やSDGsの達成に取り組む地域事業者を支援し、地域における資金の還流と再投資を生み出す「地方創生SDGs金融」を通じた自律的好循環の形成を目指す。

　さらに、地方創生の観点からは、女性、若者、高齢者、障害者など、誰もが居場所と役割を持つコミュニティをつくり、活気あふれる温もりのある地域をつくるため、「交流・居場所」、「活躍・しごと」、「住まい」、「健康」、「人の流れ」といった観点で、デジタル技術等の活用により、分野横断的かつ一体的な地域の取組を支援する全世代・全員活躍型「生涯活躍のまち」の更なる推進に取り組む。具体的には、デジタル技術を活用した「生涯活躍のまち」づくりのプロセスモデルを活用して、地方公共団体への伴走支援や官民連携のマッチングイベントを実施し、地方公共団体の取組を支援するとともに、先進的な地方公共団体の取組事例を収集する。これらの取組から得られた知見・ノウハウをもとにプロセスモデルの検証・改訂を行い、先進的な地方公共団体の取組事例と合わせ、全国の地方公共団体に向けて情報発信することで、デジタル技術を活用した「生涯活躍のまち」づくりを推進する。

　中山間地域等において、各種生活サービス機

能が一定のエリアに集約され、集落生活圏内外をつなぐ交通ネットワークが確保された拠点である「小さな拠点」の形成拡大と質的向上を目指し、地域の自立共助の運営組織や全国の多様な関係者間の連携を図る等、総合的に支援する。

ウ　公共交通機関等の移動空間のバリアフリー化

（ア）バリアフリー法に基づく公共交通機関のバリアフリー化の推進

バリアフリー法に基づき、公共交通事業者等による旅客施設や車両等のバリアフリー化の取組を促進する。このため、「公共交通移動等円滑化基準」、「公共交通機関の旅客施設に関する移動等円滑化整備ガイドライン」及び「公共交通機関の車両等に関する移動等円滑化整備ガイドライン」に基づく整備を進めるとともに、「公共交通機関の役務の提供に関する移動等円滑化整備ガイドライン」によるソフト面での取組を推進する。また、鉄道駅等の旅客施設のバリアフリー化、ノンステップバス、ユニバーサルデザインタクシーを含む福祉タクシーの導入等に対する支援措置を実施する。加えて、「交通政策基本法」に基づく「第2次交通政策基本計画」においても、バリアフリー化等の推進を目標の一つとして掲げている。

（イ）歩行空間の形成

移動の障壁を取り除き、全ての人が安全に安心して暮らせるよう、信号機、歩道等の交通安全施設等の整備を推進する。高齢歩行者等の安全な通行を確保するため、①幅の広い歩道等の整備、②歩道の段差・傾斜・勾配の改善、③無電柱化推進計画に基づく道路の無電柱化、④歩行者用案内標識の設置、⑤歩行者等を優先する道路構造の整備、⑥自転車道等の設置による歩行者と自転車交通の分離、⑦生活道路における速度の抑制及び通過交通の抑制・排除並びに幹線道路における道路構造の工夫や、交通流の円滑化を図るための信号機、道路標識等の重点的整備、⑧バリアフリー対応型信号機（Bluetoothを活用し、スマートフォン等に対して歩行者用信号情報を送信するとともに、スマートフォン等の操作により青信号の延長を可能とする高度化PICSを含む。）の整備、⑨歩車分離式信号の運用、⑩見やすく分かりやすい道路標識・道路標示の整備、⑪信号灯器のLED化等の対策を実施する。

（ウ）道路交通環境の整備

高齢者等が安心して自動車を運転し外出できるよう、生活道路における交通規制の見直し、付加車線の整備、道路照明の増設、道路標識・道路標示の高輝度化、信号灯器のLED化、「道の駅」における優先駐車スペース、高齢運転者等専用駐車区間の整備等の対策を実施する。

（エ）バリアフリーのためのソフト面の取組

高齢者や障害者等も含め、誰もがストレス無く移動できるユニバーサル社会の構築に向けて、歩行空間における移動支援サービスの普及・高度化を推進する。有識者も含めたワーキンググループの開催も交えながら運用実証等を踏まえたデータ整備プラットフォームの高度化やデータ整備仕様の改定の検討を行うとともに、シンポジウムの開催等による継続的な広報活動も実施する。

「心のバリアフリー」社会を実現し、ハード面のみならずソフト面も含む総合的なバリアフリー化を実現するため、高齢者・障害者等の介助・擬似体験等を内容とする「バリアフリー教

室」の開催等、ソフト面での取組を推進する。

（オ）訪日外国人旅行者の受入環境整備

訪日外国人旅行者の移動円滑化を図るため、旅客施設における段差の解消等の取組を支援する。

エ　建築物・公共施設等のバリアフリー化

バリアフリー法に基づく認定を受けた優良な建築物（認定特定建築物）等のうち一定のものの整備及び不特定多数の者が利用し、又は主として高齢者・障害者等が利用する既存建築物のバリアフリー改修工事に対して支援措置を講じることにより、高齢者・障害者等が円滑に移動等できる建築物の整備を促進する。

窓口業務を行う官署が入居する官庁施設について、バリアフリー法に基づく建築物移動等円滑化誘導基準に規定された整備水準の確保等により、高齢者を始め全ての人が、安全に、安心して、円滑かつ快適に利用できる施設を目指した整備を推進する。

社会資本整備総合交付金等の活用によって、誰もが安心して利用できる都市公園の整備を推進するとともに、バリアフリー法に基づく基準等により、公園施設のバリアフリー化を推進する。

また、河川等では、高齢者にとって憩いと交流の場となる良好な水辺空間の整備を推進する。

加えて、訪日外国人旅行者が我が国を安心して旅行できる環境を整備するため、訪日外国人旅行者の来訪の見込みがある市区町村に係る観光地等において、代表的な観光スポット等における段差の解消を支援する。

オ　活力ある農山漁村の再生

農福連携の取組として、高齢者の生きがい及びリハビリテーションを目的とした農林水産物生産施設及び付帯施設の整備等を支援する。

また、農山漁村の健全な発展と活性化を図るため、農山漁村地域の農林水産業生産基盤と生活環境の一体的・総合的な整備を実施する。

さらに、高齢者等による農作業中の事故が多い実態を踏まえ、引き続き、全国の農業者が農作業安全研修を受講するよう推進するとともに、農作業安全に関する指導者の育成及び活動の拡大を図る。

農業人口の減少と高齢化が進行する中、作業ピーク時における労働力不足や高齢農業者への作業負荷の増大等を解消するため、産地が一体となって、シルバー人材等の活用を含め、労働力の確保・調整等に向けた体制の構築を支援する。

加えて、漁港漁場整備法に基づき策定された「漁港漁場整備長期計画」を踏まえ、浮体式係船岸や岸壁、用地等への防暑・防雪施設等の軽労化施設等の整備を実施する。

（3）交通安全の確保と犯罪、災害等からの保護

ア　交通安全の確保

近年、交通事故における致死率の高い高齢者の人口の増加が、交通事故死者数を減りにくくさせる要因の一つとなっており、今後、高齢化が更に進むことを踏まえると、高齢者の交通安全対策は重点的に取り組むべき課題であり、令和3年3月に中央交通安全対策会議で決定した「第11次交通安全基本計画」（計画期間：令和3～7年度）等に基づき、各種施策に取り組んでいる。

高齢者が安全な交通行動を実践することがで

きるよう必要な実践的技術及び交通ルール等の知識を習得させるため、高齢者を対象とした交通安全教室の開催、交通安全教育を受ける機会の少ない高齢者を対象とした家庭訪問による個別指導等を利用した交通安全教育を推進するほか、シルバーリーダー等を対象とした参加・体験・実践型の講習会を実施し、高齢者交通安全教育の継続的な推進役の養成に努める。

また、最高速度30キロメートル毎時の区域規制とハンプ等の物理的デバイスとの適切な組合せにより交通安全の向上を図ろうとする区域を「ゾーン30プラス」として設定し、警察と道路管理者が緊密に連携しながら、生活道路における人優先の安全・安心な通行空間の整備の更なる推進を図る。

さらに、歩行中及び自転車乗用中の交通事故死者数に占める高齢者の割合が高いことを踏まえ、交通事故が多発する交差点等における交通ルール遵守の呼び掛けや参加・体験・実践型の交通安全教育を実施していくとともに、「自転車活用推進法」（平成28年法律第113号）により定められる「第2次自転車活用推進計画」に基づき、歩行者、自転車及び自動車が適切に分離された自転車通行空間の整備を促進するなど、安全で快適な自転車利用環境の創出を推進する。

加えて、踏切道の歩行者対策として、「踏切道安全通行カルテ」や地方踏切道改良協議会を通じてプロセスの「見える化」を行い、道路管理者と鉄道事業者が、地域の実情に応じた移動等円滑化対策等を検討・実施することにより、高齢者等の通行の安全対策を推進する。

令和4年5月から施行された「道路交通法の一部を改正する法律」に基づき、運転技能検査制度やサポートカー限定免許制度を効果的に運用することにより、高齢運転者による交通事故

の防止を図っていく。

車両の安全技術の観点からは、安全運転サポート車の普及促進、新車への衝突被害軽減ブレーキの搭載義務化（令和3年11月以降順次）等の取組により、ほぼ全ての新車乗用車に衝突被害軽減ブレーキ等の先進安全技術が搭載されている。更なる高齢ドライバーの事故削減に向けて、ドライバー異常時対応システムなど、より高度な安全技術の開発・普及の促進に取り組んでいく。

イ 犯罪、人権侵害、悪質商法等からの保護
（ア）犯罪からの保護

高齢者が犯罪や事故に遭わないよう、交番、駐在所の警察官を中心に、巡回連絡等を通じて高齢者宅を訪問し、高齢者が被害に遭いやすい犯罪の手口の周知及び被害防止対策についての啓発を行うとともに、必要に応じて関係機関や親族への連絡を行うほか、認知症等によって行方不明になる高齢者を発見、保護するための仕組み作りを関係機関等と協力して推進する。

高齢者を中心に大きな被害が生じている特殊詐欺については、令和元年6月、犯罪対策閣僚会議において策定した「オレオレ詐欺等対策プラン」、さらに令和5年3月に策定された「SNSで実行犯を募集する手口による強盗や特殊詐欺事案に関する緊急対策プラン」に基づき、全府省庁において特殊詐欺等の撲滅に向け、NTTによるナンバー・ディスプレイ及びナンバー・リクエスト契約を無償化する取組の周知並びに当該サービス利用に向けた積極的な支援、国際電話番号を悪用した詐欺の増加に伴う国際電話番号からの発着信を無償で休止できる「国際電話不取扱受付センター」（連絡先0120-210-364）の周知及び申込みの促進に向けた取組等の被害防止対策を推進するとともに、特殊詐欺に悪用

される電話への対策を始めとする犯行ツール対策や背後にいると見られる暴力団等の犯罪者グループ等に対する取締り等を推進する。

また、悪質商法の中には高齢者を狙った事件もあることから悪質商法の取締りを推進するとともに、犯罪に利用された預貯金口座の金融機関への情報提供等の被害拡大防止対策、悪質商法等からの被害防止に関する広報啓発活動及び悪質商法等に関する相談活動を行う。

さらに、特殊詐欺、利殖勧誘事犯及び特定商取引等事犯の犯行グループは、被害者や被害者になり得る者等が登載された名簿を利用しており、当該名簿登載者の多くは高齢者であって、今後更なる被害に遭う可能性が高いと考えられるため、捜査の過程で警察が押収した際はこれらの名簿をデータ化し、都道府県警察が委託したコールセンターの職員がこれを基に電話による注意喚起を行う等の被害防止対策を実施する。

加えて、今後、認知症高齢者や一人暮らし高齢者が増加していく状況を踏まえ、市民を含めた後見人等の確保や市民後見人の活動を安定的に実施するための組織体制の構築・強化を図る必要があることから、引き続き、地域住民で成年後見に携わろうとする者に対する養成研修や後見人の適正な活動が行われるよう支援していく。

（イ）人権侵害からの保護

高齢者虐待防止法に基づき、前年度の養介護施設従事者等による虐待及び養護者による虐待の状況について、必要な調査等を実施し、各都道府県・市町村における虐待の実態・対応状況の把握に努めるとともに、市町村等に高齢者虐待に関する通報や届出があった場合には、関係機関と連携して速やかに高齢者の安全確認や虐

待防止、保護を行う等、高齢者虐待への早期対応が行われるよう、必要な支援を行っていく。

法務局において、高齢者の人権問題に関する相談に応じるとともに、法務局に来庁することができない高齢者等からの相談について、引き続き老人福祉施設等に特設の人権相談所を設置するほか、電話、手紙、インターネット等を通じて受け付ける。人権相談等を通じて、家庭や高齢者施設等における虐待等、高齢者を被害者とする人権侵害の疑いのある事案を認知した場合には、人権侵犯事件として調査を行い、その結果を踏まえ、事案に応じた適切な措置を講じる等して、被害の救済及び人権尊重思想の普及高揚に努める。

（ウ）悪質商法からの保護

消費者庁では、引き続き、地域において認知症高齢者等の「配慮を要する消費者」を見守り、消費者被害の未然防止・拡大防止を図るための消費者安全確保地域協議会について、地方消費者行政強化交付金の活用や地方消費者行政に関する先進的モデル事業の実施などにより、地方公共団体における更なる設置や活動を支援する。

また、高齢者の周りの人々による見守りの強化の一環として、高齢者団体のほか障害者団体・行政機関等を構成員とする「高齢消費者・障がい消費者見守りネットワーク連絡協議会」を開催し、消費者トラブルの情報共有や、悪質商法の新たな手口や対処の方法等の情報提供等を図る。

さらに、全国どこからでも身近な消費生活相談窓口につながる共通の3桁の電話番号である「消費者ホットライン188」を引き続き運用するとともに、同ホットラインについて消費者庁ウェブサイトへの掲載、SNSを活用した広報、

啓発チラシやポスターの配布、各種会議等を通じた周知を行い、利用の促進を図る。

また、独立行政法人国民生活センターでは引き続き、消費者側の視点から注意点を簡潔にまとめたメールマガジン「見守り新鮮情報」を月2回程度配信する。

令和4年5月に成立した、事業者が消費者に消費者契約の締結について勧誘をする際の情報提供の努力義務における考慮要素として「年齢」や「心身の状態」を追加すること等を内容とする「消費者契約法及び消費者の財産的被害の集団的な回復のための民事の裁判手続の特例に関する法律の一部を改正する法律」の施行について、消費者及び事業者に対して引き続き周知を行う。

（エ）司法ソーシャルワークの実施

法テラスでは、法的問題を抱えていることに気付いていない、意思の疎通が困難であるなどの理由で自ら法的支援を求めることが難しい高齢者・障害者等に対して、地方公共団体、福祉機関・団体や弁護士会、司法書士会等と連携を図りつつ、当該高齢者・障害者等に積極的に働きかける（アウトリーチ）などして、法的問題を含めた諸問題を総合的に解決することを目指す「司法ソーシャルワーク」を推進する。

そこで、出張法律相談等のアウトリーチ活動を担う弁護士・司法書士を確保するなど、「司法ソーシャルワーク」の実施に必要な体制整備をより一層進めるとともに、福祉機関職員に対して業務説明会を行うなどして、福祉機関との連携を更に強化する。あわせて、福祉機関に対して、平成30年1月から実施している特定援助対象者法律援助事業の周知を図る。

ウ　防災施策の推進

病院、老人ホーム等の要配慮者利用施設を保全するため、土砂災害防止施設の整備を推進するとともに、激甚な水害・土砂災害を受けた場合の再度災害防止対策を引き続き実施する。病院等の医療施設において、浸水想定区域や津波災害警戒区域に所在する災害拠点病院は、風水害が生じた際の被災を軽減するため、止水板等の設置による止水対策や、自家発電機等の電気設備の高所移設、排水ポンプの設置による浸水対策の実施を促進する。また、浸水想定区域や津波災害警戒区域に所在するその他の医療機関は、浸水対策を講じるように促す。

また、災害時等においても、在宅療養患者に対し、在宅医療の診療体制を維持し継続的な医療を提供することが求められるため、在宅医療提供機関におけるBCP策定支援研修を引き続き実施する。

水防法及び土砂災害防止法に基づき、浸水想定区域内又は土砂災害警戒区域内に位置し、市町村地域防災計画に名称及び所在地を定められた要配慮者利用施設に対して、避難確保計画の作成及び計画に基づく訓練の実施を引き続き促進する。

また、令和3年5月に水防法及び土砂災害防止法が改正され、施設の避難確保計画や訓練結果に関して市町村から要配慮者利用施設の所有者又は管理者に対して助言・勧告を行うことができる制度が創設されたことを受け、市町村が施設の所有者又は管理者に適切に助言・勧告を行うことができるように、市町村職員を対象とした研修を引き続き行う。さらに、土砂災害特別警戒区域における要配慮者利用施設の開発の許可制等を通じて高齢者等の安全が確保されるよう、土砂災害防止法に基づき区域指定の促進を図る。

住宅火災で亡くなる高齢者等の低減を図るため、春・秋の全国火災予防運動において、高齢者等の要配慮者の把握や安全対策に重点を置いた死者発生防止対策を図るとともに、住宅用火災警報器や防炎品、住宅用消火器の普及促進等総合的な住宅防火対策を推進する。また、「老人の日・敬老の日に『火の用心』の贈り物」をキャッチフレーズとする「住宅防火・防災キャンペーン」を実施し、高齢者等に対して住宅用火災警報器等の普及促進を図る。

災害情報を迅速かつ確実に伝達するため、全国瞬時警報システム（Jアラート）との連携を含め、防災行政無線による放送（音声）や緊急速報メールによる文字情報等の種々の方法を組み合わせて、災害情報伝達手段の多重化を引き続き推進する。

山地災害からの生命の安全の確保に向け、要配慮者利用施設に隣接する山地災害危険地区等について、情報提供等のソフト対策と治山施設の設置等を一体的に実施する。

災害時に自ら避難することが困難な高齢者などの避難行動要支援者への避難支援等については、「災害対策基本法」、「避難行動要支援者の避難行動支援に関する取組指針」を踏まえ、市町村による避難行動要支援者名簿や個別避難計画の作成・更新、活用等の取組が促進されるよう、適切に助言を行う。

エ　東日本大震災への対応

東日本大震災に対応して、復興の加速化を図るため、被災した高齢者施設等の復旧に係る施設整備について、関係地方公共団体との調整を行う。

「地域医療介護総合確保基金」等を活用し、日常生活圏域で医療・介護等のサービスを一体的・継続的に提供する「地域包括ケア」の体制を整備するため、都道府県計画等に基づき、地域密着型サービス等、地域の実情に応じた介護サービス提供体制の整備を促進するための支援を行う。

あわせて、介護保険制度において、被災者を経済的に支援する観点から、東京電力福島第一原子力発電所事故に伴う帰還困難区域等、上位所得者層を除く旧避難指示区域等（平成25年度以前に指定が解除された旧緊急時避難準備区域等（特定避難勧奨地点を含む。）、平成26年度に指定が解除された旧避難指示解除準備区域等（田村市の一部、川内村の一部及び南相馬市の特定避難勧奨地点）、平成27年度に指定が解除された旧避難指示解除準備区域（楢葉町の一部）、平成28年度に指定が解除された旧居住制限区域等（葛尾村の一部、川内村の一部、南相馬市の一部、飯舘村の一部、川俣町の一部及び浪江町の一部）、平成29年度に指定が解除された旧居住制限区域等（富岡町の一部）、令和元年度に指定が解除された旧帰還困難区域等（大熊町の一部、双葉町の一部及び富岡町の一部）、令和4年度に指定が解除された旧特定復興再生拠点区域（葛尾村の一部、大熊町の一部、双葉町の一部及び浪江町の一部）及び令和5年度に指定が解除された旧特定復興再生拠点区域（富岡町の一部及び飯舘村の一部））の住民について、介護保険の利用者負担や保険料の減免を行った保険者に対する財政支援を1年間継続する。

なお、当該財政支援については、「「第2期復興・創生期間」以降における東日本大震災からの復興の基本方針」において、「避難指示解除の状況も踏まえ、適切な周知期間を設けつつ、激変緩和措置を講じながら、適切な見直しを行う」こととされたところ、関係自治体の意見を踏まえ、

・避難指示解除から10年程度で特例措置を終了すること
・避難指示解除の時期にきめ細かく配慮し、対象地域を分けて施行時期をずらすこと
・急激な負担増とならないよう、複数年かけて段階的に見直すこと
といった方針に基づき、令和5年度以降順次見直しを行っていくこととしている。

また、避難指示区域等の解除に伴い、福祉・介護サービスの提供体制を整えるため、介護施設等への就労希望者に対する就職準備金の貸付け、相双地域から福島県内外の養成施設に入学する者への支援等や全国の介護施設等からの応援職員の確保に対する支援を行うとともに、介護施設等の運営に対する支援を行う。

法テラスでは、コールセンターや被災地出張所等において、生活再建に役立つ法制度等の情報提供業務及び民事法律扶助業務を通じて、震災により経済的・精神的に不安定な状況に陥っている被災者の支援を行う。

（4）成年後見制度の利用促進

認知症高齢者等の財産管理や契約に関し本人を支援する成年後見制度について周知する。

成年後見制度の利用促進については、令和4年3月に閣議決定した「第二期成年後見制度利用促進基本計画」に基づき、成年後見制度等の見直しに向けた検討、総合的な権利擁護支援策の充実、成年後見制度の運用改善等、権利擁護支援の地域連携ネットワークづくりに積極的に取り組む。

5 研究開発・国際社会への貢献等

（1）先進技術の活用及び高齢者向け市場の活性化

公的保険外の予防・健康管理サービス等の振興及び社会実装に向けた取組を、需要側・供給側の両面から一体的に進めていく。具体的には、需要面においては、企業等の健康投資・健康経営を促すため、健康経営顕彰制度等を通じて健康経営の普及促進を図るとともに、資本市場や労働市場等において健康経営が適切に評価されるための効果の可視化や質向上、健康経営を支える産業の創出に向けた検討や国際展開の推進、健康経営の社会への浸透定着に向けた中小企業への普及検討等を行う。また、ヘルスケア分野におけるPFS／SIBの活用促進を行う。供給面においては、個人の健康・医療データ（パーソナル・ヘルス・レコード）を活用して個人に最適なサービス提供を行うための事業環境の整備や、介護保険外サービス振興のため、介護保険外サービスに係る業界団体の立ち上げ支援や、地域と民間企業との連携の活性化を促す。加えて、ヘルスケアサービスの信頼性確保に向けて、業界自主ガイドラインの策定支援や、国立研究開発法人日本医療研究開発機構（AMED）による支援を通じた認知症等の疾患領域の学会を中心とした指針の整備などを推進する。また、ヘルスケア分野のベンチャー企業等のためのワンストップ相談窓口として令和元年7月に開設した「Healthcare Innovation Hub」を通じて、イノベーション創出に向けた事業化支援やネットワーキング支援等を実施する。

高齢者事故対策や移動支援等の諸課題の解決に向け、高齢者事故防止を目的とした安全運転支援機能の普及啓発及び導入促進や、自動運転

の高度化や自動運転サービスの全国展開に向けた取組を推進するほか、自動運転サービス導入を目指す地方公共団体と連携し、自動運転の社会実装に向けた取組に対する支援や自動運転車に対する道路インフラからの適切な情報提供支援に取り組む。

さらに、介護事業所におけるICT化を全国的に普及促進するため、ICT機器等の導入費用に対する助成を行うとともに、標準仕様に基づくシステムの導入を支援するなど、ICTを活用した情報連携を推進する。また、令和5年度補正予算を活用し、生産性向上の取組等による職場環境の改善を推進する観点から、協働化・大規模化への支援とあわせた介護ロボットやICT機器等の普及促進を図る。加えて、介護ロボットについては、令和6年度も引き続き、開発・普及の加速化を図るため、①ニーズ側・シーズ側の一元的な相談窓口の設置、②開発実証のアドバイス等を行うリビングラボのネットワークの構築、③介護現場における大規模実証フィールドの整備により、介護ロボットの開発・実証・普及のプラットフォームを整備する。

（2）研究開発等の推進と基盤整備

ア　高齢者に特有の疾病及び健康増進に関する調査研究等

高齢者の健康保持等に向けた取組を一層推進するため、ロコモティブ・シンドローム（運動器症候群）、要介護状態になる要因の一つである認知症等に着目し、それらの予防、早期診断及び治療技術等の確立に向けた研究を推進する。

高齢者の主要な死因であるがんの対策は、「がん予防」、「がん医療」及び「がんとの共生」を3本の柱とする第4期がん対策推進基本計画に基づき、がん検診の受診率向上に向けた取組

や医療提供体制の整備、療養環境への支援等、総合的ながん対策に取り組む。がん研究については、令和6年度から開始される「がん研究10か年戦略（第5次）」に基づき、がん対策推進基本計画に明記されている政策課題の解決に向けた政策提言に資する調査研究等に加えて、革新的な診断法や治療法を創出するため、低侵襲性診断技術や早期診断技術の開発、新たな免疫療法に係る研究、QOLの維持向上の観点を含めた高齢のがん患者に適した治療法等を確立する研究を進めるとともに、革新性・独自性が高い基礎的研究成果を踏まえた次世代がん治療・診断法の迅速な社会実装に向けた研究開発を引き続き推進する。

イ　医療・リハビリテーション・介護関連機器等に関する研究開発

高齢者等の自立や社会参加の促進及び介護者の負担の軽減を図るためには、高齢者等の特性を踏まえた福祉用具や医療機器等の研究開発を行う必要がある。

福祉や医療に対するニーズの高い研究開発を効率的に実施するためのプロジェクトの推進、福祉用具・医療機器の民間やアカデミアによる開発の支援等を行う。

日本が強みを持つロボット技術や診断技術等を活用して、低侵襲の治療装置や早期に疾患を発見する診断装置等、世界最先端の革新的な医療機器・システムの開発・実用化を推進する。さらに、日本で生み出された基礎研究の成果等を活用し、高齢者に特徴的な疾病等の治療や検査用の医療機器、遠隔や在宅でも操作しやすい医療機器の研究開発・実用化を推進する。また、関係各省や関連機関、企業、地域支援機関が連携し、開発初期段階から事業化に至るまで、切れ目なく支援する「医療機器開発支援

ネットワーク」を通じて、異業種参入も念頭に、中小企業と医療機関等との医工連携により、医療現場が抱える課題を解決する医療機器の開発・事業化を引き続き推進する。さらに、介護現場の課題を解決するロボット介護機器の開発を支援する。こうした事業を国立研究開発法人日本医療研究開発機構を通じて実施する。

また、国立研究開発法人新エネルギー・産業技術総合開発機構（NEDO）では、「科学技術・イノベーション創出の活性化に関する法律」に基づき、スタートアップ等による研究開発を促進し、その成果を円滑に社会実装することによって、我が国のイノベーション創出を促進する新SBIR制度の下、高齢者及び障害のある人の自立支援や介護者の負担軽減につながる福祉機器の開発に対する支援を引き続き行う。

ウ　情報通信の活用等に関する研究開発

高齢者等が情報通信の利便を享受できる情報バリアフリー環境の整備を図るため、引き続き、高齢者等向けの通信・放送サービスの充実に向けた、新たなICT機器・サービスの研究開発を行う者に対する助成を行う。

エ　医療・介護・健康分野におけるICT利活用の推進

医師の偏在対策の有力な解決策と期待される遠隔医療の普及に向け、引き続き、8K内視鏡システムの開発・実証とともに、遠隔手術の実現に必要な通信環境やネットワークの条件等を整理し、「遠隔手術ガイドライン」の精緻化に寄与する。

また、日々の活動から得られるPHRデータを医療現場での診療に活用することで、医療の高度化や診察内容の精緻化を図るため、各種PHRサービスから医師が求めるPHRデータを

取得するために必要なデータ流通基盤を構築するための研究開発を引き続き、実施する。

オ　高齢社会対策の総合的な推進のための調査分析

高齢社会対策総合調査として、高齢社会対策の施策分野別にテーマを設定し、高齢者の意識やその変化を把握している。令和6年度も、高齢者の意識や実態に関する調査を実施する。

また、国立研究開発法人科学技術振興機構が実施する社会技術研究開発事業において、高齢者の個別化したデータに基づく健康寿命延伸を実現するモデルを構築する等、技術シーズも活用しつつ高齢化社会の課題を解決するための研究者と関与者との協働による社会実験を含む研究開発を推進するほか、高齢者の社会的孤立・孤独の予防に向けて、高齢男性向けの居場所構築や都市集合住宅高齢者のリアルとバーチャルの融合によるコミュニティ創出、介護等の支援を受け入れ易くするボランティアシステムの構築等の可能性検証を行う研究開発を引き続き実施する。

カ　データ等利活用のための環境整備

急速な人口構造の変化等に伴う諸課題に対応するため、「デジタル社会の実現に向けた重点計画」に基づき、官民データの利活用を推進する。

「統計等データの提供等の判断のためのガイドライン」に基づき、各府省庁による統計等データの提供等が円滑に行われるようEBPM推進委員会において必要な調整を行うとともに、統計等データの提供等に関するユーザーからの要望・提案募集及び受領した要望・提案への対応を引き続き実施する等、ユーザー視点に立った統計システムの再構築と利活用の促進を

図る。

（3）諸外国との知見や課題の共有
ア　日本の知見の国際社会への展開

　我が国は、G7、G20、TICAD、WHO総会、WHO西太平洋地域委員会、国連総会等の国際的な議論の場において、UHC推進を積極的に主張してきた。UHCにおける基礎的な保健サービスには、母子保健、感染症対策、高齢者の地域包括ケアや介護等、全てのサービスが含まれている。世界的な人口高齢化が加速する中で、高齢者に対する様々なリスクに対し、高齢者が身体的・精神的健康を享受する権利を守るために、今後も、高齢社会対策や社会保障制度整備において、専門家の派遣、研修、技術協力プロジェクト等の取組を通じて、日本の経験・技術・知見を活用した協力を引き続き行っていく。

　また、令和5年G7首脳宣言において、「ファイナンス、知見の管理、人材を含むUHCに関する世界的なハブ機能」の重要性が確認されたことを受け、WHOや世界銀行等の国際機関とも連携して、知見収集や人材育成を行う世界的な拠点、「UHCナレッジハブ」を我が国に設置できるよう調整を進めている。

　アジア健康構想に基づく各国とのヘルスケア分野における協力覚書に基づき、事業ベースでの一層の協力に向けた環境整備の推進に向け、引き続き具体的な検討及び取組を進めていく。

イ　国際社会での課題の共有及び連携強化

　各国政府のリーダーシップの下、多分野におけるマルチステイクホルダーの関与・連携を進めることが期待される中、我が国はWHOやUNFPAなどの国際機関とも協働しながら、その知見を共有し、国際社会の連携強化を目指していく。

　既存のヘルスケア分野における協力覚書に基づき、相手国と確認した事項を一層深化・推進していくこととし、その他の国々とも、アジア健康構想やグローバルヘルス戦略に基づき、協力の推進に向けた取組を行っていく。

　引き続き、国際会議等の二国間・多国間の枠組みを通じて、高齢化に関する日本の経験や知見及び課題を発信するとともに、高齢社会に伴う課題の解決に向けて諸外国と政策対話や取組を進めていく。

⑥　全ての世代の活躍推進

　誰もが活躍できる一億総活躍社会の実現に向けて、「ニッポン一億総活躍プラン」に基づく取組を推進する。

　こども政策推進会議において、「こども大綱」に基づき具体的に取り組む施策を「こどもまんなか実行計画」として取りまとめる。

　「男女共同参画社会基本法」第13条に基づく「第5次男女共同参画基本計画」に基づき、あらゆる分野における女性の参画拡大、安全・安心な暮らしの実現、男女共同参画社会の実現に向けた基盤の整備等に取り組むとともに、同計画に定めた具体策や成果目標の実現に向けて、重点的に取り組むべき事項について取りまとめた「女性活躍・男女共同参画の重点方針2024（女性版骨太の方針2024）」を策定し、取組を強力に進めていく。

　令和4年4月に全面施行された改正後の女性活躍推進法（行動計画策定等の義務対象の常時雇用労働者数101人以上の企業への拡大）及び令和4年7月に施行された改正後の女活省令（常時雇用労働者数301人以上の企業に対する男女の賃金の差異の情報公表を義務付け）の着

実な履行確保を図る。

特に、男女の賃金の差異については、個々の企業における男女の賃金の差異の要因分析や雇用管理改善が促進されるよう、都道府県労働局による相談対応や、「民間企業における女性活躍促進事業」における個々の企業の課題を踏まえた支援等により、企業の取組を支援する。

男女の賃金の差異の情報公表の場として、企業の女性の活躍状況に関する情報や行動計画を公表できる場として提供している「女性の活躍推進企業データベース」が活用されるよう、データベースの機能強化やコンテンツの充実等により、ユーザビリティの向上を図る。

その他、女性の活躍推進に関する状況が優良な企業に対する「えるぼし」認定、「プラチナえるぼし」認定取得の勧奨等により、一般事業主の女性活躍推進法に基づく取組を促進する。

女性デジタル人材・女性起業家の育成や役員・管理職への女性登用の取組、様々な課題・困難を抱える女性に寄り添った相談支援、NPO等の知見を活用した孤独・孤立で困難や不安を抱える女性への相談支援やその一環として行う生理用品の提供等、地方公共団体が地域の実情に応じて行う取組を地域女性活躍推進交付金により支援する。

「食料・農業・農村基本計画」等を踏まえ、農山漁村に関する方針決定の検討の場への女性の参画の促進、地域のリーダーとなり得る女性農業経営者の育成、女性グループの活動推進、女性が働きやすい環境づくり、女性農業者の活躍事例の普及等の取組への支援等により、農山漁村における女性活躍を推進する施策を実施する。

参 考　高齢社会対策関係予算

高齢社会対策関係予算分野別総括表（令和5年度、令和6年度）

事　　項	令和5年度予算額	令和6年度予算額	対前年度増△減額
	百万円	百万円	百万円
1　就業・所得	13,528,513 (53,437,315) 《 0 》	13,849,721 (55,456,598) 《 0 》	321,208 (2,019,283) 《 0 》
（1）エイジレスに働ける社会の実現に向けた環境整備	7,195 (222,515) 《 0 》	7,129 (218,788) 《 0 》	△　　65 (△ 3,728) 《 0 》
（2）公的年金制度の安定的運営	13,521,313 (53,207,453) 《 0 》	13,842,578 (55,230,414) 《 0 》	321,265 (2,022,961) 《 0 》
（3）資産形成等の支援	5 (7,346) 《 0 》	14 (7,397) 《 0 》	9 (50) 《 0 》
2　健康・福祉	10,075,697 (13,015) 《 0 》	10,379,020 (15,072) 《 0 》	303,323 (2,057) 《 0 》
（1）健康づくりの総合的推進	5,188 (0) 《 0 》	5,252 (0) 《 0 》	64 (0) 《 0 》
（2）持続可能な介護保険制度の運営	3,573,720 (0) 《 0 》	3,617,759 (0) 《 0 》	44,039 (0) 《 0 》
（3）介護サービスの充実	1,395 (13,015) 《 0 》	1,395 (15,072) 《 0 》	0 (2,057) 《 0 》
（4）持続可能な高齢者医療制度の運営	6,493,087 (0) 《 0 》	6,752,251 (0) 《 0 》	259,164 (0) 《 0 》
（5）認知症高齢者支援施策の推進	2,230 (0) 《 0 》	2,288 (0) 《 0 》	58 (0) 《 0 》
（6）人生の最終段階における医療の在り方	77 (0) 《 0 》	74 (0) 《 0 》	△　　3 (0) 《 0 》
（7）住民等を中心とした地域の支え合いの仕組み作りの促進	－ (－) 《 0 》	－ (0) 《 0 》	－ (0) 《 0 》
3　学習・社会参加	18,428 (－) 《 0 》	10,947 (－) 《 0 》	△ 7,482 (－) 《 0 》
（1）学習活動の促進	8,256 (0) 《 0 》	7,847 (0) 《 0 》	△　409 (0) 《 0 》
（2）社会参加活動の促進	10,172 (－) 《 0 》	3,100 (－) 《 0 》	△ 7,073 (－) 《 0 》
4　生活環境	3,803 (－) 《 － 》	2,425 (－) 《 － 》	△ 1,377 (－) 《 － 》
（1）豊かで安定した住生活の確保	20 (0) 《 － 》	20 (0) 《 － 》	0 (0) 《 － 》
（2）高齢社会に適したまちづくりの総合的推進	2,007 (－) 《 0 》	231 (－) 《 0 》	△ 1,776 (－) 《 0 》
（3）交通安全の確保と犯罪、災害等からの保護	408 (0) 《 0 》	413 (0) 《 0 》	5 (0) 《 0 》
（4）成年後見制度の利用促進	1,368 (0) 《 0 》	1,762 (0) 《 0 》	393 (0) 《 0 》
5　研究開発・国際社会への貢献等	7,168 (0) 《 0 》	1,061 (0) 《 0 》	△ 6,107 (0) 《 0 》
（1）先進技術の活用及び高齢者向け市場の活性化	500 (0) 《 0 》	500 (0) 《 0 》	0 (0) 《 0 》
（2）研究開発等の推進と基盤整備	6,665 (0) 《 0 》	558 (0) 《 0 》	△ 6,107 (0) 《 0 》
（3）諸外国との知見や課題の共有	3 (0) 《 0 》	3 (0) 《 0 》	0 (0) 《 0 》
6　全ての世代の活躍推進	11,909 (2,080,998) 《 0 》	11,725 (2,506,185) 《 0 》	△　185 (425,187) 《 0 》
（1）全ての世代の活躍推進	11,909 (2,080,998) 《 0 》	11,725 (2,506,185) 《 0 》	△　185 (425,187) 《 0 》
総　　　計	23,645,518 (55,531,328) 《 － 》	24,254,899 (57,977,855) 《 － 》	609,381 (2,446,527) 《 － 》

（注1）本予算は「高齢社会対策大綱」（平成30年2月16日閣議決定）の重点課題別項目に従い、一般会計、特別会計、財政投融資について整理している。
（注2）予算額における数字のみの記載は一般会計、（ ）内は特別会計、《 》内は財政投融資を示す。
（注3）高齢社会対策分の予算額が特掲できないものについては、「－」として表示している。
（注4）端数処理（四捨五入）の関係で、計が一致しないことがある。

付　録
1　高齢社会対策基本法
　　　（平成7年法律第129号）
2　高齢社会対策大綱について

付　録　1

高齢社会対策基本法（平成７年法律第129号）

　我が国は、国民のたゆまぬ努力により、かつてない経済的繁栄を築き上げるとともに、人類の願望である長寿を享受できる社会を実現しつつある。今後、長寿をすべての国民が喜びの中で迎え、高齢者が安心して暮らすことのできる社会の形成が望まれる。そのような社会は、すべての国民が安心して暮らすことができる社会でもある。

　しかしながら、我が国の人口構造の高齢化は極めて急速に進んでおり、遠からず世界に例を見ない水準の高齢社会が到来するものと見込まれているが、高齢化の進展の速度に比べて国民の意識や社会のシステムの対応は遅れている。早急に対応すべき課題は多岐にわたるが、残されている時間は極めて少ない。

　このような事態に対処して、国民一人一人が生涯にわたって真に幸福を享受できる高齢社会を築き上げていくためには、雇用、年金、医療、福祉、教育、社会参加、生活環境等に係る社会のシステムが高齢社会にふさわしいものとなるよう、不断に見直し、適切なものとしていく必要があり、そのためには、国及び地方公共団体はもとより、企業、地域社会、家庭及び個人が相互に協力しながらそれぞれの役割を積極的に果たしていくことが必要である。

　ここに、高齢社会対策の基本理念を明らかにしてその方向を示し、国を始め社会全体として高齢社会対策を総合的に推進していくため、この法律を制定する。

第一章　総則

（目的）

第一条　この法律は、我が国における急速な高齢化の進展が経済社会の変化と相まって、国民生活に広範な影響を及ぼしている状況にかんがみ、高齢化の進展に適切に対処するための施策（以下「高齢社会対策」という。）に関し、基本理念を定め、並びに国及び地方公共団体の責務等を明らかにするとともに、高齢社会対策の基本となる事項を定めること等により、高齢社会対策を総合的に推進し、もって経済社会の健全な発展及び国民生活の安定向上を図ることを目的とする。

（基本理念）

第二条　高齢社会対策は、次の各号に掲げる社会が構築されることを基本理念として、行われなければならない。

一　国民が生涯にわたって就業その他の多様な社会的活動に参加する機会が確保される公正で活力ある社会

二　国民が生涯にわたって社会を構成する重要な一員として尊重され、地域社会が自立と連帯の精神に立脚して形成される社会

三　国民が生涯にわたって健やかで充実した生活を営むことができる豊かな社会

（国の責務）

第三条　国は、前条の基本理念（次条において

「基本理念」という。）にのっとり、高齢社会対策を総合的に策定し、及び実施する責務を有する。

（地方公共団体の責務）

第四条　地方公共団体は、基本理念にのっとり、高齢社会対策に関し、国と協力しつつ、当該地域の社会的、経済的状況に応じた施策を策定し、及び実施する責務を有する。

（国民の努力）

第五条　国民は、高齢化の進展に伴う経済社会の変化についての理解を深め、及び相互の連帯を一層強めるとともに、自らの高齢期において健やかで充実した生活を営むことができることとなるよう努めるものとする。

（施策の大綱）

第六条　政府は、政府が推進すべき高齢社会対策の指針として、基本的かつ総合的な高齢社会対策の大綱を定めなければならない。

（法制上の措置等）

第七条　政府は、この法律の目的を達成するため、必要な法制上又は財政上の措置その他の措置を講じなければならない。

（年次報告）

第八条　政府は、毎年、国会に、高齢化の状況及び政府が講じた高齢社会対策の実施の状況に関する報告書を提出しなければならない。

2　政府は、毎年、前項の報告に係る高齢化の状況を考慮して講じようとする施策を明らかにした文書を作成し、これを国会に提出しなければならない。

第二章　基本的施策

（就業及び所得）

第九条　国は、活力ある社会の構築に資するため、高齢者がその意欲と能力に応じて就業することができる多様な機会を確保し、及び勤労者が長期にわたる職業生活を通じて職業能力を開発し、高齢期までその能力を発揮することができるよう必要な施策を講ずるものとする。

2　国は、高齢期の生活の安定に資するため、公的年金制度について雇用との連携を図りつつ適正な給付水準を確保するよう必要な施策を講ずるものとする。

3　国は、高齢期のより豊かな生活の実現に資するため、国民の自主的な努力による資産の形成等を支援するよう必要な施策を講ずるものとする。

（健康及び福祉）

第十条　国は、高齢期の健全で安らかな生活を確保するため、国民が生涯にわたって自らの健康の保持増進に努めることができるよう総合的な施策を講ずるものとする。

2　国は、高齢者の保健及び医療並びに福祉に関する多様な需要に的確に対応するため、地域における保健及び医療並びに福祉の相互の有機的な連携を図りつつ適正な保健医療サービス及び福祉サービスを総合的に提供する体制の整備を図るとともに、民間事業者が提供する保健医療サービス及び福祉サービスについて健全な育成及び活用を図るよう必要な施策を講ずるものとする。

3　国は、介護を必要とする高齢者が自立した日常生活を営むことができるようにするため、適切な介護のサービスを受けることができる基盤の整備を推進するよう必要な施策を講ずるものとする。

（学習及び社会参加）

第十一条　国は、国民が生きがいを持って豊かな生活を営むことができるようにするため、生涯学習の機会を確保するよう必要な施策を講ずるものとする。

2　国は、活力ある地域社会の形成を図るため、高齢者の社会的活動への参加を促進し、及びボランティア活動の基盤を整備するよう必要な施策を講ずるものとする。

（生活環境）

第十二条　国は、高齢者が自立した日常生活を営むことができるようにするため、高齢者に適した住宅等の整備を促進し、及び高齢者のための住宅を確保し、並びに高齢者の円滑な利用に配慮された公共的施設の整備を促進するよう必要な施策を講ずるものとする。

2　国は、高齢者が不安のない生活を営むことができるようにするため、高齢者の交通の安全を確保するとともに、高齢者を犯罪の被害、災害等から保護する体制を整備するよう必要な施策を講ずるものとする。

（調査研究等の推進）

第十三条　国は、高齢者の健康の確保、自立した日常生活への支援等を図るため、高齢者に特有の疾病の予防及び治療についての調査研究、福祉用具についての研究開発等を推進するよう努めるものとする。

（国民の意見の反映）

第十四条　国は、高齢社会対策の適正な策定及び実施に資するため、国民の意見を国の施策に反映させるための制度を整備する等必要な施策を講ずるものとする。

　　　　第三章　高齢社会対策会議

（設置及び所掌事務）

第十五条　内閣府に、特別の機関として、高齢社会対策会議（以下「会議」という。）を置く。

2　会議は、次に掲げる事務をつかさどる。

一　第六条の大綱の案を作成すること。

二　高齢社会対策について必要な関係行政機関相互の調整をすること。

三　前二号に掲げるもののほか、高齢社会対策に関する重要事項について審議し、及び高齢社会対策の実施を推進すること。

（組織等）

第十六条　会議は、会長及び委員をもって組織する。

2　会長は、内閣総理大臣をもって充てる。

3　委員は、内閣官房長官、関係行政機関の長、内閣府設置法（平成十一年法律第八十九号）第九条第一項に規定する特命担当大臣及びデジタル大臣のうちから、内閣総理大臣が任命する。

4　会議に、幹事を置く。

5　幹事は、関係行政機関の職員のうちから、内閣総理大臣が任命する。

6　幹事は、会議の所掌事務について、会長及び委員を助ける。

7　前各項に定めるもののほか、会議の組織及び運営に関し必要な事項は、政令で定める。

　　　　附　則　抄

（施行期日）

1　この法律は、公布の日から起算して三月を超えない範囲内において政令で定める日から施行する。

付　録　2
高齢社会対策大綱について

$$\begin{bmatrix} \text{平成 30 年 2 月 16 日} \\ \text{閣　議　決　定} \end{bmatrix}$$

　高齢社会対策基本法（平成7年法律第129号）第6条の規定に基づき、高齢社会対策大綱を別紙のとおり定める。

　これに伴い、「高齢社会対策の大綱について」（平成24年9月7日閣議決定）は、廃止する。

（別　紙）

第1　目的及び基本的考え方

1　大綱策定の目的

　我が国は世界有数の長寿国であるのみならず、高齢者 [1] には高い就業意欲が見られ、体力や運動能力も一貫して向上傾向を示している。これらは雇用、教育、健康、社会保障などの分野における我が国のこれまでの諸施策も、また国民一人一人の取組も、成功裏に進められてきた証左であると言える。

　その一方、今後、我が国の高齢化はますます進行し、併せて総人口の減少も進むことが見込まれている。また、一人暮らし高齢者の一層の増加が見込まれ、生活面や福祉面などで様々な課題が生じ、性別や地域などによっても異なる対応を求められるようになる。さらに、地域コミュニティの希薄化、長寿化に伴う資産面健康面の維持など新たな課題も生じてくる。これまでの我が国の社会モデルが今後もそのまま有効である保証はなく、10年、20年先の風景を見据えて持続可能な高齢社会を作っていくことが必要である。

　こうしたなか、高齢者の体力的年齢は若くなっている。また、就業・地域活動など何らかの形で社会との関わりを持つことについての意欲も高い。65歳以上を一律に「高齢者」と見る一般的な傾向は、現状に照らせばもはや、現実的なものではなくなりつつある [2]。70歳やそれ以降でも、個々人の意欲・能力に応じた力を発揮できる時代が到来しており、「高齢者を支える」発想とともに、意欲ある高齢者の能力発揮を可能にする社会環境を整えることが必要である。一方で、全ての人が安心して高齢期を迎えられるような社会を作る観点からは、就業、介護、医療、まちづくり、消費、交通、居住、社会活動、生涯学習、世代間交流など様々な分野において十全な支援やセーフティネットの整備を図る必要があることは言うまでもない。また、AI（人工知能）などICT（情報通信技術）を始めとする技術革新が急速に進展している状況も踏まえれば、こうした社会づくりに当たって我が国の技術革

---

[1]「高齢者」の用語は文脈や制度ごとに対象が異なり、一律の定義がない。ここでは便宜上、一般通念上の「高齢者」を広く指す語として用いるが、主な主体は高齢期に特有の課題を抱える者全般を想定。

[2] 高齢者の定義と区分に関しては、日本老年学会から、「近年の高齢者の心身の健康に関する種々のデータを検討した結果、」「特に65～74歳の前期高齢者においては、心身の健康が保たれており、活発な社会活動が可能な人が大多数を占めて」いることから、75～89歳を「高齢者　高齢期」と区分することを提言したい、との発表が行われている（平成29年1月5日）。また、平成26年度の内閣府の調査では、「一般的に何歳頃から『高齢者』だと思うか」との問に、「70歳以上」もしくはそれ以上又は「年齢では判断できない」との答えが回答者の9割近くを占めた（高齢者の日常生活に関する意識調査（平成26年度）。調査対象は全国の60歳以上の男女6,000人。）。

新の成果も充分に活用することが期待される。

今後、我が国は、これまで経験したことのない人口減少社会、高齢社会に入っていく。人口の高齢化に伴って生ずる様々な社会的課題に対応することは、高齢層のみならず、若年層も含めた全ての世代が満ち足りた人生を送ることのできる環境を作ることを意味する。こうした認識に立って、各般にわたる取組を進めていくことが重要である。

このため、高齢社会対策基本法[3]第6条の規定に基づき、政府が推進すべき基本的かつ総合的な高齢社会対策の指針として、この大綱を定める。

2　基本的考え方

高齢社会対策は、高齢社会対策基本法第2条に掲げる次のような社会が構築されることを基本理念として行う。

① 国民が生涯にわたって就業その他の多様な社会的活動に参加する機会が確保される公正で活力ある社会
② 国民が生涯にわたって社会を構成する重要な一員として尊重され、地域社会が自立と連帯の精神に立脚して形成される社会
③ 国民が生涯にわたって健やかで充実した生活を営むことができる豊かな社会

これらの社会の構築に向け、以下に掲げる3つの基本的考え方に則り、高齢社会対策を進める。

（1）年齢による画一化を見直し、全ての年代の人々が希望に応じて意欲・能力をいかして活躍できるエイジレス社会を目指す。

65歳以上を一律に「高齢者」と見る一般

的な傾向が現実的なものでなくなりつつあることを踏まえ、年齢区分で人々のライフステージを画一化することを見直すことが必要である。年齢や性別にかかわらず、個々人の意欲や能力に応じた対応を基本とする必要がある。また、高齢社会化は、高齢者のみの問題として捉えるべきではない。全世代による全世代に適した持続可能なエイジレス社会の構築を進めながら、誰もが安心できる「全世代型の社会保障」への転換も見据え、全ての人が社会保障の支え手であると同時に社会保障の受益者であることを実感できる制度の運営を図る。

こうしたなか、寿命の延伸とともに、「教育・仕事・老後」という単線型の人生を送るのではなく、ライフスタイルの多様化が進む時代であることから、高齢社会への関わり及び自身の生涯設計について、若年期からの意識の向上が求められる。その上で、高齢社会の各主体が担うべき役割を明確にしていく中で、高齢者にとって、その知識や経験など高齢期ならではの強みをいかすことのできる社会を構築していくことが重要である。

（2）地域における生活基盤を整備し、人生のどの段階でも高齢期の暮らしを具体的に描ける地域コミュニティを作る。

人生のどの段階でも高齢期の暮らしを具体的に描くことができ、最後まで尊厳を持って暮らせるような人生を、全ての人に可能にする社会とすることが重要である。

経済社会の発展による都市部での人の出入りの活発化、人口減少が進む地方での過疎化の進行等により、地域での触れ合いや助け合

［3］高齢社会対策基本法（平成7年法律第129号）

いの機会が減少している。人はライフステージとともに、例えば子育て、疾病、介護の場面で孤立を抱えることもある。また、離別・死別なども生じることもある。65歳以上の一人暮らし高齢者の増加は男女ともに顕著となっている。今後は、多世代間の協力拡大や社会的孤立の防止に留意しつつ、地域包括ケアシステムの推進、住居確保、移動支援等に対する一層の取組により、高齢者が安全・安心かつ豊かに暮らせるコミュニティづくりを進めていくことが重要である。

また、高齢社会を理解する力を養い、長寿化のリスク面に備える観点からは、社会保障に関する教育等を通じて支え合いの意義に関する個々人の意識も高めていく必要がある。

(3) 技術革新の成果[4]が可能にする新しい高齢社会対策を志向する。

高齢者が自らの希望に応じて十分に能力が発揮できるよう、その支障となる問題（身体・認知能力、各種仕組み等）に対し、新技術が新たな視点で解決策をもたらす可能性に留意し、従来の発想を超えて環境整備や新技術の活用を進めることを含め、その問題を克服するための方策を検討することも重要である。また、こうした目的での技術革新の活用に多世代が参画して、それぞれの得意とする役割を果たすよう促すことが必要である。

こうした観点から産業界が担う役割は大きい。高齢社会に伴う新たな課題に産業界が応えることによって、全ての世代にとっての豊かな社会づくりが実現されるとともに、産業界自身の一層の発展の機会につながり得ると考える。政府はこの観点から産業界の参画しやすいよう、環境づくりに配意することが求められる。

こうした取組に当たり、官民データの利活用等により高齢社会の現況を適切に把握し、エビデンスに基づく政策形成を行う必要がある。

第2　分野別の基本的施策

上記の高齢社会対策の推進の基本的考え方を踏まえ、就業・所得、健康・福祉、学習・社会参加、生活環境、研究開発・国際社会への貢献等、全ての世代の活躍推進の分野別の基本的施策に関する中期にわたる指針を次のとおり定め、これに沿って施策の展開を図るものとする。

1　就業・所得

少子高齢化が急速に進展し人口が減少する中、経済社会の活力を維持するため、全ての年代の人々がその特性・強みをいかし、経済社会の担い手として活躍できるよう環境整備を図る。

現在の年金制度に基づく公的年金の支給開始年齢の引上げ等を踏まえ、希望者全員がその意欲と能力に応じて65歳まで働けるよう安定的な雇用の確保を図る。また、65歳を超えても、70代を通じ、またそもそも年齢を判断基準とせず、多くの者に高い就業継続意欲が見られる現況を踏まえ、年齢にかかわりなく希望に応じて働き続けることができる

---

[4] 政府では、"Society 5.0"、すなわち、「サイバー空間の積極的な利活用を中心とした取組を通して、新しい価値やサービスが次々と創出され、人々に豊かさをもたらす、狩猟社会、農耕社会、工業社会、情報社会に続く人類史上5番目の社会」の実現に取り組むこととしている（経済財政運営と改革の基本方針2017、平成29年6月9日）。

よう雇用・就業環境の整備を図るとともに、社会保障制度についても、こうした意欲の高まりを踏まえた柔軟な制度となるよう必要に応じて見直しを図る。

勤労者が、高齢期にわたり職業生活と家庭や地域での生活とを両立させつつ、職業生活の全期間を通じて能力を有効に発揮することができるよう、職業能力の開発や多様な働き方を可能にする施策を推進する。

職業生活からの引退後の所得については、国民の社会的連帯を基盤とする公的年金を中心とし、これに企業による従業員の高齢期の所得確保の支援や個人の自助努力にも留意し、企業年金、退職金、個人年金等の個人資産を適切に組み合わせた資産形成を促進する。さらに資産の運用等を含めた資産の有効活用が計画的に行われるよう環境整備を図る。

（1）エイジレスに働ける社会の実現に向けた環境整備

ア　多様な形態による就業機会・勤務形態の確保

高齢期は、個々の労働者の健康・意欲・体力等に個人差があり、雇用就業形態や労働時間等についてのニーズが多様化することから、多様な雇用・就業ニーズに応じた環境整備を行うことにより雇用・就業機会の確保を図る。あわせて、どのような雇用形態を選択しても納得が得られる処遇を受けられ、多様な働き方を自由に選択できる環境も整備する。特に、ICTを活用したテレワークは、時間や場所を有効に活用できる柔軟な働き方であり、テレワークの一層の普及拡大に向け、環境整備、普及啓発等を推進する。

また、退職後に、臨時的・短期的又は軽

易な就業等を希望する高齢者等に対して、地域の日常生活に密着した仕事を提供するシルバー人材センター事業を推進する。さらに、地方公共団体が中心となって、シルバー人材センター、事業主団体、労働者団体など地域の様々な機関と連携して高齢者の就業機会を創る取組を推進する。

その他、労働者が様々な変化に対応しつつキャリア形成を行い、高齢期に至るまで職業生活の充実を図ることができるよう、必要な情報を提供するとともに、事業主による援助を促進する。副業・兼業については、労働者の健康確保に留意しつつ、普及促進を図る。

イ　高齢者等の再就職の支援・促進

ハローワークに生涯現役支援窓口を設置し、多様な技術・経験を有する高齢求職者が、幅広く社会に貢献できるよう、職業生活の再設計に係る支援や支援チームによる就労支援を行うほか、職業能力開発、求人開拓、雇用情報提供等を実施する。

また、地域における高齢者の就業促進に当たり、地方公共団体の意向を踏まえつつ、都道府県労働局と地方公共団体が一体となって地域の雇用対策に取り組むための雇用対策協定の活用を図る。

ウ　高齢期の起業の支援

高齢期に自らの職業経験を活用すること等により、高齢者が事業を創出し、継続的な就業機会の確保ができるよう、起業の意欲を有する高齢者に対して、起業に伴う各種手続等の相談や日本政策金融公庫の融資を含めた資金調達等の支援を行う。

エ　知識、経験を活用した高齢期の雇用の確保

生涯現役社会の実現に向けて、65歳ま

での定年延長や65歳以降の継続雇用延長を行う企業への支援を充実させる。あわせて、職業能力の開発及び向上、賃金・人事処遇制度の見直し、その他諸条件の整備に係る相談・援助などを実施するとともに、高齢者の雇用に関する各種助成制度や給付制度等の有効な活用を図る。

加齢に伴う身体機能の変化を考慮して、安全と健康確保に配慮した働きやすい快適な職場づくり及び健康確保対策を推進する。

また、公務員の定年の引上げについては、高齢期の職員の知識、経験の一層の活用等の観点から、組織活力の維持、総人件費の在り方などの点も含め、人事院の協力も得つつ、具体的な検討を進める。

オ　勤労者の職業生活の全期間を通じた能力の開発

職業生涯の長期化や働き方の多様化等が進む中、勤労者がその人生において、必要な学び直しを行いライフスタイルに応じたキャリア選択を行うことができるよう、人生100年時代を見据え、リカレント教育の抜本的な拡充等、誰もが幾つになっても、新たな活躍の機会に挑戦できるような環境整備について、検討する。

また、勤労者の段階的・体系的な職業能力の開発・向上を促進し、人材の育成・確保や労働生産性の向上につなげるため、職業訓練の実施や職業能力の「見える化」のみならず、個々人に合った職業生涯を通じたキャリア形成支援を推進する。

カ　ゆとりある職業生活の実現等

就業・労働時間等に関する事項について、「仕事と生活の調和（ワーク・ライフ・バランス）憲章」及び「仕事と生活の調和推進のための行動指針」（平成19年12月18日仕事と生活の調和推進官民トップ会議決定、平成28年3月改定）等を踏まえ、高齢者も含めた全ての労働者の仕事と生活の調和（ワーク・ライフ・バランス）の実現を図る。

（2）公的年金制度の安定的運営

ア　持続可能で安定的な公的年金制度の運営

公的年金制度については、平成16年の制度改正以来、急速に進行する少子高齢化を見据えて、将来にわたり年金制度を持続的で安心できるものとするため、給付と現役世代の負担の両面にわたる見直しを実施し、上限を決めた上での保険料の引上げや、マクロ経済スライドによって年金の給付水準を自動的に調整する新たな年金財政の仕組みを構築してきた。

基礎年金国庫負担の2分の1への引上げに続き、予定されていた保険料の引上げが完了したことにより、収入面では、こうした年金財政の仕組みが完成をみたことを踏まえ、今後は、決められた収入の範囲内で、年金の給付水準を確保すべく、長期的視点に立って年金制度を運営していく。

イ　高齢期における職業生活の多様性に対応した年金制度の構築

年金の受給開始時期は、現在、60歳から70歳までの間で個人が自由に選べる仕組みとなっている。このうち65歳より後に受給を開始する繰下げ制度について、積極的に制度の周知に取り組むとともに、70歳以降の受給開始を選択可能とするなど、年金受給者にとってより柔軟で使いやすいものとなるよう制度の改善に向けた検討を行う。

また、在職老齢年金については、高齢期における多様な就業と引退への移行に弾力的に対応する観点から、年金財政に与える影響も考慮しつつ、制度の在り方について検討を進める。

ウ　働き方に中立的な年金制度の構築

働きたい人が働きやすい環境を整えるとともに、短時間労働者に対する年金などの保障を厚くする観点から、短時間労働者の就労実態や企業への影響等を勘案しつつ、更なる被用者保険の適用拡大に向けた検討を着実に進める。

(3) 資産形成等の支援

ア　資産形成等の促進のための環境整備

私的年金制度は公的年金の上乗せの年金制度として、公的年金を補完し、個人や企業などの自助努力により、高齢期の所得確保を支援する重要な役割を担っている。個人型確定拠出年金（iDeCo）について加入者範囲の拡大等や中小企業が利用しやすい制度の導入の周知等を行うとともに、確定給付企業年金についてリスク分担型企業年金制度等の周知等を行うことにより、私的年金制度の普及・充実を図る。

また、退職金制度が老後の所得保障として果たす役割は依然として大きいことに鑑み、独力では退職金制度を持つことが困難な中小企業等を対象とした中小企業退職金共済制度の普及促進を図る。

ゆとりある高齢期の生活を確保するためには計画的に資産形成を進めることが重要であることから、上記の諸制度に加え、つみたてNISA（少額投資非課税制度）等の普及や利用促進を図るとともに、勤労者が資産形成を開始するきっかけが身近な場で

得られるよう、職場環境の整備を促進する。特に、地方公共団体や企業における取組を促していく等の観点から、まずは国家公務員がつみたてNISA等を広く活用するよう、「職場つみたてNISA」等の枠組みを導入し、積極的なサポートを行うなど、政府として率先して取組を進める。

イ　資産の有効活用のための環境整備

高齢期に不安なくゆとりある生活を維持していくためには、それぞれの状況に適した資産の運用と取崩しを含めた資産の有効活用が計画的に行われる必要がある。このため、それにふさわしい金融商品・サービスの提供の促進を図る。あわせて、住み替え等により国民の住生活を充実させることで高齢期の不安が緩和されるよう、住宅資産についても有効に利用できるようにする。また、低所得の高齢者世帯に対して、居住用資産を担保に生活資金を貸し付ける制度として、都道府県社会福祉協議会が実施している不動産担保型生活資金の貸与制度の活用の促進を図る。

高齢投資家の保護については、フィナンシャル・ジェロントロジー（金融老年学）の進展も踏まえ、認知能力の低下等の高齢期に見られる特徴への一層の対応を図る。

2　健康・福祉

高齢期に健やかで心豊かに生活できる活力ある社会を実現し、長寿を全うできるよう、個人間の健康格差をもたらす地域・社会的要因にも留意しつつ、生涯にわたる健康づくりを総合的に推進する。

今後の高齢化の進展等を踏まえ、地域包括ケアシステムの一層の推進を図るとともに、認知症を有する人が地域において自立した生

活を継続できるよう支援体制の整備を更に推進する。また、家族の介護を行う現役世代にとっても働きやすい社会づくりのため、介護の受け皿整備や介護人材の処遇改善等の「介護離職ゼロ」に向けた取組を推進する。

高齢化の進展に伴い医療費・介護費の増加が見込まれる中、国民のニーズに適合した効果的なサービスを効率的に提供し、人口構造の変化に対応できる持続可能な医療・介護保険制度を構築する。また、人生の最終段階における医療について国民全体で議論を深める。

（1）健康づくりの総合的推進

ア　生涯にわたる健康づくりの推進

健康づくりのための国民運動である「健康日本21（第2次）」において設定されている目標達成に向けた取組等により、生涯を通じた健康増進を図り、健康寿命の延伸を目指す。そのため、企業、団体、地方公共団体に対し、相互に協力・連携しながら、従業員、構成員、地域住民等が自発的に健康づくりに参画することができる取組の実施を促す。さらに、学校保健との連携などライフステージを通じた取組を推進する。また、医療保険者による特定健康診査・特定保健指導の着実な実施や、データヘルス計画に沿った取組など、加入者の予防健康づくりの取組を推進していくとともに、糖尿病を始めとする生活習慣病の重症化予防の先進的な事例の横展開を進める。

国民が生涯にわたり心身ともに健康な生活を営む基盤として、国民の誰もが日常的にスポーツに親しむ機会を充実することにより、高齢期も含めたライフステージに応じたスポーツ活動を推進する。2020年東京オリンピック・パラリンピック競技大会の開催に当たっては、これを弾みとして、スポーツ・運動を通じた個人の主体的な健康増進の取組を促進することにより、健康寿命の延伸を目指す。

高齢期の健全な食生活の確保にも資するよう、子供から成人、高齢者に至るまで、生涯を通じた食育の取組を推進する。その際、単独世帯の増加など家庭生活の状況が多様化する中で、地域や関係団体の連携・協働を図りつつ、コミュニケーションや豊かな食体験にもつながる共食の機会の提供等を行う取組を推進する。

イ　介護予防の推進

高齢者の自立支援と生活の質の向上を目指すために、リハビリテーションの理念を踏まえた介護予防を推進する。心身機能の向上に加え、地域活動への参加を促すために、住民主体の「通いの場」を設置し、それらを活用しながら、高齢者が地域活動の担い手として、役割や生きがいを持てる地域社会の構築を行う。

（2）持続可能な介護保険制度の運営

介護保険制度については、高齢者が尊厳を保持し、その有する能力に応じ自立した日常生活を営むことができるよう、必要な保健医療福祉サービスを行う制度として定着しており、着実な実施を図るとともに、今後の人口動態の変化等を踏まえ、地域住民が可能な限り、住み慣れた地域で介護サービスを継続的・一体的に受けることのできる体制（地域包括ケアシステム）の構築により、持続可能な制度としての更なる充実を図る。地域包括ケアシステムを深化・推進するため、全市町村が保険者機能を発揮し、自立支援・重度化

防止等に向けて取り組む仕組みの制度化等が盛り込まれた地域包括ケア強化法[5]の着実な施行に取り組む。

（3）介護サービスの充実（介護離職ゼロの実現）

ア　必要な介護サービスの確保

地方公共団体における介護保険事業計画等の状況を踏まえ、要介護高齢者の需要に応じた良質な介護サービス基盤の計画的な整備を進めるとともに、地域包括ケアシステムの構築を目指す。

このため、介護職員の処遇改善等により人材確保を図るほか、訪問介護、通所介護等の在宅サービスの充実や、認知症対応型共同生活介護事業所、特別養護老人ホーム、老人保健施設などの介護基盤やサービス付きの高齢者向け住宅等の高齢者の住まいの整備などを進める。

また、福祉用具・住宅改修の適切な普及・活用の促進を図る。あわせて、介護労働者の雇用管理の改善、公共職業安定所及び民間による労働力需給調整機能の向上などを図る。

イ　介護サービスの質の向上

高齢者介護サービスを担う介護支援専門員、訪問介護員、介護福祉士等の資質の向上を図るとともに、利用者が介護サービスを適切に選択し、良質なサービスを利用できるよう、情報通信等を活用した事業者の情報公開等を進める。介護職員の負担軽減のため、介護の職場における一層のICT化の推進を図る。

また、高齢者の尊厳の保持を図る観点から、特別養護老人ホームの個室ユニット化を進めるとともに、介護従事者等による高齢者虐待の防止に向けた取組を推進する。

ウ　地域における包括的かつ持続的な在宅医療・介護の提供

医療ニーズ及び介護ニーズを併せ持つ高齢者の増加に対応するため、地域において包括的かつ持続的に在宅医療及び介護が提供できるよう、医療・介護関係者の連携を推進するための体制の整備を図る。市町村が主体となり、医療と介護の関係団体と連携しながら、在宅医療と介護の関係者の連携を推進する事業に取り組むとともに、都道府県においては市町村支援を推進することによって、医療と介護の連携を推進する。

エ　介護と仕事の両立支援

家族の介護を理由とした離職を防止するため、「ニッポン一億総活躍プラン」（平成28年6月2日閣議決定）を強力に推進し、介護休業を取得しやすく職場復帰しやすい環境づくりや、介護をしながら働き続けやすい環境の整備などを進め、仕事と介護を両立することができる雇用・就業環境の整備を図る。

（4）持続可能な高齢者医療制度の運営

後期高齢者医療制度においては、後期高齢者支援金に対する全面総報酬割の導入に加え、制度の持続可能性を高めるため、70歳以上の高額療養費の上限額等の段階的な見直しを進める。

後期高齢者の窓口負担の在り方について、「経済・財政再生計画改革工程表2017改定版」（平成29年12月21日経済財政諮問会議決定）

---

[5] 地域包括ケアシステムの強化のための介護保険法等の一部を改正する法律（平成29年法律第52号）

に沿って、70歳から74歳の窓口負担の段階的な引上げの実施状況等も踏まえ、関係審議会等において検討を進める。

(5) 認知症高齢者支援施策の推進

高齢化の進展に伴い更に増加が見込まれる認知症高齢者やその介護を行う家族等への支援を図るため、「認知症施策推進総合戦略（新オレンジプラン）」（平成27年1月27日策定、平成29年7月改定）を踏まえ、認知症への理解を深めるための普及啓発や認知症の容態に応じた適時・適切な医療・介護等が提供される循環型の仕組みを構築するために認知症初期集中支援チームの設置及び認知症疾患医療センターの整備等の施策を推進するとともに、認知症の人の介護者への支援や認知症の人を含む高齢者にやさしい地域づくりの取組を推進する。

(6) 人生の最終段階における医療の在り方

人生の最終段階における医療は、患者・家族に適切な情報が提供された上で、これに基づいて患者が医療従事者と話し合いを行い、患者本人の意思決定を基本として行われることが重要である。このため、患者の相談に適切に対応できる人材の育成等による体制整備を行うとともに、国民向けの情報提供・普及啓発を推進する。

(7) 住民等を中心とした地域の支え合いの仕組み作りの促進

一人暮らしの高齢者等が住み慣れた地域において、社会から孤立することなく継続して安心した生活を営むことができるような体制整備を推進するため、民生委員、ボランティア、民間事業者等と行政との連携により、支援が必要な高齢者等の地域生活を支えるための地域づくりを進める各種施策を推進していく。

地域住民が主体となって、住民相互の支え合いの仕組み作りを促進するため、福祉の各分野における共通して取り組むべき事項や福祉サービスの適切な利用の推進、社会福祉を目的とする事業の健全な発達、地域福祉活動への住民参加の促進、要援護者に係る情報の把握・共有・安否確認等の方法等を盛り込んだ地域福祉計画を策定するよう、都道府県と連携し、未策定の市町村へ働きかけを進める。

制度・分野ごとの「縦割り」や「支え手」「受け手」という関係、また、社会保障の枠を超えて、地域の住民や多様な主体が支え合い、住民一人一人の暮らしと生きがい、そして、地域を共に創っていく「地域共生社会」の実現を目指し、地域住民や福祉事業者、行政などが協働し、公的な体制による支援とあいまって、個人や世帯が抱える地域生活課題を解決していく包括的な支援体制の構築等を進める。

3　学習・社会参加

高齢社会においては、価値観が多様化する中で、学習活動や社会参加活動を通じての心の豊かさや生きがいの充足の機会が求められるとともに、就業を継続したり日常生活を送ったりする上でも社会の変化に対応して絶えず新たな知識や技術を習得する機会が必要とされる。また、一人暮らし高齢者の増加も背景に、地域社会において多世代が交流することの意義が再認識されている。

このため、高齢者が就業の場や地域社会において活躍できるよう高齢期の学びを支援す

る。さらに、高齢者を含めた全ての人々が、生涯にわたって学習活動を行うことができるよう、学校や社会における多様な学習機会の提供を図り、その成果の適切な評価の促進や地域活動の場での活用を図る。

また、高齢化する我が国社会の持続可能性を高めるには全ての世代による支え合いが必要であることから、義務教育を含め、生涯を通じて社会保障に関する教育等を進め、若い世代を含む全世代が高齢社会を理解する力を養う。

さらに、ボランティア活動やNPO活動等を通じた社会参加の機会は、生きがい、健康維持、孤立防止等につながるとともに、福祉に厚みを加えるなど地域社会に貢献し、世代間、世代内の人々の交流を深めて世代間交流や相互扶助の意識を醸成するものであることから、こうした活動の推進や参画支援を図る。

（1）学習活動の促進

ア　学校における多様な学習機会の提供

初等中等教育段階においては、地域等との連携を図りつつ、ボランティア活動など社会奉仕体験活動等による高齢者との交流等を通じて、介護・福祉などの高齢社会に関する課題や高齢者に対する理解を深める。あわせて、学校教育全体を通じて、生涯にわたって自ら学び、社会に参画するための基盤となる能力や態度を養う。

また、大学等の高等教育機関においては、高齢者を含めた社会人に対する多様な学び直しの機会の提供を図るため、社会人入試の実施、通信制大学・大学院の設置、公開講座、科目等履修生制度や履修証明制度の活用などに取り組むとともに、専修学校の実践的な職業教育における単位制・通信制の制度を活用した取組の支援、放送大学の学習環境の整備・充実を図る。

さらに、地域住民を対象とする開放講座の開催、余裕教室を活用した社会教育の実施など学校の教育機能や施設の開放を促進する。

イ　社会における多様な学習機会の提供

多様化・高度化する国民の学習ニーズに対応するため、民間事業者の健全な発展の促進を図るとともに、先進的な学習プログラムの普及促進や公民館等の社会教育施設における多様な学習機会の提供、公民館等を中心とした地域におけるネットワーク形成の推進等、社会教育の充実を図る。そのほか、美術館等における文化活動の推進、スポーツの振興、国立公園等における自然とふれあう機会の提供などにより、ICTも活用しつつ、生涯にわたる多様な学習機会の提供を図る。

ウ　社会保障等の理解促進

平成29年3月に公示した中学校学習指導要領社会科に「少子高齢社会における社会保障の充実・安定化」の意義を理解することが明記されたことを踏まえ、その周知を学校等に行う。また、教職員向けの研修会の実施や、教員にとって使いやすい資料の提供などを通じて、教育現場における社会保障に関する教育の普及促進を図る。

また、マイナンバー制度については、より公平・公正な社会保障制度や税制の基盤であるとともに、情報社会のインフラとして、国民の利便性向上や行政効率化に資するものであることから、一般国民向け広報と、民間事業者向け広報を総合的に展開し、理解促進を図る。

さらに、老後資産の確保の観点から、若年期から金融リテラシーを習得できるよう、企業型確定拠出年金の継続投資教育を適切に進めるとともに、個人型確定拠出年金（iDeCo）制度やつみたてNISA等の導入も踏まえ、勤労世代にとって身近な場である職場を通じた投資教育の推進を図る。

エ　ICTリテラシーの向上

今後、AI、IoT（Internet of Things）を活用したICTが日常生活を始めあらゆる社会基盤として更に進化していくことが想定される。高齢者が豊かな生活を享受できるように、高齢者のそれぞれの状況に応じたICT利活用に関するサポート体制の整備を促進する。

オ　ライフステージに応じた消費者教育の取組の促進

「消費者教育の推進に関する基本的な方針」（平成25年6月28日閣議決定）を踏まえ、消費者及び消費者教育の推進に従事する者が取り組むべき消費者教育の意義や目標を理解できるよう、「消費者教育のイメージマップ」なども参考にしながら、高齢者向けの学習目標を整理し、「見える化」を図る。年齢、個人差、生活状況の違いに配慮した消費者教育・啓発の取組を促進する。

（2）社会参加活動の促進

ア　多世代による社会参加活動の促進

活力ある地域社会の形成を図るとともに、高齢者が年齢や性別にとらわれることなく、他の世代とともに社会の重要な一員として、生きがいを持って活躍したり、学習成果をいかしたりできるよう、高齢者の社会参加活動を促進する。

このため、ICT等も活用して、高齢者の情報取得の支援を行うとともに、地域学校協働活動など地域社会における高齢者を含む地域住民が活躍できる機会の充実等を通じて、世代間交流を促進し、ボランティア活動を始めとする多世代による自主的な社会参加活動を支援する。そのほか、高齢者の社会参加活動に関する広報・啓発、情報提供・相談体制の整備、指導者養成などを図る。

さらに、高齢者の利用に配慮した余暇関連施設の整備、既存施設の有効活用、利用情報の提供、字幕放送等の充実などにより、高齢期においてもレクリエーション、観光、趣味、文化活動等で充実した時間を過ごせる環境を整備する。

イ　市民やNPO等の担い手の活動環境の整備

高齢者のボランティア活動やNPO活動等を通じた社会参加の機会につながるNPO等の活動環境を整備するため、特定非営利活動促進法[6]の適切な運用を推進する。

また、高齢者等の能力を広く海外において活用するため、高齢者、退職者等の専門的知識・技術を海外技術協力に活用した事業を推進する。

4　生活環境

高齢者の居住の安定確保に向け、高齢者向け住宅の供給を促進し、重層的かつ柔軟な住宅セーフティネットの構築を目指すとともに、住み慣れた地域の中で住み替えの見通しを得

---

[6]　特定非営利活動促進法（平成10年法律第7号）

やすいような環境整備を進める。また、高齢者のニーズを踏まえ将来にわたり活用される良質な住宅の供給を促進し、併せて、戸建てや共同住宅の特性の違いにも留意しつつ、それらが適切に評価、循環利用される環境を整備することを通じ、生涯にわたって豊かで安定した住生活の確保を図るとともに、高齢者が保有する住宅の資産価値を高め、高齢期の経済的自立に資するとともに、その資産の次世代への適切な継承を図る。

地域における多世代間の理解や助け合いを行える地域コミュニティづくりを推進する。地域公共交通ネットワークを再構築するとともに、福祉・医療等の生活機能や人々の居住をまちなかや公共交通沿線に立地誘導し、徒歩や公共交通で移動しやすい環境を実現するため、コンパクト・プラス・ネットワークを推進する。また、快適な都市環境の形成のために水と緑の創出等を図るとともに、活力ある農山漁村の再生のため、高齢化の状況や社会的・経済的特性に配慮しつつ、生活環境の整備等を推進する。

高齢者を含む全ての世代の人が安全・安心に生活し、社会参加できるよう、住宅等から交通機関、まちなかまでハード・ソフト両面にわたり連続したバリアフリー環境の整備を推進する。2020年東京オリンピック・パラリンピック競技大会の開催も視野に取組を進める。

関係機関の効果的な連携の下に、地域住民の協力を得て、災害から高齢者を守るとともに、高齢者が交通事故や犯罪の当事者となることを防止し、高齢者が安全に生活できる環境の形成を図る。また、成年後見制度が一層利用されるように環境整備を図る。

（1）豊かで安定した住生活の確保

ア　次世代へ継承可能な良質な住宅の供給促進

高齢者等全ての人にとって安全・安心で豊かな住生活を支える生活環境の構築に向け、住宅の安全性、耐久性、快適性、エネルギーの使用の効率性その他の住宅の品質又は性能の維持及び向上により、良質な住宅ストックの形成を図る。また、若年期からの持家の計画的な取得への支援等を引き続き推進する。

イ　循環型の住宅市場の実現

良質な既存住宅の資産価値が適正に評価され、その流通が円滑に行われるとともに、国民の居住ニーズと住宅ストックのミスマッチが解消される循環型の住宅市場の実現を目指し、建物状況調査・保証、住宅履歴情報の普及促進等を行うことで、既存住宅流通・リフォーム市場の環境整備を進める。

また、高齢者が有する比較的広い住宅を、子育て世帯等向けの賃貸住宅として活用するための住み替えを支援する。

ウ　高齢者の居住の安定確保

高齢者が、地域において安全・安心で快適な住生活を営むことができるよう、サービス付きの高齢者向け住宅の供給等により、住宅のバリアフリー化や見守り支援等のハード・ソフト両面の取組を促進する。また、民間事業者等との協働により、公的賃貸住宅団地等の改修・建替えに併せた福祉施設等の設置を促進する。

公的保証による民間金融機関のバックアップなどによりリバースモーゲージの普及を図り、高齢者の住み替え等の住生活関連資金を確保する。

さらに、一人暮らし高齢者が増加する中、高齢者が、その特性に応じて適切な住宅を確保できるよう、改正住宅セーフティネット法[7]に基づき、民間賃貸住宅等の空き室や空き家を活用した、高齢者等の住宅確保要配慮者向け賃貸住宅の供給を促進する。加えて、民間賃貸住宅への円滑な入居を促進するため、地方公共団体、宅地建物取引業者、賃貸住宅管理業者、居住支援を行う団体等から構成される居住支援協議会について、市区町村による設置や都道府県の協議会への参画を促進するとともに、居住支援協議会や改正住宅セーフティネット法に基づく居住支援法人に対する支援を行い、住み慣れた地域の中で住み替えの見通しを得やすいような環境整備にも留意しつつ、民間賃貸住宅に関する情報の提供や必要な相談体制の整備等を図る。

(2) 高齢社会に適したまちづくりの総合的推進

ア　多世代に配慮したまちづくり・地域づくりの総合的推進

高齢者等全ての人が安全・安心に生活し、社会参加できるよう、自宅から交通機関、まちなかまでハード・ソフト両面にわたり連続したバリアフリー環境の整備を推進するとともに、医療・福祉・商業等の生活サービス機能や居住の誘導・整備による都市のコンパクト化と公共交通網の再構築を始めとする周辺等の交通ネットワーク形成を行うことにより、高齢者や子育て世代にとって安心して暮らせる健康で快適な生活環境を実現する。

交通システムについては、超小型モビリティ等、先進技術等を活用し、高齢者や子育て世代等の住生活や移動を支援する機器等の開発導入を促進するとともに、新しい交通システムの普及に向けた取組を図る。

また、誰もが身近に自然に触れ合える快適な都市環境の形成を図るため、都市公園等の計画的な整備を行う。

さらに、中高年齢者が希望に応じて地方やまちなかに移り住み、多世代の地域住民と交流しながら、健康でアクティブな生活を送り、必要な医療・介護を受けられるような、「生涯活躍のまち」づくりを進める。こうした取組と併せ、地域における多世代間の理解や助け合いを行える地域コミュニティづくりを推進する。

イ　公共交通機関等の移動空間のバリアフリー化

高齢者や障害者等も含め、誰もが屋内外をストレス無く自由に活動できるユニバーサル社会の構築に向け、ICTを活用した歩行者移動支援の普及促進を図る。

駅等の旅客施設における段差解消等高齢者を含む全ての人の利用に配慮した施設・車両の整備の促進などにより公共交通機関のバリアフリー化を図る。

また、駅、官公庁施設、病院等を結ぶ道路や駅前広場等において、幅の広い歩道等の整備や歩道の段差・傾斜・勾配の改善、無電柱化等により歩行空間のユニバーサルデザインを推進する。

さらに、高齢者が安全・安心に外出できる交通社会の形成を図る観点から、限られた道路空間を有効活用する再構築の推進等

により安全で安心な歩行空間が確保された人優先の道路交通環境整備の強化を図るとともに、高齢者が道路を安全に横断でき、また、安心して自動車を運転し外出できるよう、バリアフリー対応型の信号機や、見やすく分かりやすい道路標識等の整備を進める。

ウ　建築物・公共施設等のバリアフリー化

　　病院、劇場等の公共性の高い建築物のバリアフリー化の推進を図るとともに、窓口業務を行う官署が入居する官庁施設について、高齢者を始め全ての人が、安全・安心、円滑かつ快適に利用できる施設を目指した整備を推進する。

　　また、誰もが安全・安心に都市公園を利用できるよう、バリアフリー化を推進する。

エ　活力ある農山漁村の再生

　　活力ある農山漁村の再生を図るため、意欲ある多様な農林漁業者の育成・確保を推進することはもとより、高齢者が農林水産業等の生産活動、地域社会活動等で能力を十分に発揮できる条件を整備するとともに、高齢者が安心して快適に暮らせるよう、地域特性を踏まえた生活環境の整備を推進する。さらに、活力ある開かれた地域社会を形成する観点から、都市と農山漁村の交流等を推進する。

(3) 交通安全の確保と犯罪、災害等からの保護

ア　交通安全の確保

　　高齢者に配慮した交通安全施設等の整備、参加・体験・実践型の交通安全教育の推進、認知機能検査及び高齢者講習の実施、運転適性相談の充実、運転免許証を返納した者の支援のための取組の促進、高齢者交通安全教育指導員（シルバーリーダー）の養成、各種の普及啓発活動の推進等により、高齢者への交通安全意識の普及徹底、高齢者の交通事故の防止を図る。

　　特に高齢運転者による交通事故防止については、「高齢運転者による交通事故防止対策について」（平成29年7月7日交通対策本部決定）に基づき、改正道路交通法[8]の円滑な施行、高齢者の移動手段の確保など社会全体で生活を支える体制の整備並びに運転免許制度の更なる見直しの検討、安全運転サポート車の普及啓発及び高速道路における逆走対策の一層の推進など高齢運転者の特性も踏まえた更なる対策を政府一体となって推進する。

　　生活道路において科学的データや地域の顕在化したニーズ等に基づき通過交通の排除や車両速度の抑制等の対策により高齢者等が安心して通行できる道路空間の確保を図る生活道路対策を、国、地方公共団体、地域住民等の連携により推進する。

　　さらに、自転車道や自転車専用通行帯、自転車の通行位置を示した道路等の自転車走行空間ネットワークの整備により、自転車利用環境の総合的な整備を推進するとともに、踏切道の歩行者対策では、「踏切安全通行カルテ」により踏切道の現状を「見える化」しつつ、踏切道改良促進法[9]に基づき、高齢者等の通行の安全対策を推進する。

イ　犯罪、人権侵害、悪質商法等からの保護

　　振り込め詐欺を始めとする特殊詐欺等の高齢者が被害に遭いやすい犯罪、認知症等によるはいかいに伴う危険、悪質商法等か

[8] 道路交通法の一部を改正する法律（平成27年法律第40号）
[9] 踏切道改良促進法（昭和36年法律第195号）

ら高齢者を保護するため、各種施策を推進する。

また、改正消費者安全法[10]に基づき、高齢消費者等への見守り活動を行うため、消費者安全確保地域協議会（見守りネットワーク）の設置を推進するとともに、身近な消費生活相談窓口につながる共通の3桁電話番号「消費者ホットライン188」の周知を進め、利用促進を図る。

さらに、要介護等の高齢者に対する家庭や施設における虐待等の人権侵害については、高齢者の人権に関する啓発、人権相談及び人権侵犯事件の調査・処理を通じ、その予防及び被害の救済に努める。

ウ　防災施策の推進

災害においては、高齢者など要配慮者が被害を受けやすいことを踏まえ、避難行動要支援者名簿に関する取組を促進する等、防災施策の推進を図る。

（4）成年後見制度の利用促進

成年被後見人等の財産管理のみならず意思決定支援・身上保護も重視した適切な支援につながるよう、「成年後見制度利用促進基本計画」（平成29年3月24日閣議決定）に沿って、成年後見制度の利用促進に関する施策を総合的・計画的に推進する。特に全国どの地域においても必要な人が成年後見制度を利用できるよう、判断能力が不十分な高齢者等の権利を擁護する制度であることの周知を図るとともに、各地域において、権利擁護支援の地域連携ネットワークの構築を段階的・計画的に図る。あわせて、成年被後見人等の権利に係る制限が設けられている制度（いわゆる欠格

条項）について検討を加え、必要な見直しを行う。

5　研究開発・国際社会への貢献等

先進技術を生活の質の向上に活用することは、高齢者の豊かな生活につながるとともに、新たな技術に対する需要・消費を生み出し、技術活用の好循環を生み出す。高齢社会と技術革新がお互いに好影響を与える関係づくりを推進する。

科学技術の研究開発は、高齢化に伴う課題の解決に大きく寄与するものであることから、高齢者に特有の疾病及び健康増進に関する調査研究、高齢者の利用に配慮した福祉用具、生活用品、情報通信機器等の研究開発等を推進するとともに、そのために必要な基盤の整備を図る。また、高齢社会の現状やニーズを適切に把握して施策の検討に反映できるよう、ビッグデータ分析など、データ等の活用についても環境整備を図る。

世界でも急速な高齢化に直面している国が増加していることから、我が国の高齢社会対策の知見や研究開発成果を国際社会に発信し、各国がより良い高齢社会を作ることに政府のみならず、学術面や産業面からも貢献できるよう環境整備を行う。あわせて、高齢社会の課題を諸外国と共有し、連携して取組を進める。

（1）先進技術の活用及び高齢者向け市場の活性化

健康立国の構築に向けて、認知症、虚弱（フレイル）等の健康課題や生活環境等に起因・関連する課題に対し、「第5期科学技術

---

[10] 不当景品類及び不当表示防止法等の一部を改正する等の法律（平成26年法律第71号）

基本計画」（平成28年1月22日閣議決定）で提唱したSociety 5.0の実現を目指す一環として、最先端科学技術を活用・実装すること等により、これらの課題解決に取り組む。

また、第四次産業革命と呼ぶべきIoT、ビッグデータ、AI等の技術革新を的確に捉え、コネクテッド・インダストリーズ[11]を実現することにより、高齢化、人口減少等の社会問題を解決する。この中で、健康寿命の延伸、移動革命の実現、サプライチェーンの次世代化、快適なインフラ・まちづくり、フィンテック等の分野における未来投資を促進する。

高齢社会対策における科学技術活用については、「科学技術イノベーション総合戦略」における重要施策として、継続的に取り組んでいく。

介護ロボットについては、自立支援等による高齢者の生活の質の維持・向上と介護者の負担軽減を実現するため、現場のニーズを真にくみ取った開発等を促進する。

75歳以上の運転免許保有者数当たりの死亡事故件数は他の年齢層によるものと比べて高水準である一方で、高齢者等の移動困難者の移動手段を確保する必要があること、また、今後人口減少が見込まれる中、過疎地域等地方における移動手段の確保や、ドライバー不足への対応等が喫緊の課題であることを踏まえ、高齢者等の安全快適な移動に資するTSPS（信号情報活用運転支援システム）、DSSS（安全運転支援システム）、ETC2.0等のITS（高度道路交通システム）の研究開発及びサービス展開を実施するとともに、高度自動運転システムの開発や、地方、高齢者等

向けの無人自動運転移動サービス実現に取り組む。

こうした取組を通じて、高齢者の豊かな生活を実現するとともに、高齢者向け市場の活性化を図る。

（2）研究開発等の推進と基盤整備

ア　高齢者に特有の疾病及び健康増進に関する調査研究等

認知症等高齢期にかかりやすい疾患や、がん等高齢期の主要な死因である疾患について、その病態や発症機序解明等の研究とともに、ゲノム科学など先端科学技術の活用等による、新たな医療技術・新薬の研究開発やその成果の臨床応用のための研究、これらによる効果的な保健医療技術を確立するための研究等を推進する。

また、QOL（クオリティ・オブ・ライフ：生活の質）の観点を含めた高齢のがん患者に適した治療法等を確立する研究を進める。さらに、老化に関する基礎研究とその成果の臨床応用のための研究や効果的・効率的な介護等に関する研究、社会生活を営むための必要な機能の維持を重視する観点から高齢期というライフステージに着目した健康づくりに関する研究及び加齢に伴い有病率が高くなる生活習慣病の予防・重症化予防に関する調査研究等健康づくりに関する研究などを推進する。

イ　医療・リハビリ・介護関連機器等に関する研究開発

高齢者の自立及び社会参加を支援するとともに、介護負担を軽減する観点から、高齢者の特性等を踏まえつつ、ものづくり技

---

[11] コネクテッド・インダストリーズ（Connected Industries）は、人、モノ、技術、機械等、様々なものがデータを介し組織や国境を超えてつながることで、我が国産業のあるべき姿を示すコンセプト

術を活用した医療機器、世界最先端の革新的な医療機器、高齢者に特徴的な疾病等の治療や検査用の医療機器、在宅でも操作しやすい医療機器、身体機能の補完・回復等につながるリハビリ機器、日常生活の便宜を図るための介護関連機器等の研究開発・実用化を推進する。

ウ　情報通信の活用等に関する研究開発

　　高齢者の生活の質の向上や介護者の負担軽減を図るため、ICTを活用した高齢者の身体機能を代償する技術及び自立支援や生活支援を行う技術等について、ハード及びソフトの両面から研究開発を推進する。

エ　高齢社会対策の総合的な推進のための調査分析

　　大綱の基本的考え方や高齢社会対策基本法に規定された分野別施策について国民の意識を把握するとともに、政策課題を把握し、エビデンスに基づく高齢社会対策の政策立案に寄与するための調査を行う。

　　また、高齢期にもその年齢層によって、就業率、所得、社会活動意識など、様々な点で差異が見られることに留意し、統計や制度の利用目的が適切に果たされるよう、高齢期を65歳以上と一律に捉えずに、70歳、75歳、80歳など、年齢区分を細分化して現状分析をきめ細かく行うなど、目的に応じた年齢区分の使用を推進する。

オ　データ等活用のための環境整備

　　急速な人口構造の変化等に伴う諸課題に対応するため、「世界最先端IT国家創造宣言・官民データ活用推進基本計画」（平成29年5月30日閣議決定）に基づき、官民データの利活用を推進する。また、ユーザーからの統計等データの提供要請に速やかに個別府省が対応可能となるように各府省が統

計等データの提供等の判断を行うに当たっての基本的なガイドラインを定めるなど、「統計改革推進会議最終取りまとめ」（平成29年5月19日統計改革推進会議決定）に基づき、ユーザー視点に立った統計システムの再構築と利活用の促進を図る。

（3）諸外国との知見や課題の共有

ア　日本の知見の国際社会への展開

　　「健康・医療戦略」（平成26年7月22日閣議決定、平成29年2月17日一部変更）に基づき、関係機関と関係府省が一体となり、新興国・途上国等のニーズに応じて日本の医薬品、医療機器等及び医療・介護技術並びに医療・介護サービスの国際展開を図る。

　　また、「健康・医療戦略」の下、アジア健康構想を推進し、アジアにおける健康長寿社会の実現及び持続的な経済成長を目指すため、日本で介護を学び業務に従事するアジアの人材の拡大と、人材の帰国後の職場ともなる日本の介護事業者のアジア展開を含め、アジア諸国での介護産業の振興を車の両輪として推進する。

　　また、開発途上国における高齢化対策や社会保障制度整備の支援、専門家の派遣、研修の受入れ等を実施する。

イ　国際社会での課題の共有及び連携強化

　　各分野における閣僚級国際会議等の二国間・多国間の枠組みや2020年東京オリンピック・パラリンピック競技大会を始めとした国際行事を通じて、世界で最も高齢化が進んでいる日本の経験や知見及び課題を発信するとともに、高齢社会に伴う課題の解決に向けて諸外国と政策対話や取組を進めていく。

特に、具体的な取組に関心のある国においては、アジア健康構想の下、予防・リハビリテーション・自立支援など、我が国が培ってきた様々な高齢者施策の知見・経験を相手国の実情とニーズに見合う形で紹介するとともに、政策対話を実施し、当該相手国との連携体制の構築を推進する。

6　全ての世代の活躍推進

高齢社会に暮らす全ての世代の人々が安心して幸せに暮らせるよう、人々が若年期から計画的に高齢期に向けた備えを進めるとともに、各世代が特有の強みをいかしながら多世代のつながりを醸成し、全ての世代の人々が高齢社会での役割を担いながら、積極的に参画する社会を構築するための施策を推進する。

（1）全ての世代の活躍推進

少子高齢化の流れに歯止めをかけ、女性も男性も、お年寄りも若者も、一度失敗を経験した方も、障害や難病のある方も、家庭で、職場で、地域で、あらゆる場で、誰もが活躍できる一億総活躍社会の実現に向けて、「ニッポン一億総活躍プラン」（平成28年6月2日閣議決定）に基づく取組を推進する。特に、働き方については、一人一人の意思や能力、個々の事情に応じた多様で柔軟な働き方を選択できるよう、「働き方改革実行計画」（平成29年3月28日働き方改革実現会議決定）を推進する。また、「新しい経済政策パッケージ」（平成29年12月8日閣議決定）に基づき、人生100年時代を見据えた人づくり革命と生産性革命に取り組んでいく。

総合的かつ長期的な少子化に対処するための施策の指針である「少子化社会対策大綱」

（平成27年3月20日閣議決定）に基づき、結婚、妊娠・出産、子育ての各段階に応じた切れ目のない取組を推進する。

女性も男性も全ての個人が、その個性と能力を十分に発揮できる男女共同参画社会の実現は、少子高齢化が進み、人口減少社会に突入した我が国社会にとって、社会の多様性と活力を高め、我が国経済が力強く発展していく観点から極めて重要である。このため、「第4次男女共同参画基本計画」（平成27年12月25日閣議決定）に基づくあらゆる取組を着実に推進していく。

第3　推進体制等

1　推進体制

高齢社会対策を総合的に推進するため、高齢社会対策会議において、本大綱のフォローアップ、国会への年次報告の案の作成等重要事項の審議等を行うものとする。

2　推進に当たっての留意事項

高齢社会対策の推進に当たっては、65歳以上を一律に「高齢者」と見る一般的な傾向が現実的なものでなくなりつつあることを踏まえ、70歳やそれ以降でも個々人の意欲・能力に応じた力を発揮できる社会環境づくりを推進するとの基本方針に立って、以下の点に留意するものとする。

（1）内閣府、厚生労働省その他の地方公共団体を含む関係行政機関の間に緊密な連携・協力を図るとともに、施策相互間の十分な調整を図ること。

（2）本大綱を実効性のあるものとするため、各分野において「数値目標」及び「参照指標」

を示すこと。また、政策評価、情報公開等の推進により、効率的かつ国民に信頼される施策を推進すること。

(3)「数値目標」とは、高齢社会対策として分野別の各施策を計画的かつ効果的に進めていくに当たっての目標として示すものであること。短期的な中間目標として示すものについては、その時点の達成状況を踏まえ、一層の進捗を図ること。「参照指標」とは、我が国の高齢社会の状況や政策の進捗を把握し、課題の抽出、政策への反映により、状況の改善、展開を図るためのものであること。

(4) エビデンスに基づく政策形成の推進を図ること。このため、高齢化の状況及び高齢社会対策に係る情報の収集・分析・評価を行うとともに、これらの情報を国民に提供するために必要な体制の整備を図ること。

(5) 高齢社会対策の推進について広く国民の意見の反映に努めるとともに、国民の理解と協力を得るため、効果的な広報、啓発及び教育を実施すること。

3　大綱の見直し

本大綱については、政府の高齢社会対策の中長期的な指針としての性格に鑑み、経済社会情勢の変化等を踏まえておおむね5年を目途に必要があると認めるときに、見直しを行うものとする。

【調査名索引】

※内閣府　高齢社会対策ホームページ
https://www8.cao.go.jp/kourei/index.html

高 齢 社 会 白 書　　　（令和6年版）

令和6年8月2日　発行　　　　　　　定価は表紙に表示してあります。

編　　集　　内　閣　府
〒100-8914
東京都千代田区永田町1 - 6 - 1
TEL 03（5253）2111（代表）

発　　行　　日 経 印 刷 株 式 会 社
〒102-0072
東京都千代田区飯田橋2 - 15 - 5
TEL 03（6758）1011

発　　売　　全 国 官 報 販 売 協 同 組 合
〒100-0013
東京都千代田区霞が関1 - 4 - 1
TEL 03（5512）7400

落丁・乱丁本はお取り替えします。

ISBN978-4-86579-429-8